beck'sche
reihe

W0013255

bsr

«Alles ist nichts gegen Rom» – Johann Joachim Winckelmanns Begeisterung werden viele Besucher der Ewigen Stadt bis heute nachempfinden können. Vor das Rom-Erlebnis war aber vor allem in früheren Jahrhunderten zunächst die Mühsal der Anreise gestellt, die meist über die Alpen in das gelobte Land Italien führte. Es sind diese Wege nach Rom, auf deren Spuren Arnold Esch rund ein Jahrtausend römischer Geschichte in den Blick rückt.

Die Anordnung seiner Beiträge ist zunächst eine räumliche (Anreise, Unterkommen, Gang durch die Stadt), dann eine zeitliche: Annäherungen vom 10. bis zum 20. Jahrhundert, Annäherungen ganz unterschiedlicher Menschen – Pilger, Kaiser, Maler, Wissenschaftler, Vagabunden, jeder mit seinem eigenen Weg nach Rom. Auf diese Weise ist ein ungewöhnliches Panorama der Rom-Aneignungen entstanden, das ebenso erhellende wie oft ungewohnte Perspektiven auf eine einzigartige Stadt eröffnet.

Arnold Esch ist Professor für Mittelalterliche Geschichte und war viele Jahre Direktor des Deutschen Historischen Instituts in Rom. Von ihm ist bei C. H. Beck erschienen: *Zeitalter und Menschenalter. Der Historiker und die Erfahrung vergangener Gegenwart* (1994).

Arnold Esch

Wege nach Rom

Annäherungen aus
zehn Jahrhunderten

Verlag C. H. Beck

Dieses Buch erschien zuerst 2003 in gebundener Form im
Verlag C. H. Beck
Mit 29 Abbildungen im Text

1. Auflage in der Beck'schen Reihe 2004
© Verlag C. H. Beck oHG, München 2003
Umschlaggestaltung: + malsy, Bremen
Umschlagbild: Jean-Baptiste-Camille Corot (1796–1875),
Die Augustusbrücke von Narni (1826), Ausschnitt.
Paris, Louvre.
Satz: Fotosatz Otto Gutfreund GmbH, Darmstadt
Druck und Bindung: Druckerei C. H. Beck, Nördlingen
Gedruckt auf säurefreiem, alterungsbeständigem Papier
(hergestellt aus chlorfrei gebleichtem Zellstoff)
Printed in Germany
ISBN 3 406 51130 9

www.beck.de

Inhalt

Vorwort

Der Band vereinigt Aufsätze und Vorträge, veröffentlichte und unveröffentlichte, aus den Jahren 1994–2002, dazu die Rede zur Hundertjahrfeier des Deutschen Historischen Instituts 1988 auf dem Kapitol. Gemeinsam ist diesen Beiträgen, daß sie Rom von außen, aus der Perspektive des Fremden sehen, während Abhandlungen zur inneren Geschichte Roms (die aber im ‹Gang durch Rom› gegenwärtig ist) nicht aufgenommen wurden. Die Anordnung ist zunächst eine räumliche (Anreise, Unterkommen, Gang durch die Stadt), dann eine zeitliche: Annäherungen vom 10. bis zum 20. Jahrhundert, Annäherungen ganz unterschiedlicher Menschen – Pilger, Kaiser, Maler, Wissenschaftler, Vagabunden, jeder mit seinem eigenen Weg nach Rom.

Ich danke Wolfgang Beck für die Anregung, eine solche Auswahl zusammenzustellen, und Detlef Felken für die aufmerksame Betreuung. Vor allem aber danke ich meiner Frau, Mitautorin zweier Beiträge: Ihr seien, in anhaltender gemeinsamer Annäherung an Rom, diese Rom-Stücke zugeeignet.

Rom   *Arnold Esch*

Deutsche Pilger
unterwegs ins mittelalterliche Rom
Der Weg und das Ziel

Daß schon der Weg das Ziel sei – dieses schöne Wort kann für *ein* Ziel nicht gelten: für Rom. Denn wenn bekanntlich alle Wege nach Rom führen (und nur Rom nimmt das für sich in Anspruch), muß das Ziel ein besonderes, ein unvergleichliches sein. Darum sei hier beides in den Blick genommen: der Weg wie das Ziel.

Dabei soll einmal nicht von Rom-Idee und Rom-Erwartung die Rede sein, wie sie auch der schlichteste Rom-Reisende in sich trägt, sondern vom Weg nach Rom in seiner kruden Wirklichkeit: von Straßenverhältnissen, Tagesetappen, Unterkünften, Preisen, Getränken, Sprachproblemen, Romführrern.

Zunächst einmal: Wie wußte man den Weg zu finden? Auch wer sicher war, daß ohnehin alle Wege nach Rom führen, tat doch gut daran, genauer in Erfahrung zu bringen, *welche* Wege *wie* nach Rom führten. Das konnte man beispielsweise mit Hilfe einer Karte, die (vermutlich in Erwartung des Pilgerstroms zum Heiligen Jahr 1500) ein deutscher Kartograph in Nürnberg mit wachem Geschäftssinn als Einblattdruck herausbrachte: die Karte der Rom-Wege von Erhard Etzlaub, wegen ihres hohen geographischen Standards und ihrer Innovationen ein bekanntes Stück in der Geschichte der Kartographie (Abb. 1).

Die Karte war gesüdet, Rom lag also am oberen Bildrand, Norddeutschland am unteren (wenn man sie umdreht, erkennt man sogleich die vertrauten Konturen). Der Reisende konnte – so stand es auf der Legende, der Gebrauchsanweisung – das handliche Blatt einfach mittags, wenn die Sonne im Süden stand, gegen die Sonne halten, dann habe er die Zielrichtung Rom vor sich, in die die Karte praktischerweise schon orientiert war. Erklärt wird auch, wie man mit dem Kompaß und dieser Karte wandert. Damit der Reisende darauf Acht habe, daß die Tage von Norden gegen Süden kürzer werden und er nicht vor verschlossenen Stadttoren stehe, war, gegenüber den Breitengraden des linken Kartenrandes, am rechten Rand die Dauer des längsten Tages in den verschiedenen Breiten eingetragen (*Das seyn Stund des lengesten Tages*): in Schleswig 17 $\frac{1}{2}$ Stunden, aber Vorsicht: in Florenz nur noch 15 $\frac{1}{4}$ Stunden.

Innovativ war an dieser Karte vor allem, daß, zum ersten Mal seit den Routenkarten der Spätantike, auch Distanzen angegeben waren. Daß der Herausgeber dies selbst als den Clou seiner Karte empfand, erkennt man schon daran, daß er, auf dem oberen Rand, in den Titel der Karte setzte: «Das ist der Weg nach Rom, Meile um Meile mit Punkten bezeichnet von einer Stadt zur andern durch die deutschen Lande». Jeder Punkt längs der Straßen bedeutet 1 deutsche Meile, also 7,4 km. Beispielsweise von Köln nach Bonn 4 Markierungspunkte oder rund 29 km; von Nürnberg nach Augsburg 18 Punkte oder rund 133 km. Das stimmt eigentlich alles ganz gut, sogar in entfernteren Gegenden: von Florenz nach Siena 9 Punkte oder rund 67 km, usw. Bei Markierungen von jeweils 7,4 km müssen natürlich beträchtliche Abrundungen oder Aufrundungen in Kauf genommen werden.

1   *Karte der Rom-Wege. Einblattdruck (Erhard Etzlaub, Nürnberg um 1500) zum Gebrauch deutscher Pilger, Ausschnitt. Die Karte ist praktischerweise zielorientiert, also gesüdet, Rom liegt am oberen, Norddeutschland am unteren Kartenrand. Der Reisende konnte bequem Route und Alpenübergang wählen (z. B. vom Rhein her kommend, über Chur, Cleff/Chiavenna, Como zum Po-Übergang bei Piacenza). Die Straßen waren maßstäblich eingetragen, ja erstmals seit den Routenkarten der Spätantike wieder mit Distanzangaben versehen: jeder Punkt bedeutet 1 deutsche Meile, also 7,4 km. So konnte man die Reise planen und die Tagesetappen vorausberechnen, zumal am rechten Kartenrand die (gegen Süden abnehmende) Dauer des Tages zu den verschiedenen Breitengraden am linken Kartenrand eingetragen war.*

So konnte man seine Reise planen, ob man nun von Köln oder Berlin (oder gar Danzig) oder von München aufbrach: konnte die Tagesetappen vorausberechnen und die Paßrouten wählen. Kam man die Rheinroute hinab, boten sich die Pässe zwischen Chur und *Cleff* (Chiavenna) an, die auf Mailand zielten. Von München aus nahm man natürlich den Brenner: Innsbruck-Matrei-Brenner-Sterzing usw., alles ist eingetragen (*Klausen* im Eisacktal noch auf deutsch, *Clusa* vor Verona schon auf italienisch). So steht der deutsche Pilger endlich am Ufer des Po. Wieder hält er das Blatt mittags in Richtung Sonne und begreift nun, daß es fortan nicht mehr geradeaus gegen Süden geht: die Karte kündigt ihm an, daß der italienische Stiefel stark nach Südosten geneigt, Rom also nun weiter «links» zu suchen ist.

Hier in Ostiglia, wichtigem Po-Übergang schon in römischer Zeit, stellt ihn die Karte aber auch vor die Wahl, ob er nach Rom lieber die östliche oder die westliche Route nehmen möchte: lieber über Rimini die Via Flaminia, oder über Bologna/Florenz die Via Cassia. In der Regel wird er sich für die Cassia entschieden haben, im Mittelalter als *Via Francigena* die Pilgerstraße schlechthin − um zuletzt, vor der gotischen Stadtvignette Rom am oberen Kartenrand, sozusagen den Countdown der letzten Stationen abzulesen, italienische Ortsnamen zersprochen in deutschem Mund: ab Aquapendente noch 15 deutsche Meilen (oder 111 km, oder etwa 3 $\frac{1}{2}$ Tagereisen), ab Viterbo noch 9, usw. Und endlich Rom.

Aber greifen wir nicht vor, gehen wir nun die Straße. Natürlich galt der Weg über die Alpen als besonders schwierig. Die Bandbreite der Quellengattungen, die über den mittelalterlichen Paßverkehr im Alpenraum Auskunft geben, wenn sie in geeigneter Weise befragt werden, ist recht groß: neben Reiseberichten und Itineraren sagen auch Rechnungen und Ausgabennachweise von Reisenden und straßennahen Institutionen viel aus, Akten obrigkeitlicher Kontrolle und Fürsorge, Zolltarife, Saum- und Transportordnungen; Gerichtsakten zu Vorfällen auf der Straße, Zeugenbefragungen über althergebrachte Ordnungen an dieser oder jener Strecke, Straßenbauverträge mit Unternehmern; aber auch bildliche und kartographische Quellen, und natürlich der Befund im Gelände. All das gibt uns eine gewisse Vorstellung davon, was den Rom-Reisenden im Gebirge erwartete.

Am bequemsten war die Brenner-Route. Sie war vergleichsweise gut ausgebaut, ja schon gegen 1480 wurde sie mit Hilfe von Schießpulver verbreitert und Engstellen entschärft: *cum igne et bombardarum pulvere*. Von der Brennerstraße im Eisacktal gibt es sogar eine bildliche Darstellung, ein Aquarell von Albrecht Dürer von seiner ersten Reise nach Venedig 1494/95: eines jener Landschaftsaquarelle, bei denen unter den Kunsthistorikern strittig ist, ob man sie als autonome Landschaftsbilder anzusehen hat, oder ob es nicht eher Skizzen waren, die dann in einem Gemälde verwendet, sozusagen «zitiert» werden sollten. Wie dem auch sei: diese Dürerschen Landschaftsaquarelle sind nicht nur ansprechend, sie sind auch so präzise, daß sie auf Fragen sogar des Straßenforschers antworten. Denn eines der Aquarelle zeigt genau, wie die Straße hangseitig und talseitig befestigt war, ja läßt sogar Radspuren erkennen (Abb. 2). Die Straßenforschung weiß nämlich bei einigen Paßrouten nicht einmal, ob sie mit Wagen befahrbar oder nur mit Saumtieren begehbar waren. Dürer hat auf seinen Reisen sogar eines seiner Gasthäuser in Venedig oder Oberitalien in Grundriß und Aufriß genau aufgenommen: wo stehen die Betten, wo ist die Latrine, wo die Küche, usw. (Abb. 3).

Oben auf der Paßhöhe erwartete die Reisenden in der Regel ein Hospiz. Was sie vorfanden, wenn sie die Räume dort betraten, davon geben Inventare, wie sie aus dem Spätmittelalter überliefert sind, eine ziemlich genaue Vorstellung, denn aus ihnen läßt sich detailliert ersehen, wie die Innenräume eingerichtet und ausgestattet waren. Vom Hospiz auf dem Großen St. Bernhard etwa gibt es aus dem 15. Jahrhundert Inventare Raum um Raum.

Werfen wir einmal einen Blick in die sogenannte *stupha*, also die «Stube» des Hospizes (Stube kommt von italienisch *stufa*, ist nämlich der *heizbare* Raum: bei einem so hohen Paß wie dem Großen St. Bernhard, der immerhin fast 2500 m erreicht, mußte dieser Raum immer, auch im Sommer, beheizt werden). Das Inventar läßt genau erkennen, was unsere Pilger sehen würden: die Stube für die Reisenden ist innen farbig gestrichen (denn einer überlieferten Rechnung zufolge werden für diese Stube Farben gekauft). Sie empfängt natürliches Licht, aber hinaussehen konnte man nicht, denn die Fenster sind mit Papier bespannt (wie eine Zahlung «für das Papier für die Fenster der ‹Stube›» erkennen läßt). Die Reisenden sitzen um einen großen Tisch aus Nußbaum: einmal werden, laut Rechnung, 4 Dutzend neue Stühle für diese ‹Stube› angeschafft – eine Zahl, die für viel Betrieb spricht! Dieser Eindruck ergibt sich auch aus der Zahl der verfügbaren Bettlaken und Bettdecken, viele davon schon ganz verbraucht (nicht weniger als 96 von 176 Bettlaken tragen 1419 den Vermerk «wenig oder gar nichts wert»): da werden dann, wie das Inventar gewissenhaft anmerkt, aus 2 schlechten 1 gute Bettdecke gemacht, denn da droben war man auf Recycling angewiesen.

Wie gefährlich es war, über die Pässe nach Rom zu ziehen, die ja – wie der Große St. Bernhard – viele Monate des Jahres verschneit waren, ersieht man aus den Hospizrechnungen an unscheinbaren, aber schrecklichen Einträgen. Schrecklich etwa die Zahlung dafür, «das Leichenhaus des Hospizes zu besorgen» (oder wie man heutzutage sagt: zu «entsorgen»): *pro curando les cherners*. Der Hospizverwalter dort oben ist natürlich ein Welschschweizer, und wenn ihm das lateinische Wort nicht sofort einfällt, nimmt er kurzerhand sein französisches Wort für «Leichenhaus». Also: «... das Leichenhaus zu entsorgen und eine Grube zu graben, in der eine große Zahl Toter begraben wurde, die aus diesem Leichenhaus herausgeholt wurden», herausgeholt nämlich, wenn der Boden nicht mehr gefroren, sondern endlich aufzugraben war – und bis dahin hatte man immer einige Leichen beisammen (Ähnliches berichtet übrigens Papst Pius II. drastisch über die Beerdigungspraxis im alpinen Sarntal, wo ihm früh eine Pfarre verliehen worden war). Dieses Beinhaus ist das kleine Gebäude neben dem Hospiz, inzwischen zugemauert; aber von seinem grausigen Innern mit den mumifizierten Leichen der gefundenen Schnee-Toten werden immer noch Photos verkauft. Dies nur zur Erinnerung, daß den da-

2   *Albrecht Dürer: Brennerstraße im Eisacktal. Das schöne Aquarell im
Escorial, entstanden wohl auf dem Hinweg von Dürers erster Venedigreise im
Herbst 1494, zeigt eine Engstelle des Eisack, die man südlich von Klausen/
Chiusa hat lokalisieren wollen. Für den Straßenforscher ist das Bild, in seiner
präzisen Wiedergabe konkreter Details, von großem Wert: die vom Fluß gegen
den Fels gedrängte Straße weist deutlich Radrinnen auf und ist talseitig durch
eine massive Steinbrüstung gesichert, hangseitig (vorne rechts, und bei Durch-
trennung des Felsvorsprungs in der Bildmitte) durch Abarbeitung des Felsens
erweitert. Tatsächlich wissen wir, daß hier an dieser Straße, bei Kollmann/
Colma südlich von Klausen, damals bereits durch Sprengungen mit Schießpulver Engstellen verbreitert wurden.*

maligen Reisenden das Erlebnis der Alpen nicht Naturempfindung, sondern Schrecken war, den sie gern hinter sich wußten.

Aus den Alpen waren sie nun heraus, aber da kam schon das nächste Problem: die fremde Sprache. Manche Pilger spielen ausdrücklich auf die Sprachgrenze an. Doch unter Italienern mit ihrer wachen Auffassungsgabe waren Sprachprobleme schon damals nicht unüberwindbar. Man radebrechte so gut es eben ging. Immerhin gab es bereits Sprachbücher. Das erste erhaltene italienisch-deutsche Sprachbuch wurde 1424 in Venedig von einem Nürnberger geschrieben. Gedacht war es vor allem für Kaufleute in ihren alltäglichen Verhandlungen, da sie sich, anders als Touristen, Radebrechen auf Dauer einfach nicht leisten konnten. Das Sprachbuch übt das Konjugieren denn auch am Beispiel des Verbs «rechnen»: «ich rechne, du rechnest, er rechnet», beginnt das Vokabellernen nicht mit «der Landmann», sondern mit *el chambio* «der Wechsel», *el guadagno* «der Gewinn» usw., war aber auch für Nichtkaufleute praktisch, weil es beispielsweise ein Gespräch mit dem Arzt über alle möglichen erkrankten Körperteile erlaubte.

Dann folgt – nicht anders als heute – ein zweiter Teil, Konversation für Fortgeschrittene. Willkommen und Abschied (*sta de bona voia = gehab dich wohl*), Fragen nach dem Wohlergehen, Redewendungen, Feilschen, sogar Scherze (von denen man nur hoffen kann, daß ein deutscher Anfänger sich nicht an solche Sätze gewagt hat – aber dem Verfasser schien das wohl wichtig für das Gesprächsklima). Oder Wünsche im Hotel (wie heißt Tür verriegeln, Fensterladen öffnen, Bettlaken, Handtuch, Wanzen), Wünsche im Restaurant («Diese Soße gefällt uns nicht»; «das Brot hab ich gern gut durchgebacken»; «der süße Käse schmeckt gut mit dem heißen Kuchen»); Unterhaltsames, wie Schachspiel (*zogare a schachi = dez schaffczagel spillen*), Musik (*sastu sonar de lauto = chonstu auf der lauten slohen*), Prostitution (*el luogo chomun = daz hur haws*), oder Hinrichtung (*doman se vuol iusticiar do chativy = morgen wil man zwen pozbicht verderbn*); kritische Bemerkungen: «Wo bist du aufgezogen, du hast ja überhaupt keine Ahnung!»; «Du stinkst aus dem Mund, komm mir nicht zu nahe!», oder «Die Frau wär schön, wenn sie nicht einen

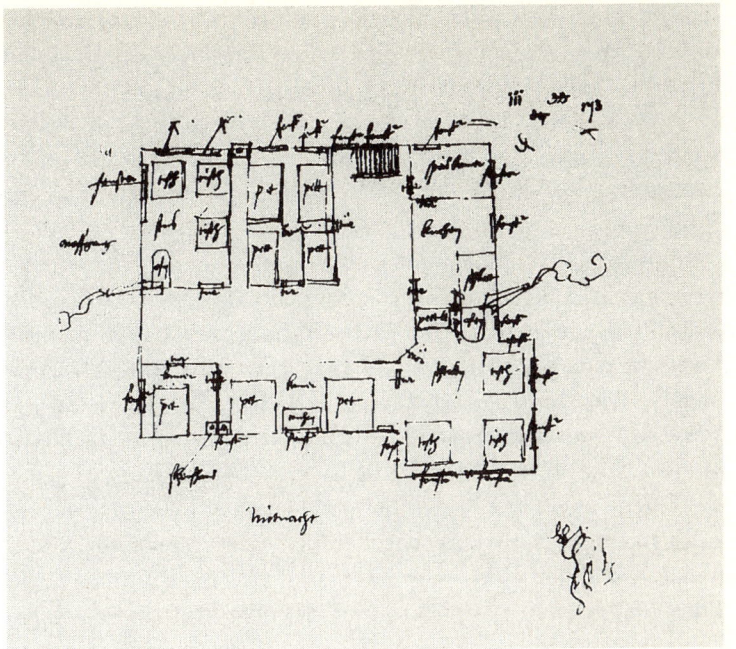

3   *Herberge in Venedig oder Oberitalien: Grundriß eines Stockwerks ge-*
zeichnet von Albrecht Dürer wohl auf seiner 2. Italienreise 1505/06. Bezeich-
*net sind nicht nur die einzelnen Räume (*stub, kamer, scheishaus, kuchen,
spiskamer*) und ihre Öffnungen (*tür, fenster*), sondern auch das Mobiliar:*
in der Stube links stehen 3 tisch *(sowie ein* ofen *mit Abzug), in den Kammern*
1 –4 pett, *in einer weiteren Stube rechts wieder 3* tisch, *der* ofen *hat mit dem*
schlot *der angrenzenden Küche einen gemeinsamen, rauchenden Schornstein.*
Vielleicht handelt es sich um das – in Dürers Brief an Pirckheimer vom
13. Okt. 1506 genannte – Gasthaus von Peter Pender in Venedig.

Kropf hätte». Wichtig das Angebot von Wein, und wie man darauf reagiert. Wenn der Italiener sich erstaunt zeige, daß der Deutsche morgens Alkoholisches ablehne, solle man ruhig sagen: *Dí pur anche tí cossí che le todeschi sian imbriági* = *sprich nür du auch allso daz die deuczen truncken sein* («sag bloß auch du, Deutsche seien immer betrunken»). Kurz: eine Sprachhilfe für alle Lebenslagen, und nicht bloß für Kaufleute.

Man kann sich das Aufatmen vorstellen, wenn die Pilger unterwegs auch in Italien immer wieder auf deutsche Wirte trafen. In der Tat sind unter den damaligen Wirten in Italien, auch in Rom, viele Deutsche nachzuweisen. Was die Deutschen als Wirte so begehrt machte, wird nicht gesagt. Immerhin hatten auch die deutschen Wirte in Deutschland bei ausländischen Reisenden keinen schlechten Ruf. So schreibt der päpstliche Nuntius und Kollektor Marinus de Fregeno über seine intensiven norddeutschen Erfahrungen (um 1460/70): deutsche Wirte begrüßen den Gast immer mit Handschlag – aber feilschen lassen sie nicht mit sich, sie nennen einen Preis, und den muß man *sine replicatione*, «ohne Widerrede» zahlen. Denn da oben geht es seriös zu. Aber wann verirrte sich schon einmal ein Italiener nach Deutschland, zumal nach Norddeutschland? Die gegenseitige Wahrnehmung – soweit Wahrnehmung des anderen in dessen eigenem Land – war völlig asymmetrisch.

Die letzte Strecke, in Mittelitalien, ging der Pilger nach Rom meist auf der sogenannten *Via Francigena*, der «Frankenstraße», wie man sie schon im frühen Mittelalter nannte, weil sie für die nordalpinen Pilger die bevorzugte Straße war. Sie führte, nach Überschreiten des Appennin zwischen Parma und Pontremoli, und des Arno zwischen Lucca und San Miniato, über Siena und Viterbo nach Rom. In ihrem letzten Teil, zwischen dem Bolsener See und Rom, folgte die Via Francigena meist der antiken Via Cassia: eine wichtige Straßenachse also, auf der erst die römischen Legionen nach Norden und nun, im Mittelalter, Könige Prälaten Pilger Ideen Waren nach Süden zogen.

Ihrer Bedeutung entsprechend, sind gerade für die Via Francigena, und gerade aus der Hand von Pilgern, mehrere sogenannte

Itinerare überliefert, also persönliche Routenverzeichnisse, in denen Reisende den von ihnen genommenen Weg notierten. So der Erzbischof Sigeric von Canterbury um das Jahr 990, von Calais durch Frankreich, über den Großen St. Bernhard und den Appennin, Station um Station: zwischen Bolsena und Rom folgt sein Itinerar praktisch noch ganz dem antiken Straßenverlauf, wie er in den antiken Routenverzeichnissen *Tabula Peutingeriana* und *Itinerarium Antonini* aufgeführt ist. 1154 kommt der isländische Abt Nikolaus von Munkathvera des Weges und verzeichnet an seiner Strecke hier *Hangandaborg* (gut germanisch für ‹Acquapendente›: das «hängend» hat er, als er sich den Ortsnamen übersetzen ließ, offensichtlich verstanden, doch das «Wasser» des Wasserfalls dort kommt nicht vor); dann nach 12 Meilen *Kristinaborg* (nämlich Bolsena mit seiner Stadtpatronin Santa Cristina), nach weiteren 8 Meilen *Flaviansborg* (also die ungewöhnliche doppelstöckige Kirche San Flaviano gleich neben Montefiascone, dem sie hier noch den Namen gibt), dann *Biternisborg* / Viterbo (-*borg* immer im Sinn von Burg als ummauerter Siedlung: auch Romaburg, Bethlehemburg).

Oder endlich, weitere eineinhalb Jahrhunderte später, ein geradezu vergnügliches Itinerar, gegen 1250 inseriert in die Annalen des norddeutschen Klosters Stade: da unterhalten sich *Tirri* und *Firri*, «Dieter» und «Fritz» lebhaft darüber, wie man am besten von Nordeuropa nach Rom komme, und diskutieren dabei – ein Itinerar in Form eines Dialogs macht das möglich – verschiedene Eventualitäten und die entsprechenden Varianten («falls der Rhein aber Hochwasser führt...»; «wenn Du aber noch die Reliquien in XY sehen willst, dann lieber die Straße über...»). Doch hier in Mittelitalien fällt den beiden keine weitere Variante mehr ein. Eine Pilgerstraße auf römischer Grundlage wie die Via Francigena hier hat nicht die vielen parallelen Straßenäste wie mittelalterliche Pilgerstraßen sonst.

Daß Via Francigena und ihre römische Vorgängerin sich auch auf diesem Stück nicht immer deckten, zeigt schon ein Vergleich der frühen Itinerare: in den eineinhalb Jahrhunderten zwischen 990 und 1150 verschwinden antike Straßenstationen aus den Itineraren, lenkt das erstarkende Viterbo die Straße aus ihrer antiken Geraden ab und zwingt sie, den Weg durch seine Mauern zu nehmen. Doch lassen sich diese Abweichungen auch im Gelände selbst verfolgen, und es ist äußerst reizvoll zu beobachten, wie anders sich in gleichem Geländerelief antike und mittelalterliche Straße verhalten (Abb. 4 u. 5). Doch sei das an anderer Stelle näher ausgeführt (s. S. 70 ff.). Ein anschauliches Bild der antiken Streckenführung ergibt sich etwa aus der wohlerhaltenen Pflasterung, die man, südlich von Montefiascone, von km 94,6 der heutigen Strada Statale 2 Cassia nach Westen fahrend (Pian di Monetto), nach kurzem erreicht. Oder aus der eindrucksvollen Versammlung römischer Grabtürme zwischen Vetralla und Capranica (man erreicht sie über den bei km 60,6 nach Südwesten abgehenden Fahrweg, Abb. 6), die in freier Landschaft die aufgegebene antike Straße nur noch andeuten. Daß die schnurgerade durchs Gelände verlaufende Via Cassia, bevor sie durch die kurvenreichere heutige Trasse ersetzt wurde, hier im Mittelalter noch lange begangen war, zeigt der Turm der (verschwundenen) romanischen Kirche, die sich unmittelbar an die antike Straße gesetzt und den Grabtürmen der Cassia zugesellt hatte: idyllisches Ensemble antiker und mittelalterlicher Ruinen versunken in schönster Natur.

Pilgern aus dem Norden wird, wenn sie die Straße entlangzogen, auch die so ganz andere Siedlungsweise aufgefallen sein: nicht die vertrauten Dörfer oder Höfe, sondern kleine befestigte Siedlungen zusammengezwängt auf schmalem Felssporn über tief eingeschnittenen Tuff-Schluchten, eigentlich kleine Städtchen und mit einer deutschen Burg nicht zu verwechseln. Das ist eine Situation, die sich in Mittelitalien vielfach beobachten läßt: mit dem Ende des Schutzes, den das Römische Reich (und zunächst auch noch das Karolingische Reich) geboten hatte, wird die offene Siedlungsweise aufgegeben, fliehen die Menschen wieder hinauf auf die von Natur befestigten Höhenlagen, die in vorrömischer Zeit stellenweise schon besiedelt gewesen waren: wenn Rom nicht mehr schützt, muß es die Natur tun.

Dieser Vorgang, das von der lokalen Herrschaft angebotene (oder auch erzwungene) Zusammensiedeln, ist das in letzter Zeit viel erforschte sogenannte *incastellamento*, das zwischen 850 und 1050 das Siedlungsbild hier völlig umgestaltete und gerade von antiker Straße her gesehen ins Auge springt: unten an der Straße die Reste großer römischer Villen und Wirtschaftshöfe, oben über senkrechten Felswänden finstere kompakte *castra*, die zu bedienen eine römische Fernstraße sich geweigert hätte, während eine mittelalterliche Straße gar nicht anders kann. Diese Siedlungsentwicklung läßt sich in zwei Sätzen noch weiter ausziehen: eine solche Höhensiedlung wird im 19. Jahrhundert auch keinen Eisenbahnanschluß bekommen und darum auch keine Industrie; sie wird darum im Zweiten Weltkrieg auch nicht bombardiert, und darum nach 1945 auch nicht moderner wiederaufgebaut werden. Und so kann der Abstand immer größer werden, gäbe es nicht auch andere Faktoren.

Daß die Pilger ihrerseits eine solche Straße mitgestalten können, und daß Straßen nicht nur Waren, sondern auch Ideen befördern: auch dafür ist die «Frankenstraße» ein gutes Beispiel. Denn längs dieser Straßenachse gibt es zahlreiche Reminiszenzen an die *Chansons de geste*, vor allem an die französische Rolandssage. Zwar finden sich Episoden der Rolandssage, ebenso wie solche der Artussage, in Oberitalien an romanischen Kirchenfassaden dargestellt: hier an der Via Francigena aber prägen sie sogar die Toponyme, die Namen! Man hat sich das an dieser Straße, die so viele Pilger von Frankreich nach Rom führte, mit der Organisation des Pilgerwesens durch Cluny erklärt. Da gibt es, allein auf den 30 km zwischen Viterbo und Sutri, die «Geburtsgrotte Rolands» (ein etruskisches Grab direkt an der alten Straße); die «Türme Rolands» (jene römischen Turmgräber an der Straße) und unweit davon die «Eichen Rolands»; ja sogar die *ruzzola*, die «Wurfscheibe Rolands», nämlich die flachen Reste eines antiken Rundgrabs.

Im nahen Nepi spielt eine Inschrift von 1131 an der Kathedrale in der Sanktion eines beschworenen Vertrages sogar auf Ganelon und seinen Verrat im Tal von Roncesvalles an. Solche Strafbestimmungen stellen meist den schändlichen Tod eines Judas oder Pilatus in Aussicht. Hier, im Bereich der Via Francigena, aber heißt es: wie Ganelon! Und Viterbo kennt, in Parteikämpfen des Mittelalters,

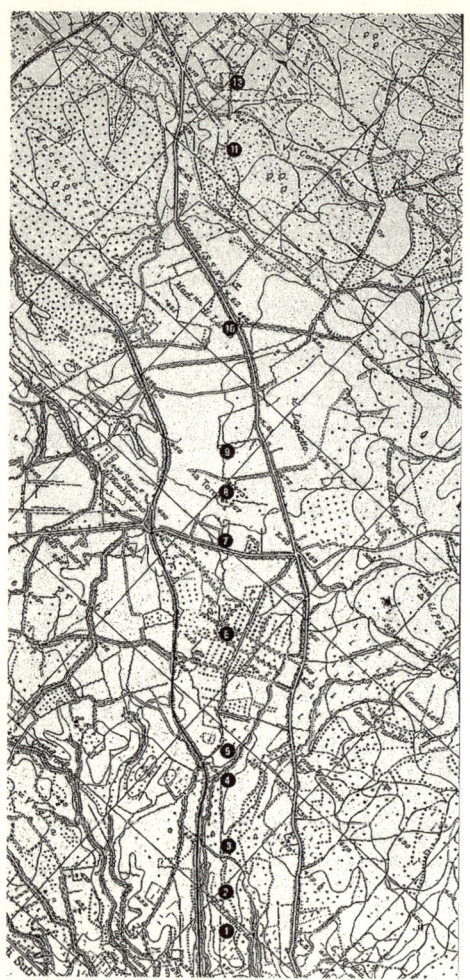

4　Die römische Vor-
gängerin der Pilgerstraße,
die Via Cassia, in ihrem
Verlauf zwischen Vetralla
und Sutri. Die heutige
Cassia mag vom Auto-
fahrer als recht geradlinig
empfunden werden –
aber das ist nichts gegen
die Linienführung der
alten Konsularstraße.
Wie die Markierung auf
der italienischen Gene-
ralstabskarte (1:25 000,
verkleinert) zeigt, zog die
Cassia in gewohnter rö-
mischer Rücksichtslosig-
keit schnurgerade durchs
Gelände. Später aufge-
geben und durch eine
geschmeidigere Trasse er-
setzt, bildet sich ihr Verlauf, im Gelände und auf
der Karte, bei näherem
Zusehen doch deutlich
ab: ein Stück weit Feld-
weg, dann Hecke, dann
Rain, dann ganz ver-
schwunden, dann wieder
Feldweg, und oft Grenze.

5 *Die Via Cassia in der Ebene von Viterbo. Luftaufnahme der Royal Air Force, die im Februar 1944, nach der Landung der Alliierten bei Anzio-Nettuno, die Umgebung von Rom flächig photographierte. Senkrecht die (hier genau von Norden nach Süden verlaufende) antike Trasse, in der Bildmitte unterbrochen durch heiße Quellen. Straßenbegleitende römische Bauten wie Grabmonumente (darunter ein als «Wurfscheibe Rolands» bezeichnetes Rundgrab), ein Grabtempel, und der Kuppelbau einer großen Thermenanlage (am oberen Bildrand) sind an ihrem Schattenwurf auch aus 21 000 Fuß Höhe noch zu erkennen, wenn man die Objekte zuvor im Gelände erkundet hat. Oben querend die Straße nach Marta.*

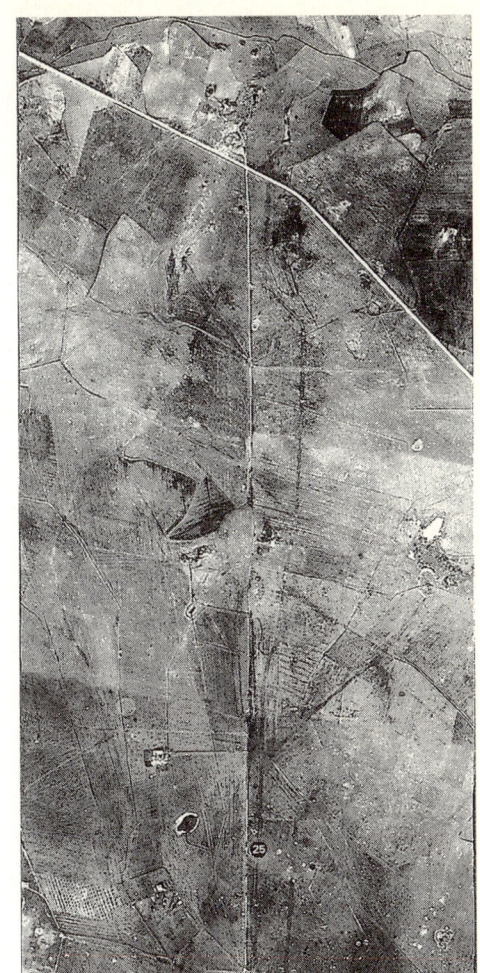

den seltsamen Parteinamen *Maganzesi*, was tatsächlich *di Magonza*, «aus Mainz» bedeutet, aber nicht im Sinne einer Herkunft der führenden Familie aus Mainz (wie Lokalhistoriker angenommen haben), sondern im Sinne von «üble Kerls, wie Rolands Verräter Ganelon, der Herr von Mainz» − so als seien alle Bösen (vor allem also: die politischen Gegner) einem großen Verrätergeschlecht mit dem Stammvater Ganelon von Mainz zuzuordnen! Umgekehrt kommen in den *Chansons de geste* die Ortsnamen der Via Francigena vor, ja ganze Itinerare: etwa Ivrea, Pavia, Lucca, Borgo San Donnino, Viterbo in der *Chevalerie d'Ogier de Danemarche*, ja sogar Sutri und das kleine Baccano vor Rom!

Lassen wir also auch unsere Pilger endlich in Baccano angekommen sein, von dessen südlichem Kraterrand man in der Ferne schon die Albaner Berge sieht. Es konnte geschehen, daß ihnen jetzt schon römische Gastwirte auf Kundenfang entgegenkamen. Denn 1475 ließen sie sich vom Papst ein (ausdrücklich als «guter alter italienischer Brauch» bezeichnetes) Recht bestätigen, daß sie den Rompilgern entgegengehen dürften, um sie über die ortsüblichen Verhältnisse zu informieren und «sie einzuladen, besser bei ihnen als bei anderen einzukehren» (*ut pocius penes se quam penes alios remaneant*). Da hätte man gerne zugehört, vor allem auch: in welcher Sprache sie sich verständlich machten. Vielleicht war ja auch hier ein Sprachführer wie jener von 1424 zur Verfügung, oder man schickte einen in Rom hängengebliebenen deutschen Landsknecht oder einen pfründenlosen deutschen Kleriker auf die Straße, die sich so etwas Zubrot verdienten.

Wer jetzt die alte Via Cassia geradeaus weiterging, wäre über den Ponte Milvio und die Porta del Popolo nach Rom hineingekommen. Aber viele nahmen die alte Abkürzung, die noch heute als *Via Trionfale* bei La Giustiniana die Cassia verläßt und dann über den Monte Mario hinunter in die Stadt führt. In diesem Falle hatte man einen rasanten «ersten Blick auf Rom». Eine frühe Zeichnung dieses Blicks auf Rom vom Monte Mario ist im Codex Escurialensis enthalten. Rom ist, wie dieser Blick zeigt, damals noch nicht eine Stadt der Kuppeln, sondern eine Stadt der Türme.

Angekommen waren sie nun. Aber wohin sich jetzt wenden? Neben den offiziellen Hotels (*con insegna*, sagte man, «mit Schild draußen dran») gab es Hospize, gab es Privatquartiere, ohne die es, jedenfalls in Heiligen Jahren, gar nicht gegangen wäre: *ogni casa era albergo e non bastava*, heißt es zum Jubeljahr 1450. Wie sich zum Jubeljahr 1475 eine *casa* in ein *albergo* verwandelte, läßt sich anhand eines Vertrages sogar genau verfolgen. Wem auch diese Kategorie Unterkunft noch zu teuer war, der schlief einfach draußen, unter Portiken oder in den Weinbergen, wie das bei großem Pilgerzustrom ausdrücklich berichtet wird. «In den Weinbergen» hört sich weit draußen an, war aber gar nicht so entlegen, denn Weinberge gab es in großer Zahl auch innerhalb der antiken Stadtmauern, die der geschrumpften Bevölkerung (in der römischen Kaiserzeit mindestens eine Dreiviertelmillion, im Spätmittelalter nur noch etwa 30 000) längst viel zu weit geworden waren. Weinberge und Viehtriften kamen bis an Forum und Kapitol heran.

Was die eigentlichen Hotels angeht, verfügen wir schon für das 15. Jahrhundert über eine ungewöhnliche Quelle: die genaue Buchführung der Apostolischen Kammer über die Unterbringung des kaiserlichen Gefolges 1468 in römischen Hotels. Genannt werden 27 Herbergen, die meist um den Campo dei Fiori und die Engelsbrücke liegen («Glocke», «Löwe», «Engel, «Schlüssel», «Schiff», usw.), wobei der Preisunterschied (überwiegend zwischen $\frac{1}{8}$ und $\frac{1}{12}$ Goldgulden pro Person mit Pferd pro Tag) doch so etwas wie Hotelkategorien anzeigt. Doch wird davon im folgenden Beitrag ausführlicher die Rede sein.

Für viele Pilger war das unerschwinglich, und in Heiligen Jahren stieg das womöglich noch an. Wir sehen in Heiligen Jahren denn auch die Weinpreise steigen und hören die Römer über den allgemeinen Preisanstieg klagen. Manche holten es sich auf ihre Weise wieder herein: im kommunalen Strafenregister von 1475 wird beispielsweise in einem Gasthaus im Borgo die Köchin bestraft, weil sie am Brot sparte, oder der Wirt des Gasthauses «Zum großen Paradies» (es gab nämlich auch ein «kleines»), weil er beim Wein-Ausschank betrog – von anderen dort genannten Gewerben ganz

zu schweigen. Wenn man Reise und Rom-Aufenthalt zusammen-
rechnet, war der Aufwand für den einzelnen Pilger doch beträcht-
lich, und so versteht man, wenn ein in Rom wohnender deutscher
Bäcker vor dem Notar sagt: wenn meine Brüder Hans und Tilmann
tatsächlich zum Heiligen Jahr 1475 nach Rom kommen *(si ad Urbem
de anno Jubilley peregrinarentur)*, dann will ich jedem von ihnen dafür
20 Dukaten stiften!

In Rom war für deutsche Pilger ein gewisser Bezugspunkt Kirche
und Bruderschaft von Santa Maria dell'Anima – sozusagen die
deutsche «Nationalkirche», wie auch die Franzosen, die Spanier
und andere Nationen «ihre» Kirchen und Bruderschaften hatten.
Die deutsche *Anima* und ihre Bruderschaft sind gut dokumentiert
und gut untersucht. Darauf kann hier nicht näher eingegangen, nur
darauf hingewiesen werden, daß das Bruderschaftsbuch mit all seinen frühen Einträgen erhalten und für den Historiker ein wahrer
Schatz ist. Wir sehen, wie gerade auch Pilger sich einschreiben
(man konnte sich zwar auch einschreiben lassen, ohne persönlich in
Rom zu sein – aber sehr viele taten es als Pilger in Rom). Da gibt es
ganze Schübe etwa von Magdeburgern oder Lübeckern oder Nürn-
bergern, besonders in den Heiligen Jahren 1475 und 1500. Auch die
andere wichtige deutschrömische Bruderschaft, die des Camposanto Teutonico an der Südflanke der Peterskirche, ist inzwischen
gut untersucht worden.

Untergebracht sind die Pilger also nun, ob in Hotels, Hospizen,
Privatwohnungen, oder einfach unter freiem Himmel, oder in den
Gewölben römischer Ruinen (Abb. 17). Und so konnten sie jetzt
mit dem beginnen, wofür sie eigentlich gekommen waren, und was
wir nicht vergessen oder kleinreden (oder mit modernem Sight-
seeing verwechseln) sollten. Sie waren gekommen, um an den Apostelgräbern zu beten, das Schweißtuch der Veronika und andere
Heiltümer zu sehen, den päpstlichen Segen zu erhalten, Ablässe zu
erwerben – und nach langen Wochen anstrengender, gefahrvoller
Reise hier den Mittelpunkt ihres Glaubens zu erfahren.

Natürlich sahen sich die Pilger auch in der Stadt um. Was sie auf-
suchten, ist aus den Rom-Führern zu ersehen. Diese Führer basier-

ten zu einem Teil auf den überarbeiteten *Mirabilia Romae*, jener Stadtbeschreibung, die im 12. Jahrhundert (gewiß im Zusammenhang mit der kommunalen Bewegung) entstand und die «Wunder Roms» aufführte. Da heißt es etwa: Rom hat eine Stadtmauer mit 12 Toren und 361 Türmen, hat folgende Triumphbögen, folgende Thermen, folgende Brücken; hier wurde der Hl. Paulus enthauptet, dort der Leichnam des Hl. Sebastian in die Kloake geworfen; hier sagte die Sibylle zum Kaiser Augustus: «Heute nacht wird ein größerer König als du geboren werden»; im Kapitol standen Marmorstatuen als Symbole der Provinzen, mit Glöckchen daran: wenn eine Provinz rebellierte, läutete das Glöckchen der betreffenden Statue, und die römischen Legionen wußten sofort, in welche Provinz sie marschieren mußten (also keine rationale, sondern eine magische Erklärung des römischen Herrschaftserfolges), und so fort. Zu diesen eigentlichen *Mirabilia* trat dann noch ein Textblock mit einem Verzeichnis der Kirchen, ihrer Reliquien, ihrer Ablässe, einem kalendarischen Verzeichnis der Stationskirchen. Beides zusammen, *Mirabilia* und *Indulgentiae*, bildete dann sozusagen den Rom-Führer, der in alle Sprachen übersetzt und in zahlreichen Handschriften überliefert ist: allein von der vollständigen, all diese Textteile enthaltenden Fassung haben sich in lateinischer Sprache 237 Handschriften erhalten, ganz abgesehen von weniger kompletten und volkssprachlichen Fassungen.

Natürlich wurden diese Führer und Ablaßverzeichnisse früh auch gedruckt, und gerade in Rom selbst, zunächst von *deutschen* Druckern. Während die deutschen Erstdrucker in Rom, Pannartz und Sweynheym, an den Rand des Bankrotts gerieten, weil sie (wie ihre Bittschrift an den Papst verrät) zu viel antike Klassiker in zu hohen Auflagen druckten, kannten andere, die sich auf kirchenrechtliche Texte oder eben auf Pilgerführer warfen, keine Marktsättigung, wie beispielsweise der deutsche Drucker Adam Rot. Ein schönes Exemplar eines solchen Führers, mit Gebrauchsspuren und in praktischem flexiblen Einband, liegt im Germanischen Nationalmuseum in Nürnberg. Für die Frühdrucke solcher Pilgerführer ist kennzeichnend, daß bei Neuauflagen der Teil über die Ablässe immer gleich auf den neuesten Stand gebracht wurde (neue Ablässe, neu erworbene Reliquien), während der andere Teil, über die Monumente (nicht die antiken: da kam ja kein neues hinzu), darin vernachlässigt wurde. So kann es geschehen, daß man die antiken, längst zerstörten Brücken aufzählt und nicht die neue nennt, den Ponte Sisto von 1475, erster Brückenneubau seit dem Ende der Antike. Das sagt viel über die Prioritäten.

Sehen wir zum Schluß noch, wie sich die Gegenwart der Pilger (vor allem: die massierte Gegenwart von Pilgern während der Heiligen Jahre) im römischen Wirtschaftsleben niederschlägt. Eine bisher wenig beachtete Quelle, die römischen Zollregister der Frührenaissance, gibt dazu einige Hinweise.

Was die Zollregister zunächst einmal sehr genau erkennen lassen, sind die jahreszeitlichen Schwankungen des römischen Wirtschaftslebens: beim Importvolumen und der Zahl einlaufender Schiffe immer eine markante Spitze in den Frühlingsmonaten (im Heiligen Jahr nur noch markanter), dann geht es allmählich hinab ins Sommerloch. Das gilt auch für den Zustrom der Pilger und erklärt sich wohl daraus, daß im Sommer die Pilger wegen der Ernte unabkömmlich sind und es auch keine großen Kirchenfeste gibt: das Ganze ist sozusagen eine Überlagerung von liturgischem Jahr und agrarisch-bäuerlichem Jahr! Im Spätherbst setzen Pilgerzustrom und Importe dann wieder kräftig ein (Allerheiligen, dann Weihnachten). Um die Kurve der Pilgerfrequenz nachzuzeichnen, gibt es noch weitere Anhaltspunkte, nämlich die Höhe der Spenden im Opferstock für den Hauptaltar von St. Peter, die sich für das Heilige Jahr 1390 berechnen lassen: in der Osterzeit wöchentlich rund 300 fiorini/Gulden, Mai-August wöchentlich nur etwa 80 fiorini.

Was nun den Import selbst angeht, so läßt sich 1475 bei einigen Warengattungen tatsächlich der spezifische Bedarf eines Heiligen Jahres feststellen. Zum Beispiel bei Wachs, dessen Bedarf in den Kirchen durch den Pilgerzustrom gewiß vervielfacht wurde: allein der römische Großkaufmann Massimo dei Massimi (damals waren die Massimi noch Kaufleute, später sind sie Fürsten) importiert in diesem Jahr 14 000 Pfund Wachs. Oder Gebetsschnüre, ganze Fässer voll, vor allem die Ausführung *de vetro*, «aus Glas» (meist aus Venedig bzw. Murano), scheint gute Absatzchancen unter Jubeljahrpilgern gehabt zu haben. Ebenso *imaginette*, wohl Heiligenbildchen, vermutlich holzschnittgefertigte, mit Schablonen zu kolorierende Massenware. Im übrigen fällt in den Zollregistern auf, daß im Heiligen Jahr oft Pilgergut auf den Schiffen genannt wird: *roba de pellegrini, nihil* («Sachen von Pilgern, [zahlen] nichts», sind zollfrei, Abb. 9), *vettuaglie de pellegrini, nihil*, usw.: also Zollbefreiungsvermerke für Pilger, die zu Schiff nach Rom kamen.

Ein besonders wichtiges Importgut, der Wein, ist zugleich das deutlichste Indiz für die massive Präsenz von zusätzlichen Konsumenten, nämlich von Pilgern. Importvolumen und Preisbewegung lassen sich bei Wein genau verfolgen, zumal wenn man zu den Zollregistern noch die Bücher der Steuer auf den Verkauf von Wein hinzunimmt (auch *gabella studii* genannt, «Universitätssteuer», weil aus dem Ertrag die Professoren der Universität Rom bezahlt wurden: je mehr getrunken wurde, desto leichter ließ sich die Universität finanzieren − leider auf heutige Verhältnisse nicht anwendbar). In allen Jahren steigt der Konsum gegen den Sommer hin an − und das ist nur natürlich, zumal Wein als Getränk ja keine Alternative hatte, damals sozusagen zugleich auch Coca-Cola, Kaffee, Tee und Mineralwasser war. Aber die absolute Spitze im Heiligen Jahr 1475 läßt sich nur aus erhöhten Pilgerzahlen erklären.

Ökonomisch gesprochen ist das «Konjunktur», nämlich: hoch in diesem einen (weil Heiligem) Jahr, dann geht es wieder hinunter. Aber es zeigt sich deutlich auch, zweitens, ein «Trend», und da wird es interessant: wenn man die Konsumziffern auch der anderen Jahre einbezieht, so zeigt sich, daß sie nun in allen Monaten jeweils etwas höher sind als vorher (Abb. 10). Das läßt sich nur demographisch erklären: nicht mit dem Zustrom von Pilgern, die dann wieder verschwinden, sondern mit langsam aber stetig wachsender Bevölkerung. Das aber heißt: Aus dem schäbigen, mickrigen Rom des Mittelalters mit seinen vielleicht 25−30 000 Einwohnern wächst endlich das Rom der Renaissance.

Preise, Kapazität und Lage römischer Hotels
im späten Mittelalter
Mit Kaiser Friedrich III. in Rom

Rom hatte schon im späten Mittelalter eine im Vergleich zu anderen italienischen Städten hohe Hotel-Dichte. Der Zustrom der Pilger zu den Apostelgräbern; die Anreise von Geistlichen in all den Streitfällen, die der Entscheidung der zentralen Behörden reserviert waren; der Besuch von Fürsten und Gesandten beim Papst, dessen Hof nun endlich stabile Residenz in Rom genommen hatte: all das führte zu kontinuierlicher Nachfrage nach Unterkunft und zu entsprechendem Angebot an Quartier. Diese Hotel-Dichte ist nur eines unter vielen Indizien dafür, daß in der Wirtschaft Roms der tertiäre Sektor, die Dienstleistung, stärker ausgebildet war als die gewerbliche Produktion. Diese in der ersten Hälfte des 15. Jahrhunderts noch unansehnliche, nur etwa 30 000 Einwohner zählende Stadt bot einen ganz anderen Anblick als die großen Exportgewerbe-Städte, aber auch als die Residenzstädte des italienischen Nordens.

In der Regel wissen wir vom mittelalterlichen Beherbergungswesen wenig, und – angesichts der römischen Quellenlage – vom römischen erst recht. Doch kommt uns ein Umstand zu Hilfe: der Besuch eines Kaisers, dessen Gefolge, wie der Papst angeordnet hatte, auf Kosten der Apostolischen Kammer in römischen Herbergen untergebracht wurde. So gerieten diese Ausgaben endlich einmal in eine vernünftige Buchführung, die für ihre Zeit «moderne» päpstliche. Es ist, als fiele ein gebündelter Lichtstrahl in das Dunkel der Überlieferung. Und das wollen wir uns hier zunutze machen.

In der Weihnachtszeit des Jahres 1468 kam Kaiser Friedrich III., in Erfüllung eines Wallfahrtsgelübdes, ein zweites Mal nach Rom, das er ein erstes Mal 1452, anläßlich seiner Kaiserkrönung, betreten hatte. Der Romzug hatte keine weitere politische Bedeutung. Die italienischen Beobachter zeigten sich wenig beeindruckt, weil sie die politische Harmlosigkeit des Unternehmens erkannten und auch Friedrichs Auftreten als nicht eben kaiserlich empfanden: Jacob Burckhardt hat, mit ihren Augen sozusagen, äußerst sarkastische Bemerkungen über beide Romzüge gemacht. Und doch ließen sich die italienischen Fürsten dieses Ereignis etwas kosten, allen voran Papst Paul II. Und nur darum gehe es hier: um den Niederschlag, den dieser Romzug in den Büchern der päpstlichen Finanzverwaltung gefunden hat, und die Aufschlüsse, die sich daraus über das römische Beherbergungswesen ergeben.

Die Römer sahen in einem Kaiserbesuch einen preistreibenden Menschenandrang (*concursus gentium*), der bewältigt und ausgenutzt sein wollte. In römischen Mietverträgen des 15. Jahrhunderts konnte ausdrücklich die Klausel enthalten sein, daß sowohl ein Heiliges Jahr als auch ein Kaiserbesuch den Vermieter zur Erhöhung des Mietzinses berechtigte (niemand ahnte, daß man mangels weiterer Gelegenheit die Kaiser-Klausel bald aus den Verträgen hätte streichen können). Nun war die Romfahrt von 1468 kein Krönungszug, das Gefolge von 500–700 Berittenen (die Angaben der Quellen schwanken, doch dürften es nach unseren Archivalien nur etwa 400 gewesen sein) weit geringer als die 5000 Begleiter von 1452, und die Verdienstmöglichkeiten der Römer entsprechend eingeschränkt.

Verfolgen wir den Kaiser nun auf den letzten Etappen seines Weges nach Rom. Da der Kaiser nicht nur in Rom, sondern auch im Kirchenstaat Gast des Papstes war, hatte der Thesaurar von Umbrien entsprechende Anweisung erhalten und legte über die Ausgaben für den Kaiser in seinem Zuständigkeitsbereich dann der Apostolischen Kammer Rechnung.

Hier tritt der Kaiser mit seinem Gefolge ein erstes Mal in unser Blickfeld, als er in Foligno empfangen wird, tief in der Nacht: darum Ausgaben «um in den Straßen Feuer zu machen, als der Kaiser Foligno betrat, das war in der 7. Stunde der Nacht», und immer viel für Fackeln und Kerzen, denn jetzt, im Dezember, wird es früh dunkel. Dann seitenlang Ausgaben für Getreide und Wein, für Fleisch verschiedener Sorten, für *marzipani*, Rosenwasser, Safran, Senf, für verschwundenes und zerbrochenes Geschirr (*per vase perdute et rocte*) usw. Doch sollen uns hier nur die Kosten der Unterkunft interessieren, da sie guten Einblick in das lokale Beherbergungswesen geben: Zahl und Namen der Gasthäuser, ihre Kapazität, ihre Preise (ein Mann mit Pferd kommt auf genau den doppelten Preis eines Mannes ohne Pferd). Notieren wir nur einmal am Beispiel Folignos die Hotels am Platze, und was sie – «Krone» und «Pferdchen», «Schlüssel» und «Glocke», «Engel» und «Sternen» usw. – aufnehmen konnten. In der *Corona* werden 55 Personen und 48 Pferde untergebracht, im *Cavalluccio* 54/54, *Chiave* 22/16, *Campana* 56/56, *Angelo* 41/34, weitere *Campana* 28/6, *Stella* 16/12, *Croce* 13/10, *Tencha* («Zur Schleie») 12/10. Macht 297 Personen und 246 Pferde. Aber das reichte nicht. So wurden noch 12 Privatquartiere angemietet für 93 Personen und 107 Pferde und mit Heu beliefert. Insgesamt 390 Personen mit 353 Pferden bekommen wir hier in Foligno also zu fassen, ihre Unterbringung und Bewirtung kosten die Apostolische Kammer immerhin 339 flor.

Weiter geht es nach Spoleto (12 Hotels werden genannt, und zusätzliche Trompeter aus Perugia angefordert, um den Kaiser recht zu empfangen) und nach Narni, also auf der Via Flaminia. Doch war man in Rom auch auf eine Anreise über die Via Cassia vorbereitet. Nahe der Stelle, wo die Flaminia einst auf großer augusteischer Brücke den Tiber überquerte, wohl in dem kleinen Flußhafen unterhalb von Otricoli (den in umgekehrter Richtung vier Jahre zuvor Papst Pius II. auf seiner letzten Reise benutzt hatte), bestieg der Kaiser eine Barke und ließ sich flußabwärts bis kurz vor die Stadt rudern.

Hier war schon alles für die Ankunft des Kaisers vorbereitet: der Papst hatte am Tage zuvor persönlich die Räume des Kaisers im Vatikan inspiziert (*papa ivit ad videndum cameras ... imperatoris pro eius adventu*), die Glasfenster waren kontrolliert, der Garten dort von einem Gärtner eigens hergerichtet worden. Wie die Auszahlungsanordnungen weiter zeigen, waren angesichts der Jahreszeit große Mengen Brennholz angekauft, hinreichend Personal für die Bedienung der deutschen Fürsten bestellt, an das Waschen der kaiserlichen Wäsche gedacht, und genügende Mengen von Ton- und Glasbechern beschafft worden. Den Gouverneuren der benachbarten Orte wurden Lieferungen von Geflügel und Fischen zur Pflicht gemacht, aus dem Meer bei Ostia Krebse beschafft (*pro eundo ad Hostiam pro gamberis*).

Die Via Flaminia, auf der der Kaiser einziehen sollte, war vom Ponte Milvio bis zur Porta del Popolo eigens gesäubert worden, wie Zahlung für Arbeiten *a spianare et mondare le strade da Ponte Molle fino a Sancta Maria del Popolo per la venuta de lo Imperatore* erkennen läßt. Hier vor der Porta del Popolo standen nun – wie vor der Milvischen Brücke die höchsten Amtspersonen der Stadt – die Kardinäle zum Empfang bereit, zunehmend gereizt darüber, daß sich die Ankunft des Kaisers aus unerfindlichen Gründen verzögerte: man kann sich die Stimmung stundenlangen Wartens vorstellen, schließlich war es der Weihnachtsabend. Als der Kaiser, nicht mehr bei Tageslicht, sondern nun schon in tiefer Dunkelheit gegen 8 Uhr abends, endlich nahte, begann damit ja erst die festliche Prozedur des Einzugs: nach den obligaten Begrüßungsreden ging es die Via Flaminia (den heutigen Corso) entlang bis an ihr Ende vor dem Kapitol, in langer Flucht auf den neuerrichteten Gartenpalast des Papstes zu, den Palazzetto Venezia, in dessen Fenster Lichter gestellt worden waren, dann hinüber nach St. Peter zu einem ersten Besuch des Apostelgrabes und erster Begegnung mit dem Papst. Da war es schon gegen 23 Uhr, und noch niemand in seiner Unterkunft angelangt.

Aber nicht der Ablauf des Rom-Besuches ist unser Thema, sondern die Frage, wie ein Gefolge solchen Ranges und solcher Zahl in Rom untergebracht wurde, und was sich daraus über das römische Hotelgewerbe ermitteln läßt.

Über die Unterbringung des Gefolges erfahren wir, erstens, aus den *Mandati Camerali*, den Auszahlungsanordnungen, mit denen der apostolische Kämmerer den Generalthesaurar anweist, an eine bestimmte Person für eine bestimmte Leistung eine bestimmte

Summe auszuzahlen (Abb. 11). Und wir erfahren darüber, zweitens, aus dem *Introitus et Exitus*, in dem die erfolgte Auszahlung dann auf der Ausgabenseite abgebucht wurde; er wurde vom General-depositar (meist ein namhafter Florentiner Bankier, der dem The-saurar zur Seite stand) in italienischer Sprache geführt und dann für den Kämmerer und für den Thesaurar ins Lateinische über-setzt, so daß wir stellenweise drei Überlieferungen haben. Wir fol-gen den *Mandati Camerali*, weil sie ausführlicher sind als der *Introitus et Exitus*, beziehen diesen aber mit ein. Vieles davon wurde bereits von Gottlob und Cerasoli behandelt; doch bedarf Gottlob der Er-gänzung, Cerasoli der Korrektur.

Zunächst das Beispiel einer Auszahlungsanordnung: *Nardo hospiti Campane de Montejordano florenos auri de camera XL et bononienses XXXVI pro expensis factis XXXV personis et XXXVIII equis a XXIIII decembris usque in diem VIII presentis mensis januarii, deductis XL salmis feni habitis de palatio*, also «An Nardus, Wirt der ‹Glocke› am Monte Giordano, 40 Kammergulden und 36 bolognini für Ausgaben für 35 Personen und 38 Pferde vom 24. Dezember bis 8. Januar, abzüglich 40 salme Heu weil vom Papstpalast geliefert». Aus solchen Eintragungen läßt sich eine Tabelle von 27 Hotels gewinnen, aus deren detaillier-ten Angaben hier nur 6 Beispiele ausgewählt seien.

Zunächst einmal sehen wir aus dieser Aufstellung: fast alle Her-bergen haben einen Namen, ein Schild oder *insegna*, wie der Floren-tiner Giovanni Rucellai 1450 zum Heiligen Jahr in Rom bemerkt, wenn er ausdrücklich solche offiziellen Herbergen unterscheidet von den Privatquartieren. Wo der Name zweimal begegnet – es gibt zwei «Kronen», zwei «Glocken» (wahrscheinlich gab es bei der römischen Hotel-Dichte von beiden noch mehr) –, wird die unter-scheidende Lokalisierung den Herbergen am Monte Giordano, nicht denen am Campo dei Fiori beigefügt: vielleicht weil sie die jüngeren waren; vielleicht weil sie auf diesen Zusatz Wert legten. Denn der Monte Giordano lag gleich am stadtseitigen Brückenkopf der Engelsbrücke, einer strategischen Stelle, wie auch die Floren-tiner Papstbankiers wußten, die hier Haus an Haus saßen. Auch Gregor Heimburg, der Kurie als Autor von Flugschriften und

6   Eine seltsame Versammlung von Türmen in freier Landschaft an der verschwundenen alten Straße: die sogenannten « Türme Rolands», des sagenhaf-
ten Helden, dessen Erinnerung an auffallend vielen Stellen dieser (nach ihrem
Zustrom von Pilgern aus dem Norden so genannten) «Frankenstraße» haftet.
Zu den monumentalen Grabtürmen beiderseits der römischen Straße gesellte
sich im 11. Jahrhundert, als die Via Cassia hier offensichtlich noch begangen
wurde, eine romanische Kirche, deren geborstener Campanile rechts zu sehen
ist. Der gewaltige Baum dahinter zersprengt mit seinen Wurzeln einen weiteren antiken Turmrest. Die unter gelb-rötlicher Flechte warm leuchtenden
Ruinen ragen malerisch aus hohem Gras und dichten Haselnuß-Hainen
(Karte Abb. 4 Punkt 8, u. S. 20).

Konzilsappellationen verhaßt, mag hier gewohnt haben; jedenfalls lokalisiert Pius II. eine karikierende Szene auf dem Monte
Giordano.

Gasthaus	Wirt	Perso-nen	Pferde	Tage	Preis	Bemerkungen
Glocke am Monte Giord.	Nardus	35	38	15	40 fl. 36 b.	abzügl. 40 s. Heu gelief. v. Palast
Schwert am Monte Giord.	Raynaldus von Burgund	23	20	16	21 fl. 8 b.	abzügl. 35 s. Heu gelief. v. Palast
Schiff	Petrus Morales	20	20	16	28 fl. 48 b.	mit *cena* f. 18 Pers., u. 27 Maß Futter
Galeere	Antonius Gallicus	29	26	15	39 fl. 50 b.	abzügl. Heu gelief. v. Palast
Gans	Petrus von Lüttich		7	16	10 fl. 17 b.	mit 7 Essen am 24. Dez.; 12 Maß Futter
Esel bei St. Peter	Georg von Poitiers		4	13	2 fl.	abzügl. Heu

und 21 weitere Fälle.

Aber versuchen wir, die genannten Hotels womöglich näher zu
lokalisieren. Die eine genannte *Campana* also lag am Monte Giordano, bei S. Celso kurz vor der Engelsbrücke, und warf dem Kapitel
von St. Peter, laut dessen *Censuali*, damals jährlich 50 duc. Pacht ab;
die andere *Campana* (anscheinend gleichfalls recht groß, wie die
Zahl der untergebrachten Gäste zeigt), lag in der Via dei Cappellari
unweit des Campo dei Fiori und hatte damals einen deutschen
Wirt.

Auch die beiden hier genannten Herbergen «Zum Engel» ver-
teilten sich in dieser Weise, die eine bei der Engelsbrücke, die andere
wohl an der Piazza Pollarola unweit des Campo dei Fiori. Und ähnlich geht es weiter: von den beiden «Kronen» unserer Quelle ist die

eine ausdrücklich beim Monte Giordano lokalisiert, die andere war gewiß die vielgenannte *Corona* am Campo dei Fiori Ecke Via dei Baullari. Und von den beiden «Löwen» unserer Quelle lag einer jedenfalls am Monte Giordano, der andere bei der Torre di Nona, also gleichfalls nahe der Engelsbrücke.

An «Sonnen» gab es viele in Rom; die hier genannte aber dürfte die bekannteste sein, die ins antike Pompeiustheater eingebaut war und dort, nicht weit vom Campo dei Fiori, noch heute existiert. Der *Scudo* oder «Schild», hier ausdrücklich *prope puteum album*, «am weißen Brunnen» lokalisiert, nämlich bei der nachmaligen Chiesa Nuova, lag also zwischen den beiden Hotelzonen Monte Giordano und Campo dei Fiori. Dort lag auch der *Saraceno*. Zur Zone Campo dei Fiori gehörten auch die genannten Hotels «Schiff», «Sternen», «Treppe».

Bei anderen ist die Identifizierung nicht sicher. Hier greift aber nun eine andere römische Quellengattung, die *gabella vini forensis ad minutum*, also die Steuer auf den Verkauf importierten Weines. Unter den Abnehmern des Weins werden natürlich häufig Wirte genannt und nicht selten lokalisiert, etwa: *Jacobo Masello hoste alli Chiavi in Monte Iordano pro una botte*, also «Jacopo Mazello Wirt der Herberge ›Zum Schlüssel‹ am Monte Giordano, für 1 Faß»: der erscheint auch in der Hotel-Rechnung von 1468/69, und dasselbe gilt etwa für *Antonio Francioso alla Galea in Ponte*. Stimmen Wirtsname und Hotelname in unseren *Mandati Camerali* und in jener *gabella* überein, und handelt es sich auch noch um dasselbe Jahr, dann lassen sich die Zweifelsfälle nun eindeutig lokalisieren: *Chiavi* und *Montone* liegen beim Monte Giordano, auch die *Galea* gehört in diesen Bereich Ponte (ihr französischer Wirt kauft allein in den ersten 12 Tagen des Januar 1469, wohl weil sein Keller vom kaiserlichen Gefolge leergetrunken war, $8\,^{1}/_{2}$ botte oder 4460 Liter Importwein, und bis Mai weitere 14700 Liter). Was dieses deutsche Gefolge an Wein und Butter vertilgen konnte, darüber wird man, wie jedenfalls in Ferrara, so vielleicht auch in Rom gestaunt haben: «Sie aßen Riesenmengen..., aßen Unmengen Butter, und [tranken] Trebbiano und Malvasier, daß man nur staunen konnte» (*man-*

giòno tanta roba . . ., tanto butiero manginòno, et tribiano et malvasie, che fu uno stupore).

Somit heben sich zwei Hotelzonen klar heraus: die eine um den Monte Giordano nahe der Engelsbrücke, die andere um den Campo dei Fiori. Die dritte, der vatikanische Borgo, wird – mit der einen Ausnahme des «Esels» am Petersplatz – auffallend selten genannt. Das mag daran liegen, daß der Papst zwar den Kaiser selbst ehrenvoll beim Apostolischen Palast unterbrachte, sich dessen bewaffnetes Gefolge aber lieber vom Leibe hielt, ja vorsichtshalber sogar Truppen in die Stadt verlegte.

Viele dieser Hotels und ihre Wirte erscheinen wenig später abermals in den päpstlichen Auszahlungsanordnungen. Denn im Frühjahr 1471, anläßlich des Rom-Besuchs von Borso d'Este Herzog von Ferrara, gab Paul II. abermals Anweisung, den Fürsten samt Gefolge als seine Gäste in römischen Hotels unterzubringen. Die *Mandati Camerali* nennen, ohne weitere Spezifizierung der Leistungen, diesmal 20 Herbergen: darunter ist wieder das «Schiff» mit seinem Wirt Petrus Morales, der «Sternen» mit seiner Wirtin Margarita, der «Schlüssel» mit Jacobus Marcellus (oder Mazellus), der «Engel» mit Giletus von Lüttich, die «Galeere» mit Antonius dem Franzosen.

Damit waren nun 320 Personen und 396 Pferde in autorisierten römischen Herbergen untergebracht. Das sind rund 70 Personen weniger als beim Durchzug durch Foligno. Da nicht anzunehmen ist, daß sich die Zahl unterdes vermindert hatte, wurde für das restliche Gefolge wohl anderweitig in Rom Unterkunft gefunden, für einige – ranghohe Fürsten und unmittelbare Dienerschaft – gewiß auch in unmittelbarer Nähe des Kaisers.

Bei derartiger Dichte des archivalischen Materials kann man nun in einem weiteren Schritt versuchen, die eigentlichen Beherbergungskosten pro Person zu ermitteln und so Aufschluß über die Hotel-Kategorien zu gewinnen. Die eigentlichen «Hotelpreise» lassen sich aus diesen Angaben indessen nicht durchweg berechnen. Denn da die Summen oft Sonderleistungen einschließen, die zwar spezifiziert, aber nicht präzise kalkulierbar sind («einschließlich

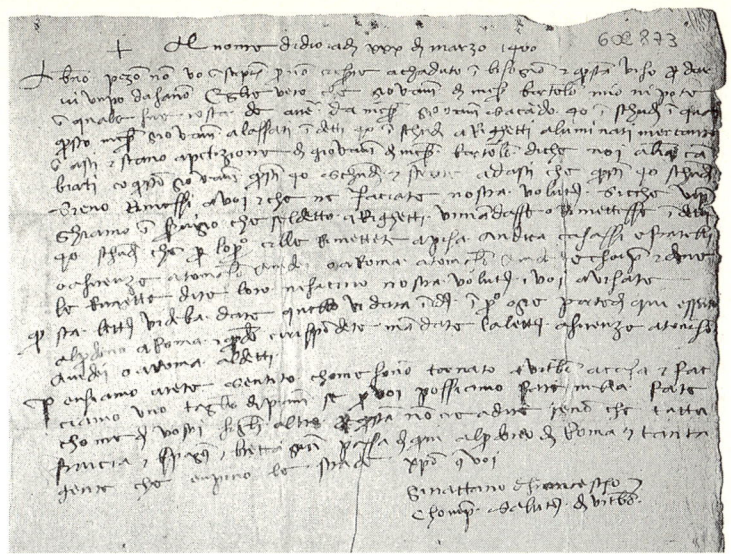

7   Daß zeitweilig Unmengen nördlicher Pilger über die «Frankenstraße» –
hier noch weitgehend identisch mit der römischen Via Cassia – nach Rom zogen, davon berichtet dieser Brief einer Handelsgesellschaft aus Viterbo zum
Heiligen Jahr 1400: tutta Francia, Spagna, Brettagna passa di qui al
perdono di Roma, tanta gente che empieno le strade *(letzter Satz)*,
«ganz Frankreich, Spanien, die Bretagne kommt hier vorbei auf dem Wege zum
Ablaß von Rom, so viele Leute daß die Straßen voll sind» *(Originalbrief im
Archivio Datini)*.

Abendessen für 18 Personen»; «Futter ganz»), ist die Vergleichbarkeit des Preisniveaus oft nicht gegeben. Man sieht den Rechnungsbeamten geradezu, wie er in die Vielfalt der vorgelegten Zettel Ordnung zu bringen sucht: Ist zusätzlich zur Unterkunft auch Bewirtung berechnet? Und wenn ja: nur für den Abend des 24. Dezember oder immer? Nur *cena* oder auch *prandium*/pranzo? Und er blättert seinerseits in seinen Unterlagen: Hatten wir mit diesem Wirt nicht Sonderkonditionen ausgemacht (*come d'acordo*)? Hatten wir jenem Wirt nicht das meiste Heu selber geliefert?

In einigen Fällen, wo keine Sonderkonditionen genannt werden, könnten reine Beherbergungspreise vorliegen (wobei natürlich Sonderrabatte für die Apostolische Kammer nicht auszuschließen sind). Von diesen Fällen sei zunächst ausgegangen, vor allem wo die Zahl von Menschen und Pferden identisch ist (zumal die Unterbringung von Mensch und Pferd, wie in Foligno, so wohl auch in Rom gleich teuer kam). Demzufolge wäre die Unterkunft von Mensch mit Pferd beim *Angelo* auf 5,8 bolognini täglich gekommen, beim *Leone* am Monte Giordano auf 6,8 bol., bei der *Corona* am Monte Giordano auf 15 bol., beim anderen *Angelo* auf 9 bol. Nur beim *S. Giovanni* scheint der Preis direkt angegeben: *ad rationem XVIII bon. pro quolibet*, also 18 bolognini (von denen 72 auf einen päpstlichen Goldgulden kamen). Akzeptable Näherungswerte lassen sich noch ermitteln, wo die Zahlen von Menschen und Pferden nur unwesentlich differieren und sich ein grober Mittelwert ansetzen läßt. Endlich kann man, wo Heu-Lieferungen seitens des Apostolischen Palastes ausdrücklich abgezogen wurden, diesen abgezogenen Betrag dem Beherbergungspreis wieder zuschlagen, da sich aus den Angaben zu *Corona* und *Montone* ein Preis von 21 bol. pro *salma* Heu ermitteln läßt. Waren 40 *salme* Heu geliefert worden wie etwa an die *Campana* am Monte Giordano und somit (40 x 21) 840 bol. einbehalten, müssen wir den «eigentlichen» Preis dieser Campana also von 40 fl. 36 bol. (oder $40\frac{1}{2}$ flor.) um 840 bol. auf 52 fl. 12 bol. erhöhen, das wären dann 7 bol. pro Mann mit Pferd täglich; bei der *Spada* von 21 fl. 8 bol. auf 31 fl. 23 bol., das wären dann 6,4 bol. pro Mann mit Pferd täglich.

Mit einer Bandbreite zwischen 5,8 und 18 bolognini (= 1/12–1/4 Goldgulden) pro Mann mit Pferd täglich ist das eine plausible Marge, und der Abstand gewiß nicht größer als zwischen einem heutigen 2- und 4-Sterne-Hotel; die Mehrzahl der berechenbaren Fälle (5 von 7) liegt sogar nah beieinander: 5,8–9 bol. oder ein Zwölftel bis ein Achtel Goldgulden.

Für viele Pilger war gewiß auch die unterste Preisklasse dieser Hotelkategorien noch unerschwinglich. Aber es gab Quartiere, die sich bei erwartetem Massenandrang spontan organisierten, vor allem in Heiligen Jahren wie 1450 (*et ogni casa era albergo e non bastava*), nicht anders als die ›Bed and Breakfast‹ im Heiligen Jahr 2000 mit seinen 25 Millionen Pilgern. Wie sich, in Erwartung des Heiligen Jahres 1475, eine solche Herberge ad hoc einrichtete, können wir sogar anhand eines Vertrages verfolgen, der sich im Heft eines Notars erhalten hat. Da tun sich, ein halbes Jahr zuvor, drei Süditaliener zusammen, um in einer Wohnung in Trastevere Herberge und Taverne einzurichten und bis Ende 1475 zu betreiben: zwei (darunter eine Palermitanerin) stellen Betten und Service, der dritte Vertragspartner – ein Schiffseigner aus Castellamare – verpflichtet sich zur Anlieferung von Wein, der Gewinn kommt in eine Kassette mit 2 Schlössern und wird gegebenenfalls bei einer genannten Bank deponiert. Tatsächlich läßt sich aus den Zollregistern ersehen, wie sein Schiff dann mehrmals im römischen Tiberhafen gegenüber dem Aventin anlegt und Weinfässer auslädt, darunter Wein (und typisch süditalienische Produkte wie Kapern und Rosenwasser) auch für mehrere Kardinäle wie den künftigen Papst Julius II.: insgesamt 136 000 Liter Wein. Zieht man nun noch eine dritte Quellengattung hinzu, die bereits genannte Steuer auf den Verkauf importierten Weines (*gabella vini forensis ad minutum*), dann sieht man den anderen Vertragspartner zum Hafen gehen und den Wein entgegennehmen: am 3. Mai 1475 lädt der eine aus, am gleichen Mittwoch holt der andere ab, wobei das Steuerregister auch die Osteria lokalisiert: *a ripa romea*, gleich am Tiberhafen also. Und das war praktisch: der Wein und die zu Schiff kommenden Heiligjahr-Pilger hatten es zu unserer *taberna et hospitium* nicht weit.

Noch Bilder des frühen 19. Jahrhunderts (Ditlev Conrad Blunck 1837, Franz Ludwig Catel 1824) zeigen solche Osterien am Tiberhafen: Thorvaldsen in der *Gensola*, Ludwig I. von Bayern in der spanischen Schänke mit Blick über die Masten der Tiberschiffe gegen den Aventin.

Aber noch einmal zurück zu der Hotelliste der Apostolischen Kammer von 1468/69. Unter den Wirten werden nicht weniger als 6 ausdrücklich als Deutsche (im damaligen weiten Wortgebrauch) bezeichnet: *Campana* II, *Saraceno, Scala, Anser*, sowie ohne Herbergsschild Johannes de Alfordia und Johannes Stether. Tatsächlich gab es damals in Italien viele deutsche Wirte (Pilger wie Felix Fabri oder Heinrich Wölfli notierten sie in ihren Reiseberichten mit Freuden, hier mußten sie endlich einmal nicht italienisch radebrechen); ja Enea Silvio Piccolomini, der schon genannte nachmalige Papst Pius II. und den Deutschen zugetan, behauptete sogar: «In Italien werden die meisten Gasthäuser von Deutschen betrieben, und wo Du keine Deutschen findest, findest Du auch keine Gasthäuser.» Deutschen begegnete man damals in Rom auch sonst, und sie standen vermutlich ziemlich vollständig an der Straße, wenn jetzt ihr Kaiser vorüberritt. Ihre Zahl war groß, und in einigen Berufen waren sie sogar überrepräsentiert: als Bäcker, Schuhmacher, Büchsenmeister, Buchdrucker der ersten Generation, und eben als Wirte. Aber sie waren auch als Schlosser, Fuhrleute, Bauarbeiter, Söldner, Näherinnen tätig, und noch in anderen Gewerben: beim «Löwen» am Monte Giordano, in dem jetzt 10 Deutsche mit ihren Pferden recht billig untergebracht waren, stand eine deutsche Dame, von deren Existenz wir nur wissen, weil sie im Herbst 1467 vor ihrer Tür nicht gekehrt hatte und darum mit vielen anderen in ein zufällig erhaltenes Bußenregister hineingeraten war: *Maria tudescha meretrice a canto la taverna dello Leone a Monte Jordano.*

Ein Letztes. Bei seinen weiten Ritten durch die Stadt, die den Kaiser zu den großen Kirchen führten (für den Rückweg von San Paolo zum Apostolischen Palast werden Fackeln gekauft, denn in dieser Jahreszeit wird es früh dunkel und San Paolo ist weit, ist *fuori le mura*), kam Friedrich, wie sich aus den Zahlungen durch Nennung von Sant'Adriano – also der in eine Kirche umgewandelten *Curia Senatus* – ergibt, auch über das verlassene *Forum Romanum*. Dem Kaiser Sigismund war bei seinem Romaufenthalt 1433 das Forum von keinem Geringeren als Cyriacus von Ancona erläutert worden. Wir wüßten gern, wie Friedrich III. das Forum erklärt bekam: ob noch nach Art der *Mirabilia*, die den Pilgern das alte Rom und seine Monumente in phantasievoller Weise deuteten und zu jeder antiken Ruine eine erklärende Fabel zu erzählen wußten, oder ob schon nach Art der *Roma instaurata* eines Flavio Biondo, der durch genaueres Hinsehen und unter Heranziehung der antiken Autoren bereits eine «wissenschaftliche» Sicht der Dinge heraufführte. Denn es war in diesen Jahrzehnten, daß archäologisch interessierte Humanisten das antike Rom neu sehen lehrten – den, der bereit war, Rom neu zu sehen.

Ein Gang durch das Rom
der Hochrenaissance

Der Gang durch eine Stadt in früheren Zeiten ließe sich leicht auch ausdenken, ja es ist eine beliebte didaktische List, dem Leser auf einem fiktiven Gang historische Informationen über eine Stadt beiläufig zu vermitteln. Doch dem Historiker ist bei solchen Fiktionen etwas unwohl, er würde sich bei seinem Vorgehen lieber auf eine vorhandene Quelle berufen können, selbst wenn es keine erzählende Quelle ist. Und tatsächlich bietet eine scheinbar dürre Auflistung uns ihre Begleitung durch das Rom der Hochrenaissance an: die erste Bevölkerungszählung Roms.

Diese Zählung ist nicht datiert, aber datierbar nach inneren Kriterien, und muß im Winter 1526/27, vielleicht von November bis Januar, durchgeführt worden sein. Sie hatte nicht statistische, sondern praktische Zwecke wie Besteuerung oder Getreideversorgung (die Lust, sich selbst zu zählen, überkommt erst den frühmodernen Staat). Zu unserem Glück notierte dieser *Census* nicht nur Zahlen, sondern auch Namen, wenigstens die der Haushaltsvorstände, zu besserer Identifizierung nicht selten auch Herkunft und Beruf.

Schon ein kurzer Blick zeigt, daß die Bevölkerungszählung nicht nach Haushaltsgröße, Rang oder Vermögen angeordnet, sondern regional – nach den Vierteln, ja den Straßen – aufgenommen ist. Mit anderen Worten: wir sehen den (oder die) zählenden Beamten durch eine Straße gehen und von Tür zu Tür fragen: Wer ist hier der Haushaltsvorstand? Und wie viele seid Ihr? Und eben das wollen wir uns zunutze machen. Wir gehen einfach hinter diesem Mann her, Straße um Straße, und lassen uns sagen, wer da wohnt. Ein Gang durch das Rom der Römer, das uns so wenig bekannt ist.

Denn wer an das Rom der Renaissance denkt, hat das Rom des päpstlichen Hofes vor Augen, und das hat seine guten Gründe. Daß neben dem Rom der Päpste auch ein Rom der Römer bestand, das dem Zentrum der Christenheit Körper und dem Hofe Resonanz gab, scheint eine banale Feststellung, wird aber nicht immer genügend beachtet. Wir wollen hier darum gerade diese unterbelichtete Seite des komplexen Rom-Bildes in den Blick nehmen und auf einem Gang durch mehrere (nicht alle) Stadtviertel den Alltag außerhalb des Hofes erkunden, den Vatikan einmal nicht betreten.

Mit einer Bevölkerung von 53 689 gezählten Personen ist Rom zwar aus den kümmerlichen Dimensionen der – etwa halb so großen – mittelalterlichen Stadt endlich herausgewachsen (um 1400 hatte Rom etwa 25 000 Einwohner), aber keineswegs die größte Stadt Italiens. Gezählt wurden Haushalte und ihre Personen (auffallend hoch die Zahl der Haushalte mit weiblichem Vorstand, 2015 von 9352, meist Ein- oder Zweipersonen-Haushalte). Hinzuzurechnen wären also noch die Pilger und andere zeitweilige Besucher, fahrendes Volk, vor allem aber die zahlreichen Bettler, die sich in der Hauptstadt der Christenheit Nächstenliebe in Potenz versprachen, und über deren Menge fabulöse Zahlen umliefen (das Papsttum der katholischen Reform wird sich solcher Probleme in Rom bald mit unmittelalterlicher Effizienz annehmen).

Daß bei einem so großen Unternehmen wie dieser frühen Volkszählung auch Ungenauigkeiten und Unvollständigkeiten nachzuweisen sind, liegt nahe. Aber sie wiegen gering angesichts der Datenfülle, die uns hier erstmals für Rom zur Verfügung steht.

Eine letzte Überlegung noch, bevor wir losgehen. Winter 1526/27. Damit geraten wir in einen schrecklichen Zeithorizont. Nur noch wenige Monate, und die Landsknechte und Spanier Kaiser Karls V. werden am 6. Mai 1527, erbittert über unbefriedigte Soldansprüche und nach dem Tod ihres Kommandanten völlig außer Kontrolle geraten, in die Ewige Stadt eindringen, wochenlang mordend und plündernd. Das ist der berüchtigte *Sacco di Roma*, der auch Kirchen, Reliquien, heilige Geräte nicht verschonte (und den Vatikan schon gar nicht: doch darin hatten die Colonna, mit Kardinal

Pompeo Colonna an der Spitze, schon im September 1526 mit brutaler Plünderung einen Vorgeschmack gegeben). Nicht daß die Landsknechte überwiegend Protestanten gewesen wären: die meisten wußten wohl selber noch nicht, was sie waren. Aber es mag sein, daß der eine oder andere schon bei der ‹Säuberung› der heimatlichen Stadtkirche mit Hand angelegt und dabei einen hölzernen Heiligen ins Feuer gestoßen hatte, also mit bereits herabgesetzter Hemmschwelle die heilige Stadt betrat; doch bei entfesselter Soldateska bedarf es dessen nicht einmal. Kurz: was diese Bevölkerungsaufnahme vom Winter 1526/27 bietet, ist gewissermaßen eine riesige Momentphotographie der Stadt wenige Monate vor einem Ereignis, mit dem manche Historiker die Renaissance in Rom ein abruptes Ende finden lassen.

Beginnen wir unseren Gang an der Engelsbrücke [Abb. 13 u. 14, Karte Punkt 1]. Gleich vorn an der Piazza, damals noch nicht vom heutigen Lungotevere zerschnitten, betritt unser Schreiber zunächst den Palast des Florentiner Bankiers Bindo Altoviti [Nr. 2444], Freund Raffaels und Michelangelos. Und mit Papstbankiers geht es weiter, wenn er nun die auf die Brücke zuführende Straße entlanggeht: er notiert gleich nebeneinander *Bancho de Ieronimo Venturi, Bancho de Nicolo de Tholomeis, Bancho de li heredi de Venturi*, mit insgesamt 43 Köpfen [2447–49, Punkt 2]. Denn hier an dieser strategischen Stelle haben die toskanischen Banken – früh auch die Medici – schon immer gesessen, hier über die Brücke geht es schließlich zum Papst, zur Papstfinanz. Wir kennen auch einige ihrer Mietverträge, die sich bei Abwesenheit des Papstes Mietabschlag ausbedingen, bei Heiligen Jahren allerdings Mieterhöhung hinnehmen müssen: in diesen Zu- und Abschlägen bilden sich gewiß Erfahrungswerte ab, wieviel man in einem Heiligen Jahr an zusätzlichen Gewinnen erhoffen durfte, bei Abwesenheit des Papstes hingegen an Geschäftsrückgang gewärtigen mußte.

Von hier bis zur nahen, damals noch im Bau befindlichen Nationalkirche der Florentiner [Nr. 2489] am Anfang der Via Giulia sind von 39 registrierten Haushalten mindestens 10 florentinisch. Die Konzentration von Florentinern gerade in diesem, nach der

Engelsbrücke benannten Stadtviertel Ponte ist seit dem späten 14. Jahrhundert genau zu verfolgen – ob sie als Bankiers, Künstler oder Humanisten kamen, Florentiner fanden hier, auf Sichtweite des päpstlichen Hofes, fortan immer Landsleute.

In diesem rione Ponte, der mit 7621 gezählten Bewohnern damals der bevölkerungsstärkste Stadtbezirk war (und mit umgerechnet 23 930 Personen auf den Quadratkilometer auch besonders dicht besiedelt, dichter als heute), bildete sich Rom besonders gut ab, weil er ein stark durchmischtes Quartier war, was die regionale und soziale Herkunft, die Berufe, das Verhältnis von Geistlichen und Laien angeht. Überdurchschnittlich vertreten waren hier das Beherbergungsgewerbe, Personen mit Dienstverhältnis zum nahen päpstlichen Hof, und eben florentinische Bankiers, die sich nach dem Ende der Medici-Pontifikate (und dem *Sacco di Roma*) doch besser halten werden, als man denken könnte. In den 1532 einsetzenden Pfarregistern der Florentiner Nationalkirche (sie verzichten bei Kaufleuten und Bankiers auf die Angabe des Berufs, so bekannt waren die hier) läßt sich in der Taufnamengebung und der Wahl der Gevatter verfolgen, daß Florentiner Brauch und sozialer Anspruch weiterhin hochgehalten wurden.

Auf dem Weg von der Engelsbrücke zu Kirche und Konsulat der Florentiner kommen wir nun aber auch am Kontor der Fugger vorbei: *Iacobo Focari* mit 6 Personen [Nr. 2823], mit der benachbarten Kirche Sant'Orsola 1888 beim Durchbruch des Corso Vittorio Emanuele verschwunden. Es hatte lange gebraucht, bis die Fugger Anfang dieses 16. Jahrhunderts in die Papstfinanz eingedrungen waren und sogar die Florentiner Bankiers weggebissen hatten, denen es bis dahin gelungen war, Deutsche von dem direkten Geschäft mit der Apostolischen Kammer fernzuhalten. Nur noch wenige Monate, und diese römische Vertretung der Fugger-Bank wird viel zu tun bekommen. Denn bei jener schrecklichen Plünderung Roms werden ab Mai 1527 viele Hauptleute und Landsknechte ihre Beute- und Erpressungsgelder bei den Fuggern in Rom einzahlen, um sie sich bargeldlos nach Deutschland überweisen zu lassen: von den Hauptleuten bis hinab zu den Frauen des Trosses, von 4256 flor.

8 *Pilgerzeichen verschiedener aufgesuchter Wallfahrtsorte, die sich ein Schweizer 1535 in sein Porträt setzen ließ. Demnach hatte Peter Füssli im Laufe der Zeit folgende Pilgerstätten aufgesucht (von links): Taufe Christi, also war er am Jordan gewesen; fünffaches Kreuz: Jerusalem (1523, übrigens auf derselben venezianischen Galeere wie Ignatius von Loyola); Schlüssel mit Schweißtuch der Veronika: Rom; Heiliger Rock: Trier; Pilgerstab, -tasche, -muschel: Santiago de Compostela; das von Engeln getragene Elternhaus Christi: Loreto; Maria Magdalena bedeckt sich mit ihren Haaren: La Sainte-Baume in der Provence.*

bis 225 duc., insgesamt 24 000 flor., wie die Bilanz des römischen Fugger-Kontors ausweist!

Nicht weit von dieser Kirche der Florentiner – wir sind hier ganz nahe am Tiber – wohnen Gewerbe, die vom Fluß leben: der Schreiber notiert gleich nebeneinander einen Wasserträger, einen Fischer, und 3 Müller [Nr. 2508–2512], von denen einer für 7 Münder, wohl Gehilfen und Familie, zu sorgen hatte; so lagen wohl auch hier die für Rom so charakteristischen schwimmenden Mühlen, die sich vom 6. bis zum 19. Jahrhundert auf dem Tiber nachweisen lassen. Wenige Häuser weiter eine Florentinerin mit dem großartigen Namen Pantasilea, vielleicht ein *nom de guerre* wie die Dame Imperia, die wohl auch nicht auf diesen Namen getauft worden war [Nr. 2514, 2491]: man denkt an die schöne Kurtisane Imperia, gut 100 Jahre zuvor auf dem Konstantiner Konzil, in Balzacs *Contes drôlatiques*. Und von den Pantasileas und Imperias abwärts: der reine Männerstaat dieses Hofes und die große Mobilität gerade in dieser Stadt mit ihren zahlreichen Immigranten, von denen viele – mindestens zu Anfang – ohne Familie waren, schufen einen Bedarf an Prostituierten, der schon den Zeitgenossen bewußt war.

Man kann sich, statt von dem Köpfe zählenden Beamten, auch von dem Florentiner Künstler Benvenuto Cellini durch dieses Viertel begleiten lassen und wird den gleichen Straßen, den gleichen Personen – auch Pantasilea und ihresgleichen – begegnen, nur anders. In seiner Autobiographie (man lese sie in der flotten, recht freien Übersetzung Goethes) beschreibt Cellini, seit 1519 in Rom, mit dem Selbstwertgefühl des Renaissance-Künstlers, das in dieser Übersteigerung noch eine Generation zuvor undenkbar gewesen wäre, sein tolles Leben in diesem Viertel mit allen topographischen Details von den Banchi Vecchi bis zur Chiavica, von der Via Giulia bis zum Campo dei Fiori: gemeinsames Essen der Florentiner, Tiberüberschwemmungen, Ehrenhändel, Mord und Totschlag, und immer umworben vom Papst und den Kardinälen. Aber wer sich selbst so in den Vordergrund stellt, verstellt das, was wir sehen wollen. Darum weiter in der nüchternen Buchführung der Volkszählung.

Mit der Kirche der Florentiner [Nr. 2489, Punkt 3] stehen wir nun am Anfang der Via Giulia, in ihren 900 Metern Länge der erste gewalttätige Straßendurchbruch einer neuen Zeit, hart und gerade wie ein Rasiermesserschnitt durch mittelalterliches Siedlungsgewebe. Während das mittelalterliche Papsttum in Rom schwerlich etwas durchsetzte (zumal kein urbanistisches Konzept, das es nämlich auch gar nicht hatte), ging das Papsttum der Renaissance nun daran, das unterdes domestizierte Rom nach seinem Bilde zu formen. Aber es steht damit erst am Anfang, noch gehen wir durch ein mittelalterliches Rom, ein Rom der Türme und nicht der Kuppeln. Daß der Dreck in den Straßen jetzt auffällt, ist schon ein Fortschritt, aber daß das Gebot der Straßenreinigung seit Sixtus IV. dauernd eingeschärft wird, spricht nicht eben dafür, daß es beachtet wurde. Ging man diese Via Giulia nun weiter in Richtung San Biagio [Nr. 2571, Punkt 4], sah man bereits den gewaltigen Sockel des Palazzo dei Tribunali, der, nach dem Willen Julius' II., zusammen mit der päpstlichen Kanzlei (Palazzo Sforza-Cesarini) in der benachbarten Via dei Banchi Vecchi [Punkt 5] einen großen Behörden-Komplex ergeben hätte, dann aber nicht weitergebaut wurde.

So geht es weiter die Straßen entlang: plötzlich ein Hutmacher neben dem anderen – wir sind anscheinend gerade in der *Via dei Cappellari* [Nr. 4782 ff., Punkt 6]. Solche Konzentration von Gewerben in einzelnen Vierteln, in einzelnen Straßen, ist nichts Ungewöhnliches (wie es, umgekehrt, etwas Natürliches ist, daß sich die Barbiere hingegen gleichmäßig über die Stadt verteilen). Aber es läßt uns doch die Frage stellen, was für gewerbliche Produktion Rom damals denn überhaupt gehabt habe. Rom galt, im Unterschied zu Exportgewerbestädten wie Florenz oder Mailand, seit jeher als Stadt, die konsumiert, nicht produziert. Tatsächlich überwiegen beim Import, wie ihn die Zollregister registrieren, bei weitem die Konsumgüter, und man muß schon sehr genau hinschauen, um dazwischen Rohstoffe und Halbfabrikate als Indizien für Fertigung und Weiterverarbeitung zu finden: nicht nur fertige Tuche, sondern auch Tuchkratzer; nicht nur *ferro lavorato*, sondern auch Metall in Barren; nicht nur fertiges Glas, sondern auch

«Asche zum Herstellen von Glas», usw. Es war eben nicht der sekundäre Sektor, wovon Rom lebte (allenfalls etwas Tuchverarbeitung), und zu exportieren hatte Rom nichts außer Kälbern und Käse aus der die Stadt umgebenden Campagna, die in extensiver Weidewirtschaft genutzt wurde. Und doch war Rom produktiv auch in ökonomischem Sinne. Nur lag diese «Produktivität» auf einer ganz anderen Ebene, erwuchs aus der geistlichen Dimension. Und die Römer, die da in ihren Gassen ihrem Handwerk nachgingen (und dabei auch tatsächlich arbeiteten, mochten manche Besucher Roms das auch nicht wahrhaben wollen), wußten sehr wohl, wem sie Nachfrage und Absatz verdankten, und hatten seit zwei Generationen jede kommunale Selbstbehauptung, die sie dem Papsttum jahrhundertelang entgegengesetzt hatten, resigniert fahrenlassen.

Mit der Hutmachergasse haben wir inzwischen ein anderes Viertel betreten, den rione Parione. Dieses zentrale Viertel um Piazza Navona und Campo dei Fiori [Punkt 8 u. 11] hatte seit wenigen Jahrzehnten, seit der Frührenaissance, eine besondere Anziehung entwickelt: der Ausländeranteil war mit rund einem Drittel sehr hoch, zwei Drittel davon wiederum waren Deutsche, dann Spanier und Franzosen. Die Deutschen hatten hier, mit Santa Maria dell'Anima, ihre Nationalkirche und ihr Hospiz, in deren Immobilienbesitz meist deutsche Mitglieder der Anima-Bruderschaft wohnten; ja einige deutsche Kuriale bildeten, wie das Register der Mieteinnahmen rekonstruieren läßt, regelrechte Wohngemeinschaften. Für die Deutschen in Rom war diese Anima-Bruderschaft die vornehmere, die Bruderschaft des Campo Santo Teutonico bei der Peterskirche die schlichtere. Neben den Deutschen bei Hofe gab es ja noch eine hohe Zahl von Handwerkern, mit erstaunlicher Konzentration in einigen Gewerben: die meisten Bäcker waren Deutsche, auch viele Schuhmacher und Wirte – die Römer der Renaissance essen viel deutsches Brot, und die Engel auf Raffaels Gemälden spielen auf deutschen Lauten, wie die Zollregister erkennen lassen, die bei 36 von 38 zwischen 1474 und 1483 eingeführten Lauten deutsche Importeure nennen (doch konzentrierten sich die

Lautenmacher vielleicht noch nicht in der späteren Via dei Leutari, Punkt 7)!

Nicht weit von der deutschen Nationalkirche, und unmittelbar an der Piazza Navona, die Kirche der Spanier, deren römische Präsenz meist unter der *leggenda nera* des Borgia-Papstes Alexander VI. verschwindet, die aber doch auch ihren römischen Alltag hatten: San Giacomo degli Spagnoli, genauer genommen die Kirche der Kastilier, während die Aragonesen, deutlich getrennt, ihre Kirche Santa Maria di Monserrato einige Straßen weiter südlich haben. Beide Gemeinschaften, Spanier und Deutsche, werden die fürchterliche Plünderung Roms durch ihre Landsleute 1527 etwas besser überstehen als andere Bevölkerungsteile. Jetzt, wo sie dem registrierenden Beamten ihre Namen und die Belegzahl ihrer Haushalte angeben, weiß noch niemand von ihnen, welcher Jammer in wenigen Monaten über die Stadt kommen wird.

Ein besonders lebhaftes und dynamisches Viertel also, in das vor kurzem auch, auf die Piazza Navona, offiziell der Markt vom Fuße des Kapitols verlegt worden war. Hier wohnten Kuriale jeden Ranges, hier wohnte übrigens auch der (Ab-)Schreiber unserer Bevölkerungszählung, denn unter Nummer 4904 trägt er sich selber ein: *Iacobo Hellin lo quale a scripto el presente libro.* Auf seiner einen Seite wohnt ein Buchhändler und ein Kopist, auf seiner anderen Seite ein Kopist (vielleicht ein größerer Betrieb, 9 Personen Mitarbeiter oder Familie wie auch beim Buchhändler) und ein Papierverkäufer [Nr. 4902−06]. Also Buch- und Schreibberufe, von denen sich in diesem Viertel tatsächlich viele finden: von den 31 genannten *librari* arbeiten allein 22 in diesem einen rione Parione (und von hier ging zwei Generationen zuvor auch der erste Buchdruck aus, durch deutsche Frühdrucker, deren eine frühe Druckwerkstatt beim Palazzo Massimo lag, Punkt 9); hier wohnen auch 9 der 16 in Rom genannten Papierhändler, ja 23 der 29 Kopisten! Natürlich darf man, da nicht für alle Namen Berufsbezeichnungen angegeben sind, diese Zahlen nicht allzu strikt nehmen: aber Proportionen und Konzentrationen lassen sie doch noch hinlänglich erkennen. Auch die Hälfte aller Notare wird in diesem intellektuellen Viertel registriert.

9 Wasserwege nach Rom. Daß Pilger auch zu Schiff nach Rom kamen, ist aus den Zollregistern des römischen Tiberhafens zu ersehen. Im Juli des Jahres 1475, einem Heiligen Jahr, verzeichnet dieser Eintrag die Ladung eines Schiffes vom Typ *saettia*, *das neben* 62 botte e meza *(rund 30 000 Liter)* di vino latino, carne salata, pescie, zucchero, caso, formaggio, 1 schatola da confetti *(also Wein, gesalzenem Fleisch, Fisch, Zucker, Käse, 1 Schachtel Konfekt; rechts die Zollsummen) zuletzt auch* certte vettuaglie de pellegrini, nichil *auslud, also «einigen Proviant von Pilgern, [darum] nichts [an Zoll zu zahlen]»*. Abb. 19 u. 20 zeigen den damaligen römischen Tiberhafen mit der Zollstätte.

Und noch ein anderes anspruchsvolles Metier findet sich geballt in Parione, nämlich fast die Hälfte (21 von 48) aller genannten Goldschmiede. Sie saßen vor allem in der Via del Pellegrino, die zeitweilig dann auch Via degli Orefici genannt wurde, dort dicht an dicht auch (von frühen Mietverträgen bis in unsere Tage) in den Läden unten im Palazzo della Cancelleria.

Damit stehen wir vor einem großartigen Renaissance-Palast, den der Schreiber nun nach 145 beschriebenen Blättern hier in sein Heft einträgt: *Lo palatio de la Cancellaria* [Nr. 4835, Punkt 10]. Ein riesiger Kardinalspalast mit den Dimensionen (und wohl auch Intentionen) eines Papstpalastes, erbaut seit 1489 durch den Papstnepoten und Kardinal Raffaele Riario, war der Bau vor kurzem, 1517, dem wegen angeblicher Verschwörung gegen Papst Leo X. in Ungnade gefallenen Kardinal genommen und zur Staatskanzlei umfunktioniert worden. Die 30 Bewohner, die sich der Beamte hier aufschreibt, sind denn auch wenig im Vergleich zu den 150, 200, ja 275, 300 Bediensteten, die er bei anderen Kardinalshaushalten notiert; und Residenz von Papstnepoten wird die Cancelleria auch später wieder sein. Mit Jahreseinkünften von bis zu 30 000 duc. (das entspricht 1168 Kilo Feinsilber), wie sie eine päpstliche Liste aus dem Jahr 1500 ausweist, ließ sich freilich auch in großem Stile haushalten. Aus den für die Frührenaissance erhaltenen Zollregistern wissen wir, welche Unmengen allein von Wein regelmäßig zu importieren waren, um einen großen Kardinalshaushalt zu tränken. Papst Julius II., damals noch Kardinal Giuliano della Rovere, konnte es im Jahr auf 200 000 Liter bringen und dabei ganze Wein-Schiffe leerkaufen. Dabei sind das ja nur die besseren, von auswärts zu Schiff importierten Qualitäten: hinzu kam ja noch der – von diesem Zoll nicht registrierte – billige Tafelwein der näheren Umgebung, etwa aus den Albaner Bergen. Wir wollen darüber die ärmeren und bescheideneren Kardinalshaushalte nicht vergessen. Aber nicht sie setzten die Maßstäbe im Rom der Renaissance, sondern Borgia und Rovere, Riario und Medici.

Wir könnten einen solchen Kardinalspalast wie diese Cancelleria mit ihrem prachtvollen Innenhof und dem eleganten Treppenaufgang nun betreten: Zeremonienbücher würden uns die Abfolge der Räume erklären und uns sagen, in welchem Raum wir endlich vor dem Kardinal stehen würden; Nachlaßinventare würden uns die Innenausstattung erkennen lassen, die Tapisserien an den Wänden, die Majolicagefäße auf den Tischen; speziellere Traktate behandeln sogar die tägliche Ernährung (mit allen Eventualitäten bis hin zur Vergiftung); Zollregister verraten modische und exotische Extras (der eine Kardinal will ein Äffchen, der zweite einen Papageien, ein anderer regelmäßig Rosenwasser). Und Paolo Cortesis Traktat *De Cardinalatu* von 1510 würde uns alle diese Eindrücke endlich zusammenführen zu einer Theorie von Selbstverständnis und Selbstdarstellung des Kardinals, der eben wie ein Fürst zu leben, *magnificentia* und *liberalitas* zu zeigen hatte und für solchen Lebensstil von der Kirche mit entsprechenden Einkünften auszustatten war.

Aber kehren wir wieder auf die Straße und in den kleineren Alltag der Römer zurück. Wir stehen nun am Campo dei Fiori, auf den der Kardinal aus seinen Privatgemächern an der Südecke des Palazzo blickte. Um diesen Platz und in den halb versunkenen Substruktionen des angrenzenden Pompeiustheaters [Punkt 12] hatten sich besonders viele Hotels eingerichtet: die «Krone», das «Weiße Kreuz», an der Ecke Campo dei Fiori/Via dei Cappellari die «Gastliche Kuh», die bis 1517 der Geliebten Papst Alexanders VI. und Mutter von Cesare und Lucrezia Borgia, Vannozza Cattanei, gehörte, und andere mehr. Weitere Hotels konzentrierten sich um die Engelsbrücke und den sie beherrschenden Monte Giordano, darunter eine zweite «Krone», die besonders teuer war. Wir kennen viele bei Namen: Sonne, Mond, Stern, Löwe, Widder, Delphin, Esel, Gans, Engel, Glocke, Sarazene usw.; wissen oft auch den Namen des Wirtes (darunter auch Frauen, und mehrere Deutsche). Doch war davon schon im vorigen Beitrag die Rede. In der Bevölkerungszählung begegnen uns die weitaus meisten Wirte (*oste* unterschieden von *tavernaro*) hier in Parione und im angrenzenden rione Regola, im rione Ponte, und natürlich im vatikanischen Borgo; um den Campo dei Fiori etwa *Agnesina ostessa Campo de Flore, Ian Diablo todescho hoste* (ein Hans Teufel genannt *Angelo* führte früher die «Glocke»), *Gregorio a la Campana hoste*; *Gilitto hoste Croce bianca* [Nr. 4581, 4799, 4800, 5796, u. a.].

Nehmen wir unsere Wanderung an der Seite des Beamten nun beim Campo dei Fiori wieder auf. Ein Blick in Richtung Tiber hätte gezeigt, daß der gewaltige Palazzo Farnese bereits im Bau war (der Bauherr, Kardinal Alessandro Farnese, wird der nächste Papst sein, Paul III.). Folgt man vom Campo dei Fiori jetzt einer der Haupt-arterien Engelsbrücke-Kapitol, der Straße der Jackenmacher (*giub-bonari* werden hier denn auch genannt), weiter gegen Osten, so geht man den rione Regola entlang. Der Name ist verderbt aus *arenula*, dem «Sandbänkchen» im Tiber, der hier nahe vorbeifließt. Die Wohnhäuser standen auch hier alle sozusagen mit den Füßen im Fluß, bevor in den 1880er Jahren die Lungoteveri errichtet wurden, und schon bei einer der regelmäßigen Tiberüberschwemmungen (nicht nur der großen von 1530) wäre uns das Wasser hier schon ent-gegengekommen. Hier riecht es ohnehin übel, denn in diesem Quartier, nahe am Fluß, arbeiten die Gerber, 50 (von insgesamt 51 genannten) werden hier lokalisiert. In diesem Viertel träfen wir auf viele Immigranten aus Süditalien (wogegen sich die Einwanderer aus der Lombardei gleichmäßig über die Stadt verteilen) und auf viele Deutsche, während Spanier und Franzosen beispielsweise gern im rione Campomarzo saßen, wohin es wiederum Deutsche anscheinend gar nicht zog.

Plötzlich lauter Beckenmacher, alles Menschen aus dem metall-verarbeitenden Bergamo, *Pietro da Bergamo catinaro* und 12 weitere Tür an Tür: unser Führer biegt wohl gerade ins Vicolo dei Catinari ein [Nr. 6453 ff.; Punkt 13], gleich bei der späteren Kirche San Carlo *ai Catinari*, die dieses Gewerbe im Namen trägt. Etwas weiter (der Straßendurchbruch der Via Arenula durchtrennte hier später das alte Siedlungsgewebe) treten wir vor einen Baukomplex hoch und verschachtelt wie eine Burg, in dem es viele Menschen zu zählen gab: der Sitz der Cenci, einer stadtadeligen Familie, die die Krise der Zeit besser überstand als andere, und die auch ohne engere Bindung an den päpstlichen Hof in blühendem Ansehen stand. Die auf dem *Monte dei Cenci* zusammensitzenden Familien von Francesco, Virginio und Cesare Cenci werden mit nicht weniger als 100, 80 und 12 Personen notiert, dazu Camillo Cenci mit 40 [Nr. 6399–6401, 6277; Punkt 14].

In gleicher Richtung weitergehend, nähern wir uns nun dem kleinen rione Sant'Angelo. Zunächst die Häuser der Santacroce – eine jener römischen Familien, die vor 2 Generationen noch Kaufleute gewesen waren und nun, nach dem Untergang der freien römischen Kommune ihren Frieden mit dem Papsttum machend, ihr Heil in Hofdienst und Landbesitz suchten: 3 Santacroce unmittelbar beieinander [Nr. 6526–28, Punkt 15] mit Haushalten von 25, 12 und 28 Personen; das war der kurz zuvor erbaute, noch heute stehende Palazzo mit den charakteristischen Diamantquadern, eine architektonische Mode, die eben damals von italienischen Architekten bis ins ferne Moskau getragen wurde.

Hier also betritt man, bei der Piazza Giudia [Punkt 16], das kleine Viertel Sant'Angelo um Fischmarkt und Marcellustheater, das (mit umgerechnet 30 000 Einwohnern auf den Quadratkilometer) die größte Bevölkerungsdichte der ganzen Stadt aufwies. Bemerkenswert ist die Siedlungskonzentration der jüdischen Bevölkerung auf diesem kleinen Raum (darunter auch deutsche Juden), überwiegend mit der nur hier begegnenden Berufsbezeichnung *veteramentarius*, Trödelhändler: von 1517 damals gezählten Juden in 318 römischen Haushalten wohnen nicht weniger als 21,9 % im rione Regola und weitere 54,8 % in diesem rione Sant' Angelo. Nur drei Jahrzehnte später wird hier das Ghetto eingerichtet werden.

Eine Kanalisationssteuer auf die Häuser dieser *contrada Iudeorum* aus den gleichen Jahren (August 1519) läßt uns noch tieferen Einblick nehmen, da sie nicht nur die Haushaltsvorstände, sondern auch die Häuser selbst berücksichtigt, darunter ein Haus *dove se fa vermicelli*, «wo man Spaghetti macht». Als Hausbesitzer erscheinen Juden fast nie, um so mehr in einzelnen Berufen: bei den Wirten sind 2 von 4, bei den Metzgern 3 von 5, bei den Schneidern 4 von 5 Juden. Schon vor der Einrichtung des Ghettos scheint das kleine

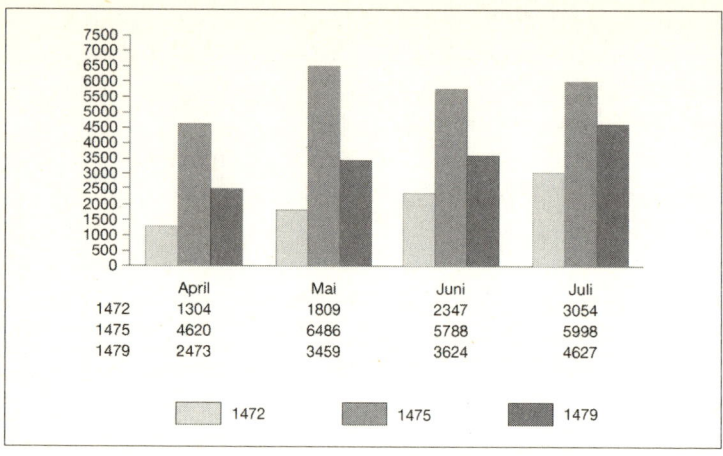

	April	Mai	Juni	Juli
1472	1304	1809	2347	3054
1475	4620	6486	5788	5998
1479	2473	3459	3624	4627

1472   1475   1479

10 *Der Weinkonsum in Rom in den 1470er Jahren aufgrund der Weinverkaufssteuer: normale Jahre und Heiliges Jahr im Vergleich, Frühjahr bis Hochsommer (in duc.). Die hohen mittleren Säulen lassen den außerordentlichen Weinkonsum eines Heiligen Jahres (1475) erkennen, bezeugen somit die zeitweilige Präsenz von zusätzlichen Pilgern, sind also «Konjunktur». Die Säulen links und rechts hingegen zeigen (abgesehen von dem gegen die warme Jahreszeit jeweils wachsenden Flüssigkeitskonsum), daß nun auch in normalen Jahren der Weinbedarf kontinuierlich wuchs (1479 jeweils höher als 1472): das ist also ein «Trend» und läßt sich nur aus stetig anwachsender Wohnbevölkerung erklären. Das unscheinbare Rom des Mittelalters beginnt endlich zu wachsen.*

Viertel randvoll gefüllt mit Wohnhäusern und mit zahlreichen Synagogen (*scholae*) für die unterschiedlichsten Provenienzen (Katalanen, Kastilier, Sizilianer usw.), bis ans Tiberufer zur *schola Quattro Capi*, also an der gleichnamigen antiken Brücke hinüber zur Tiberinsel.

Das Quartier heißt nach der Kirche Sant'Angelo in Pescheria, die also ihrerseits den Fischmarkt im Namen trägt. Wenn der Zählbeamte plötzlich gehäuft auf *pescivendoli* trifft, dürften wir wohl am Fischmarkt gleich bei der Kirche sein [Nr. 7974 ff., Punkt 17], wo bis ins späte 19. Jahrhundert Fisch verkauft wurde, auf großen Marmorplatten, meist antiken Spolien im Besitz von Kirchen und Familien, die sie den Fischhändlern verpachteten. Und das ist ja noch eine vernünftige Wiederverwendung von Antike. Wir begegnen hier denn auch einem *cavator de lapidibus* [Nr. 8175], und der arbeitete natürlich nicht irgendwo draußen in einem richtigen Steinbruch, sondern beutete nahe antike Ruinen wie das Marcellustheater − von dem wir das ausdrücklich wissen − als Steinbruch aus: so kamen seine nächsten Nachbarn, 3 Florentiner Steinmetzen [Nr. 8147, 8172, 8174], an ihr Material!

Vom Marcellustheater sind es nur einige Schritte zum Kapitol, vorbei an Tor de' Specchi, wo Santa Francesca Romana, von den Römern schon damals als Teil ihres Rom empfunden, ein Jahrhundert zuvor eine Gemeinschaft religiöser Frauen gegründet hatte: 47 *moniales Turris de Specchio* werden notiert (eigentlich sind es, weil ohne monastische Gelübde, keine ‹Nonnen›, sonst hätten sie die Kloster-Enteignungen von 1870 nicht überstanden: Nr. 7520, Punkt 18). Oben auf dem Kapitol wird der höchste Beamte der Stadt, *magnificus dominus Senator*, mit seinem Stab von 31 Personen verzeichnet, auch der Koch im Konservatorenpalast nebenan (Senatoren- und Konservatorenpalast werden in wenigen Jahren, durch den Eingriff Michelangelos, ansehnlicher werden, als sie jetzt noch sind), und der Franziskanerkonvent von Santa Maria in Aracoeli betreten und mit 80 Personen veranschlagt, gewiß nicht alles Mönche, denn so groß war der Konvent nicht [Nr. 7394, 7424, 7449; Punkt 19]. Doch zurück zum Marcellustheater.

Die Zählaktion setzt sich sinnvollerweise fort in dem hinter dem Marcellustheater anschließenden tibernahen rione Ripa. Dieses Viertel ist an Fläche gewaltig groß, aber wie bei dem noch ausgedehnteren rione Monti hört die geschlossene Besiedlung bald auf, hat der Beamte nicht mehr viele Bewohner aufzusuchen. Darunter sind mehrere *ortolani*, die also vom Gartenbau leben. Denn mag die Stadtmauer noch weit entfernt sein: die römische Campagna kommt uns hier schon entgegen, dringt tief bis gegen die Wohngebiete vor, läßt Lateran und Santa Maria Maggiore zu Siedlungsinseln inmitten von Weinbergen und Viehtriften werden, füllt die riesige Schale des Kolosseums mit dichter Vegetation und macht erst am Kapitol halt. Das verschüttete *Forum Romanum* war zur Viehweide geworden (*Campo Vaccino*) und zum Parkplatz für die von Süden kommenden Transportgespanne. Schon hier lag die Grenze zwischen *Abitato* und *Disabitato*, ragten Ruinen monumental empor, in denen man sich bisweilen einrichtete – wie der Priester einer kleinen Kirche dort im Trajansforum, der (wie das Skizzenbuch des Codex Escurialensis zeigt) seine kümmerlichen Glocken an herrliches antikes Gebälk hängte. Menschen gab es da nicht mehr viel zu zählen, nur Kühe und Schafe.

Gehen wir darum vom rione Sant' Angelo über die antiken Brücken der Tiberinsel [Punkt 20] auf die andere Flußseite ins dichtbesiedelte Trastevere. Man konnte den Tiber seit kurzem auch etwas weiter flußaufwärts, näher am Campo dei Fiori, überschreiten: auf dem für den Zustrom des Jubeljahrs 1475 erbauten Ponte Sisto, dem ersten Brückenbau in den 1000 Jahren seit dem Ende der Antike. Gleich hinter dem jenseitigen Brückenkopf dieses Ponte Sisto, kurz vor der Kirche Santa Dorotea nahe der hier noch mitsamt ihren Türmen aufrecht stehenden antiken Stadtmauer, hielt der Beamte vor dem kleinen Lebensmittelladen einer Frau – und von eben dieser *Madalena picigarola* [Nr. 8565, Punkt 21] kennen wir den kleinen Geschäftsalltag aus ihrem Rechnungsbüchlein, in das zwischen 1523 und 1537 ihre Geschäftspartner mit unbeholfener Hand ihre Lieferungen eintrugen. Darunter Gewerbe, die – wie *sensale di Ripa*, *patrono di barca corso*, *barilaro di Ripa* – bereits

11   *Hotels in Rom. Zahlungsanweisungen der Apostolischen Kammer für 27 Wirte um Campo de' Fiori und Engelsbrücke zur Unterbringung und Verpflegung des kaiserlichen Gefolges für 2 Wochen um den Jahreswechsel 1468/69. Genannt werden Wirt, Hotel, Zahl der Personen, Pferde, Tage, evt. Sonderkonditionen, und Preis. Der gezeigte Ausschnitt betrifft die Hotels «Sonne» (eingebaut in die Ruinen des Pompejustheaters, noch heute existierend), «Sternen» (geführt von einer Wirtin), «Galeere» (mit französischem Wirt), «San Giovanni» (teuer!), «Krone», «Löwen», «Glocke» (mit deutschem Wirt).*

die Nähe des Hafens, der *Ripa,* spüren lassen. Wir werden zum Hafen noch kommen.

Wenig weiter, und diese Straße stößt bei der Porta Settimiana auf die soeben von Papst Julius II. verbreiterte und begradigte Via Settimiana (heute Lungara), eine für die Bewohner von Trastevere wichtige Verbindung nach Sankt Peter. Der Beamte wird auch sie noch entlanggehen, im Palazzo Riario [Nr. 9313, heute Teil des Palazzo Corsini, Punkt 22] 10 Bewohner und, nächste Eintragung, gleich gegenüber im noch anspruchsvolleren, noch jüngeren Palazzo des vor kurzem verstorbenen Papstbankiers Agostino Chigi [Nr. 9314] deren 22 zählen. Nicht mehr lange, da wird hier im Salon des 1. Stockes ein Landsknecht während der Plünderung des *Sacco* roh mitten in die Wandfresken hineinschreiben: *Was sol ich schreibenn und nit lachen/die La[nz]knecht habenn den babst lauffenn machen* (Abb. 18) – so wie einer seiner Kameraden damals in den päpstlichen Gemächern Luthers Namen frech in ein Raffael-Fresko ritzte.

Aber gehen wir diese Via della Lungara nun in umgekehrter Richtung, nach Trastevere hinein und auf den Hafen zu: den Vatikan besser an den Hafen anzubinden war wohl der Hauptzweck der neuen Straßenplanung gewesen. Zwischen den erfragten Namen der Haushaltsvorstände geben uns hin und wieder Kirchen und Familienpaläste Anhalt, wo wir uns bei unserer Wanderung gerade befinden (so liegen die Häuser der Miccinelli Nr. 8657 und der Maccarani Nr. 8662 am Wege von der Porta Settimiana nach Santa Maria in Trastevere, Punkt 23), und daß wir auf dem richtigen Wege zum Hafen sind, dem wir endlich mit den Kirchen Santa Maria dell'Orto, Santa Cecilia und dem *Hospitale de li Genuesi* [Nr. 9202, 9206, 9222] nahe kommen. Den Genuesen hatten 3 ligurische Pontifikate – Sixtus IV., Innozenz VIII., Julius II. – soeben einen kräftigen Schub gegeben: sie hatten sich in Hafennähe gerade ein eigenes Spital [Nr. 9202, Punkt 24] errichtet, in dem unser Schreiber aber nur 6 Insassen verzeichnet, während er im großen Spital von Santo Spirito am anderen Ende der Lungara deren 500 notiert hatte! (Bei großen Haushalten und Institutionen werden die Zahlen immer gerundet.) In den 50 Haushalten nächst dem Spital der Genuesen [Nr. 9202–9252] werden, kennzeichnend für diese Hafengegend, 6 Faßmacher, 3 Lastträger, 3 Wirte, 4 Genuesen angetroffen. Nicht weit davon auch ganze Nester von Korsen, die, meerbezogen wie die Genuesen, gleich in Hafennähe geblieben waren und dicht beieinander wohnten.

Und so betreten wir endlich den Hafen und stehen, nach Durchschreiten der zweibogigen Loggia der Zollstätte, am oberen Ende der Laderampe [Abb. 19 u. 20, Punkt 25]: unten am Tiberkai vertäut die Schiffe, oben unter den Bögen der Zollschreiber, der das, was ihm da aus den Schiffsbäuchen hinaufgerollt wird, Stück für Stück in sein Zollregister einträgt. Und da diese Hafenzollregister für einige Jahrzehnte der Frührenaissance erhalten geblieben sind, haben wir eine recht genaue Vorstellung von all dem, was sich im Hafen tat. Wir erleben das jahreszeitliche Auf und Ab der Einlauffrequenzen (viele Schiffe im Frühjahr und Herbst, wenige im Sommer), aber auch die drastische Abnahme einlaufender Schiffe bei Abwesenheit des Papstes. Wir lernen die Provenienzen der Schiffe schon nach der Zusammensetzung ihrer Fracht zu unterscheiden: aus dem Süden eher Lebensmittel (Zucker, Apfelsinen, Thunfisch), aus dem Norden eher Investitionsgüter, Rohstoffe, Halbfabrikate.

Während die Florentiner Luxustuche, an denen der Hof großen Bedarf hatte, überwiegend zu Lande über die alte Via Cassia hereinkommen, sehen wir hier Tuche aus England und Flandern ausgeladen, sehen Wein in gewaltigen Mengen und den verschiedensten Qualitäten hereinkommen: von den 1526 in Rom genannten 39 Böttchern konzentriert sich denn auch ein Drittel allein hier in Trastevere, und der stetig steigende Weinkonsum ist ein untrügliches Indiz dafür, daß Roms Bevölkerung endlich wächst. Wir sehen Bauholz angeliefert samt den zugehörigen Metallbeschlägen, für die neuen Kardinalspaläste – aber nicht nur für den zollfrei beziehenden Hof, sondern für die Stadt überhaupt, die in der Hochrenaissance einen Bauboom ohnegleichen erlebt und nun flächig nach Nordosten gegen die Hänge des Pincio wächst. Und natürlich sehen wir auch Pilger von Bord gehen, zumal in Heiligen Jahren [Abb. 9]; doch brachte das Jubeljahr 1525 keinen großen Zustrom.

Auffallen müßte dem Beobachter aber auch, wie wenig römisches Exportgut dann, umgekehrt, auf die Schiffe geladen wurde. Und so zeigt uns, am Ende unseres Ganges durch Rom, der Blick auf den Hafenbetrieb noch einmal einige Eigenheiten dieser ungewöhnlichen Stadt, bei der die geistliche Dimension natürlich auch ihre wirtschaftlichen Folgen hatte. Kaum Exportgewerbe also, aber viel Dienstleistung: für die Pilger, die zu den Apostelgräbern strömten, bis hinauf zu den Gesandten, die, in Rivalität untereinander, spektakuläres Auftreten zu demonstrieren hatten, was wiederum viele Menschen ins Brot setzte: Träger, Boten, Kutscher, Catering-Firmen, Improvisatoren, Künstler als Dekorateure.

Aber schon verfärbt sich leise das Bild, ohne daß die Zeitgenossen es recht merkten, denn ermessen können das erst wir im Nachhinein. Schon hört man in Rom achselzuckend Nachrichten von ketzerischem Aufbegehren irgendwo am nördlichen Rand der Welt; hört man in Rom im Hafen mit halbem Ohr die Klagen venezianischer Kaufleute über die Folgen der großen Entdeckungen, die das Mittelmeer zum Binnensee werden ließen. Menschen, die im Rom dieser Jahre lebten, ragen bereits in eine gänzlich neue Zeit: Michelangelo, von dem unsere Hafenarbeiter vielleicht nur Kenntnis nahmen, als 1521 seine Christus-Statue, zur Empörung des Künstlers, Zoll zahlen sollte; und der große Alessandro Farnese, mit seinem Leben von der Frührenaissance bis zur katholischen Reform, der, als Papst Paul III., der Kirche neue Grundlagen zu schaffen und Rom umzugestalten begann. Auch das nächste Rom wird kein geringeres, nur ein anderes Rom sein.

Tod vor Rom
Kaiser Otto III. in Castel Paterno

V or tausend Jahren starb Kaiser Otto III. in einer Burg des
nördlichen Latium, das geliebte nun feindliche Rom schon in
greifbarer Nähe. Die Gemeinden des Treia-Tales, über dessen
Schlucht sich Castel Paterno erhebt, wollen seines Todes hier gedenken. Um den jungen Kaiser in diese Landschaft zu führen, sei vor
allem von seinen Reisen die Rede: nicht so sehr von den weiten
Strecken, die er fast jedes Jahr zwischen Deutschland und Italien
bewältigte, sondern von den alten Straßen im Innern Italiens, auf
denen er sich Rom näherte, dem Ziel all seines Denkens, dem «gol-
denen Rom», wie er zuletzt auf seine Bleisiegel setzen ließ.

Er war drei Jahre alt, als mit dem Tode des Vaters, des Kaisers
Otto II. 983, die Herrschaft auf das soeben erst zum König ge-
wählte und in Aachen gekrönte Kind überging. Für den Unmündi-
gen regierten die Mutter Theophanu – eine byzantinische Prinzessin – und die Großmutter Adelheid, beide zuvor Kaiserinnen,
bis der Jüngling, fünfzehnjährig, selbst die Herrschaft übernahm.
Im Jahre darauf, 996, ging er nach Rom, um sich zum Kaiser krö-
nen zu lassen.

In der Regel verließen die Kaiser Rom unmittelbar nach ihrer
Krönung. Nicht so Otto III. Denn sein Vorsatz, seinen Titel *Romanorum imperator augustus* beim Worte und die Rolle als römischer Kaiser
ernst zu nehmen – «unser, unser ist das römische Reich!» –
erforderte, so wie er es sah, seine leibhaftige Präsenz in Rom. In den
$5^1/_2$ Jahren nach seiner Kaiserkrönung im Mai 996 wird der junge
Kaiser nicht weniger als 70 Wochen in Rom residieren, seine drei
Nachfolger, in insgesamt 54 Jahren, hingegen jeder nur 3–4 Wochen. In Rom zu residieren war aber gar nicht so einfach. Nicht daß

das Papsttum dem im Wege gestanden hätte. Noch hatte der mörderische Konflikt zwischen den beiden universalen Gewalten, zwischen Kaisertum und Papsttum, nicht begonnen; noch war der Rang des Kaisertums unbestritten, ja Otto III. wies die sogenannte Konstantinische Schenkung, aus der die Päpste ihre Ansprüche auf Rom als Sitz der Apostel statt der Kaiser ableiten wollten, ausdrücklich als falsch oder verfälscht zurück. Der Papst, der ihn krönte, Gregor V., war sein Verwandter, und der folgende Papst Silvester II., der große französische Gelehrte Gerbert von Aurillac, sein Lehrer und Freund. Nicht das Papsttum, sondern mächtige römische Adelsfamilien wie die Theophylakte erst, jetzt die Crescentier, dann die Tusculaner waren entschlossen und in der Lage, das Papsttum in ihre Gewalt zu bringen und den Kaiser von Rom fernzuhalten. Ihr Widerstand war es, der erst gebrochen werden mußte, wenn der Kaiser Rom, *caput mundi*, zum Mittelpunkt seiner Herrschaft machen und, ein zentrales Anliegen, das Papsttum aus der kompromittierenden Gewalt des stadtrömischen Adels befreien wollte.

Seine häufigen und langen Rom-Aufenthalte seien hier nicht aufgeführt, ihr teilweise dramatischer Verlauf nicht nacherzählt. Hier kann es nur um die Frage gehen, was ihm Rom zum Mittelpunkt werden ließ, und was für ein Bild er von seiner Aufgabe hatte. *Renovatio imperii Romanorum*, wie seit April 998 programmatisch auch auf den kaiserlichen Bleisiegeln geschrieben stand, mit Bildnisbüsten von unerhörter Antikennähe: «Erneuerung der Römischen Kirche und des Römischen Reichs von Rom aus zu Ehren des Hl. Petrus und zum Ruhm des Reiches, bewirkt durch die wechselseitige Unterstützung von Papst und Kaiser», wie Percy Ernst Schramm den *Renovatio*-Gedanken umschrieb – eine Definition, an der man festhalten sollte, auch wenn eine neuere Arbeit in Zweifel zieht, ob dieses *Renovatio*-Programm tatsächlich traditionelle Bahnen verlassen und aus der Rückbesinnung auf das alte Rom und aus genuinem Antiken-Interesse wirklich einen politischen Impuls gezogen habe.

In diesem Erneuerungsgedanken darf man isoliert heidnisch-humanistische Elemente zwar nicht suchen, weltliche und kirch-

12 *Wie man sich im Norden Rom vorstellte: Hans Burgkmair, Die römische Basilika S. Croce in Gerusalemme (1504). Als die Dominikanerinnen in Augsburg den gleichen Ablaß erhielten, den man beim Besuch der 7 römischen Hauptkirchen erwerben konnte, ließen sie sich von Hans Holbein d. Ä. und Hans Burgkmair diese Kirchen für den Kapitelsaal ihres Katharinenklosters malen. Die Bauten fielen – für römische Verhältnisse – ziemlich gotisch aus: eine Ikonographie des nicht gesehenen, bloß vorgestellten Rom wäre nicht weniger interessant als eine Ikonographie des wirklichen Rom. Im Vordergrund eine Reisegruppe mit Stab, Flasche und Hutzeichen des Pilgers; im Hintergrund links eine Herberge mit Schild Zum Löwen.*

liche Zielsetzungen nicht auseinanderdividieren – sollte aber das Verlangen nach Antikennähe, beim Kaiser und bei engen Ratgebern wie Bernward von Hildesheim und Leo von Vercelli, doch wenigstens erkennen und gelten lassen. In anderen Worten: man sollte nicht alles, was doch sichtlich über Schutz und Erneuerung des Papsttums hinausragt und sichtlich mehr ist als antikisch aufgeputztes Herrscherlob, gleich wieder mittelalterlich einebnen. Insgesamt, gewiß, das Bild einer ideologisch überfrachteten Rom-Politik, die ganz auf den jungen Kaiser gestellt war und die weiterzuführen viele seiner Berater – und vermutlich jeder Nachfolger – weder fähig noch willens waren. Es fehlte in seiner deutschen Umgebung denn auch nicht an kritischen Stimmen, die bei seinem Tode den Zusammenbruch solcher Rom-Politik, die dem Herrscher die deutschen Verhältnisse aus dem Blick geraten ließ, längst vorausgesehen haben wollten.

Bewegend die programmatische Rede, die er, umringt von rebellierendem Volk, von einem Turm herab den Römern gehalten haben soll – wohl nicht von der Höhe der Engelsburg (wie gemeint worden ist), aber vielleicht einige ähnliche zornig enttäuschte Worte gegenüber römischen Adeligen bei seiner Residenz auf dem Palatin: «Seid ihr nicht meine Römer? Euretwegen habe ich mein Vaterland verlassen... und mich bei allen verhaßt gemacht!» Und wahrhaftig, so sahen es auch seine Sachsen, auch die, die ihm nahegestanden hatten: «Denn da ihm nur Rom gefiel und er das römische Volk vor allen anderen mit Geld und Ehren auszeichnete, gedachte er, wenn auch vergeblich, dort für immer zu bleiben und in kindischem Spiel Rom in seiner alten Würde zu erneuern», *hanc renovare ad decorem secundum pristinam dignitatem ioco puerili* – der Renovatio-Gedanke als kindisches Spiel, als Knabenstreich! Und bitter fährt Brun von Querfurt fort: «Das Land seiner Geburt, das schöne Deutschland, wollte er schon gar nicht mehr sehen, so groß war seine Lust, in Italien zu sein.»

Schon daß er den Palatin als Residenz wählte, ist sehr beziehungsvoll: wohl ein Kloster inmitten der Ruinen römischer Kaiserpaläste, vielleicht ein Thronsaal mit hastig reparierter Decke und geflickter Marmortapete, die eindringende Vegetation so gut es ging zurückgeschnitten – um notdürftig einen würdigen Rahmen für einen Nordmenschen herzurichten, der sich für den Nachfolger von Augustus, von Vespasian, von Trajan hielt, die alle dort oben residiert hatten; der sich auch schon einmal in einem Zuge *Romanus Saxonicus et Italicus* nennen konnte und nun Hofzeremoniell und Ämtertitulaturen nach römischem (und byzantinischem) Vorbild umgestalten ließ. Was an Ernennungsformeln solcher Hofämter erhalten ist, darüber können Sachsen nur den Kopf geschüttelt haben. Aber auch die Römer gewann er damit auf Dauer nicht. Römern, «undankbaren Römern», sollte man nicht mit einer Rom-Idee kommen und sie nicht über die jedem neuen Rom-Enthusiasmus geschuldete Dankbarkeit belehren wollen. Die Deutschen haben es immer mit der ‹Idee› – aber die Römer, weit weniger sentimental als alle *nordici*, haben sich von andrerleuts Rom-Ideen nicht lange beeindrucken lassen. Sie vertrieben Otto III. aus Rom, und sie griffen ihn an, als er noch einmal nach Rom zurückkehrte. Und der junge Kaiser ließ von Rom ab, im Herzen die traumatische Erfahrung unerwiderter Liebe und die feste Absicht, zurückzukehren und sich an diesen undankbaren Römern für solche Demütigung zu rächen.

Und hier wollen wir einsetzen. Nehmen wir die letzte Fahrt Ottos III. zum Anlaß, um uns ein Bild von den damaligen Straßenverhältnissen um Rom zu machen.

Der Kaiser hatte sich wie immer nach Ravenna zurückgezogen. Hier, am alten Sitz des byzantinischen Exarchats, hielt er sich in Italien am liebsten auf, wenn er nicht in Rom war. Und von hier brach er nun, mitten im Winter, nach Rom auf. Die Ankunft der angeforderten Verstärkungen erwartend (tatsächlich stießen nun 3 Reichsbischöfe mit ihren Truppen zu ihm, weitere Kontingente waren im Anmarsch), feierte er das Weihnachtsfest 1001 mit dem Papst in Todi. Auch Spoleto streifte er, jedenfalls befinden wir uns im Einzugsbereich der Via Flaminia. Lassen wir ihn also auf dieser Straße nach Castel Paterno ziehen.

Versuchen wir uns einmal vorzustellen, was der junge Kaiser auf dieser alten Straße unterwegs wahrgenommen haben mag. Die

Via Flaminia war nicht mehr die wohlunterhaltene Konsularstraße römischer Zeit. Aus dem 6. Jahrhundert gibt es noch Nachrichten über die systematische Instandhaltung der Straßen seitens der zuständigen Behörden und über perfekt erhaltenes Straßenpflaster. Ein von Cassiodor für die ostgotische Regierung formuliertes Mandat beschreibt um 530 eben am Beispiel der damals noch viel benutzten Via Flaminia anschaulich, was gegen typische Straßenschäden zu tun sei: der Straßenkörper zerfurcht von Wasserläufen, die Brücken einsturzgefährdet, die Fahrbahn von den Rändern her mit Gebüsch überwuchert. Nach dem 6. Jahrhundert werden die Straßen kaum noch regelmäßig unterhalten, abgesehen von einigen spontanen Ausbesserungen, bei denen man allzu tiefe Schlaglöcher mit Abfall zuschüttete.

Die Solidität römischer Straßenpflasterung, die ja teilweise noch bis heute überdauert, läßt sie unzerstörbar erscheinen. Aber dem ist nicht so. Die spezifische Gefährdung römischer Pflasterung liegt darin, daß römische Straßen in ihrer geraden Streckenführung wenig Rücksicht auf das Geländerelief nehmen. Eben diese Rücksichtslosigkeit aber erfordert viele Kunstbauten: Böschungsmauern, Brücken, Straßendämme, Geländeeinschnitte, Substruktionen und so fort. Und eben diese Kunstbauten sind es, die dauernde Instandhaltung benötigen.

Nach dem Ende der Antike wurden solche Reparaturen nicht mehr systematisch von den zuständigen Behörden durchgeführt und kontrolliert, sondern nur noch hier und da improvisiert. Zwar verpflichten die karolingischen Kapitularien die öffentliche Gewalt noch darauf, die *via publica* zu unterhalten, aber viel kam anscheinend nicht dabei heraus. Was aber nun mit einer kunstvollen Römerstraße geschieht, wenn sie nicht mehr repariert wird, das läßt sich leicht vorstellen. Wo ein Wolkenbruch oder ein Erdrutsch den Straßenzug unterbricht, da wird diese Stelle künftig durch eine kleine Ausbeulung nach rechts oder links umgangen. Stürzt eine Brücke ein, sucht sich der Straßenzug nun etwas oberhalb oder unterhalb eine flachere Übergangsstelle, während der antike Straßenzug diese Möglichkeit einer Wahl gar nicht hatte, weil er einer kontinuierlichen Geraden folgte. Kurz: die antike Straße *überwindet* Hindernisse, die mittelalterliche *umgeht* sie.

Das Ergebnis dieser Entwicklung sind jene Geraden, die man, im Gelände wie auf den Karten 1: 25 000 des Istituto Geografico Militare, gut erkennt: Geraden, die wie von zitteriger Hand gezogen sind – man könnte sagen: antike Gerade von mittelalterlicher Hand gezogen.

Was Otto III., die Via Flaminia entlangreitend, vor Augen hatte, war also nicht mehr eine professionell gewartete römische Konsularstraße. Und doch: für den, der wie er zwischen den Wäldern und Feldern Norddeutschlands aufgewachsen war, war diese Straße immer noch ein Wunder! Auch wenn die Pflasterung hier und da unterbrochen war, auch wenn hier und da schon Brücken eingestürzt waren; auch wenn die Grabbauten am Wege schon Teile ihrer Dekoration verloren hatten und ihr zementenes Inneres sehen ließen, und zwischen den Fugen der Basaltpflasterung schon Gesträuch hervordrängte – so war das doch immer noch eine massive römische Straße! Und auf den jungen Kaiser, ganz durchdrungen von all dem, was (nicht von der Antike, schließlich war er kein Humanist, sondern:) von der Größe der römischen Kaiser übriggeblieben war, in denen er seine Vorgänger in einem von Karl dem Großen erneuerten römischen Reich sah: auf den jungen Kaiser wird das, was er auf der Via Flaminia wahrnahm, seine Wirkung nicht verfehlt haben.

Nehmen wir nun unsern Gang auf der Via Flaminia wieder auf. Südlich von Otricoli wechselte die Straße vom Ostufer auf das Westufer des Tibers, nicht auf dem Ponte Felice wie heute, sondern etwas vorher, beim heutigen Gallese Scalo, auf einer großen augusteischen Brücke, deren Reste im 16. Jahrhundert, als Montaigne auf seiner Italienreise hier übersetzte, im Fluß noch zu sehen waren und *Le Pile d'Augusto* genannt wurden. Dem antiken Verlauf der Flaminia folgend (der erst 600 Jahre später, unter Sixtus V. um 1590, mit dem Bau eben des Ponte Felice, durch die heutige Straßenführung ersetzt wurde), passierte der Kaiser bald eine weitere römische Brücke, die, auch dem modernen Schwerverkehr widerstehend, noch heute vollständig intakt ist.

Auf der Höhe von Civita Castellana war die antike und früh-mittelalterliche Straßensituation damals etwas anders als in Spät-mittelalter und Neuzeit. Das muß man sich zunächst einmal klar machen, um dem Kaiser auf seinem Weg nach Süden folgen zu kön-nen. Wie jede ordentliche römische Straße zog die Via Flaminia möglichst schnurgerade durchs Gelände. Die antike Straße sagte: Ich will nach Foligno, dann nach Rimini, und ich will schnell nach Rimini, also auf direktem Wege; mit den Städten, die sich nicht unmittelbar auf meiner Linie befinden, kann ich mich nicht aufhal-ten: sollen die doch selber sehen, wie sie sich mit einer Stichstraße anschließen. Mit dem Beginn des Mittelalters wird das anders: die Straße verliert das Fernziel aus den Augen und stellt sich auf nähere Ziele ein, orientiert sich sozusagen innerhalb kleinerer Räume, und kommt endlich den Erwartungen der größeren Siedlungen ent-gegen, die da meinten, eine Straße sei doch wohl dafür da, sie direkt zu bedienen.

Diese Entwicklung verstärkt und beschleunigt sich im 12. Jahr-hundert mit dem Aufkommen und Erstarken der Kommunen: die Städte entwickeln, auch in Mittelitalien, eine geradezu magneti-sche Anziehungskraft auf die römischen Straßen und lenken sie aus ihrem geradlinigen Verlauf ab. Das ist ein kennzeichnender Vor-gang, der sich im Fall der Via Appia bei Velletri beobachten läßt, im Fall der Via Cassia bei Viterbo (die Cassia wurde seither genötigt,

13   Auf einem heutigen Rom-Plan markiert ist der Ablauf der Bevölkerungs-zählung von 1526/27, dem wir beim Gang durch das Rom der Hochrenaissance folgen.

❶ Engelsbrücke, Ausgangspunkt	❾ Palazzo Massimo	⓱ S. Angelo in Pescheria
❷ Straße der toskan. Bankiers	❿ Cancelleria	⓲ Tor de'Specchi
❸ S. Giovanni dei Fiorentini	⓫ Campo dei Fiori	⓳ Kapitol
❹ S. Biagio in der Via Giulia	⓬ Pompeiustheater	⓴ Brücken der Tiberinsel
❺ Banchi Vecchi	⓭ Vicolo dei Catinari	㉑ Maddalena pizzicarola
❻ Via dei Cappellari	⓮ Monte dei Cenci	㉒ Pal. Riario u. Farnesina
❼ Via dei Leutari	⓯ Palazzo Santacroce	㉓ nach Trastevere
❽ Piazza Navona	⓰ Piazza Giudia	㉔ Spital der Genuesen
		㉕ Tiberhafen mit Zollstätte

ihre frühere Gerade aufzugeben und über Viterbo zu laufen); und im Fall der Via Flaminia war es eben Civita Castellana, das diese Rolle spielte und die antike Straße an sich zog.

Aber eben erst im 12. Jahrhundert oder etwas später. Mit anderen Worten: Zur Zeit Ottos III. folgte man noch dem alten Verlauf der Via Flaminia, die nordöstlich von Civita Castellana in das Tal der Treia auf einer monumentalen Rampe hinabführte. Sie trägt den seltsamen Namen *Muro del Peccato*, und ist, mit ihren rund 250 Metern ein Wunder römischer Straßenbautechnik, noch heute unter dichtem Bewuchs vollständig erhalten. Dann stieg die Via Flaminia vom Talboden hinauf auf die Hochfläche zwischen Civita Castellana und Tiber. Daß dies der Verlauf war, den man damals benutzte, erkennt man daran, daß im Mittelalter einige Türme unmittelbar am Rand des römischen Straßenpflasters errichtet wurden (und nicht etwa an der Straße, die heute über Civita Castellana läuft): nämlich die Torre S. Giovanni dort, wo die Flaminia über die Treia geht; und ein wenig weiter die Torre dei Pastori − ein wahres Idyll historischer Landschaft mit seinem römischen Pflaster, der Turmruine, Eichen in langer Reihe längs der antiken Straße, weidenden Schafherden, und dem Blick auf den Soracte (Abb. 21).

Bezeichnend ist auch, daß ein römischer Meilenstein − Meile XXXIII ab Rom, der an eben diesem dann aufgegebenen Straßenstück gestanden haben muß − nach Civita Castellana verschleppt und (ohne die antike Inschrift zu löschen!) als Halbsäule in der Kirche S. Maria dell'Arco wiederverwendet wurde, der Kirche am Stadtausgang gegen die Flaminia, die als die ursprüngliche Kathedrale von Civita Castellana gilt. Gewiß hat der junge Kaiser an dieser alten Straße mehr als eine römische Inschrift gesehen; doch wissen wir nicht, ob er oder sein Gefolge noch in der Lage war, solche Inschriften zu entziffern. Die karolingische Zeit (etwa der *Codex Einsidlensis*) verstand noch deren Abkürzungen aufzulösen, die ottonische Zeit vermutlich nicht mehr.

Die antike Straße führte nun über einen weiteren Wasserlauf auf einer Brücke, dem *Ponte Ritorto*, der noch heute in seinen unteren

14   Engelsburg und Engelsbrücke in einer Zeichnung des Codex Escurialensis (gegen 1500). Dies war in Rom der eigentliche strategische Punkt, denn
hier ging es zum Papst. Das kolossale, in eine Festung verwandelte Kaisergrab,
umgeben noch von dem antiken Mauergeviert statt der späteren Bastionen und
mit zusätzlichen Tortürmen am vatikanseitigen Brückenkopf versehen, be-
herrschte die – auf dem Bild von dichter Menschenmenge belebte – intakte antike Brücke. Vorn im Fluß (veduta di fiume) Pfeilerreste der neronischen
Brücke. Die Häuser am Tiber stehen mit den Füßen im Wasser, und so wird es
bis zum Bau der Lungoteveri in den 1880er Jahren bleiben.

Lagen römisches Mauerwerk zeigt, und zog dann, anders als die heutige, schnurgerade von Nord nach Süd über die Hochebene zwischen Soracte und Civita Castellana auf die Osteria di Stabia zu. Die römische Pflasterung ist in dieser Gegend ganz verschwunden, ja man hatte Zweifel über den Verlauf der Flaminia in diesen Feldern, die heute dem Bischof von Civita Castellana gehören. Doch haben wir den Verlauf hier inzwischen mit einiger Sicherheit feststellen können.

In solchen Fällen könnte die Luftphotographie weiterhelfen. Solche Aufnahmen gibt es. Die ganze Region ist von der Royal Air Force anläßlich der alliierten Landung bei Anzio und Nettuno (Ende Januar 1944) systematisch aufgenommen worden: Luftphotos freilich aus großer Höhe, rund 25 000 Fuß (also mehr als 8000 m), und aufgenommen unter ziemlich unbequemen Umständen, da sich das Hauptquartier von Marschall Kesselring damals im Innern des Soracte befand, tief in den Fels gegraben und massiv mit Flak bewehrt. Diese Luftaufnahmen stehen heute nicht mehr Mars, sondern Minerva, der historischen und archäologischen Forschung, zur Verfügung. Vor der Westflanke des Soracte erkennt man darauf gut das Straßenstück zwischen Treia-Tal und Ponte Ritorto, während für das südlich anschließende Stück, von dem eben die Rede war, nichts zu erkennen ist. Das verwundert nicht, denn der Monat Februar ist vegetationslos und darum nicht eben für luftphotographische Aufschlüsse geeignet. Ein Straßenstück, das aufgegeben und unter Erde geraten ist, erkennt man aus dem Flugzeug ja daran, daß das Getreide dort, wo sich das Pflaster befindet (also wenig Humus vorhanden ist) nicht gut wächst, im Sommer darum niedriger steht und schneller vergilbt, so daß der Straßenzug von oben wie ein hellerer Streifen inmitten der Felder wirkt, wie etwa im Fall der Via Cassia in der Ebene von Viterbo. Von italienischer Seite sind solche luftarchäologischen Untersuchungen vor allem von General Giulio Schmiedt geleistet worden.

Noch ein Wort zum römischen Basaltpflaster, dessen charakteristische Pflasterbrocken man sogar noch erkennt, wenn man sie vereinzelt in der Landschaft findet. Anders als man vielleicht annehmen würde, war dieses Pflaster in nachantiker Zeit von den Benutzern nicht unbedingt geschätzt. Goethes Vater, der wie der berühmtere Sohn eine «Italienische Reise» gemacht und beschrieben hat, berichtet anläßlich des hier noch heute perfekt erhaltenen Pflasterstücks bei Rignano Flaminio, wie sein Kutscher, jedesmal wenn er darauf traf, das römische Pflaster verfluchte, weil es so fest und glatt war, daß die Pferde leicht ausglitten. Und auch Goethes Freund Karl Philipp Moritz wird 1786 von seinem Vetturin das gleiche zu hören bekommen. Man mache sich also keine falschen Vorstellungen über die Wertschätzung römischer Pflasterung in früheren Jahrhunderten: die Benutzer alltags sahen sie anders als die Humanisten sonntags! Daraus mag sich erklären, daß die antike Pflasterung oft auch dort aufgegeben wurde, wo das schwer zu begreifen ist: denn die neue Straße verlief fortan einfach wenige Meter rechts oder links des alten Pflasters, das sich nun mit Erde oder dichter Vegetation bedeckte, so daß es heute bei Ausgrabung völlig intakt wieder zum Vorschein kommt.

Will man sich ein Bild von den Zugangswegen nach Rom in ottonischer Zeit machen, muß man neben der Via Flaminia auch die Via Cassia und die Via Amerina einbeziehen; ja die Quellen lassen oft nicht einmal erkennen, ob ein Kaiser auf seinem Zug nach Rom die Flaminia oder die Cassia genommen hat.

Während die Via Cassia oder *Via Francigena*, als wichtigste Pilgerstraße von Norden, gut erforscht ist, ist eine weitere Straße, die Via Amerina, erst wenig bekannt. Sie führte, rund 10 km westlich parallel zur Via Flaminia – also nicht weit von Castel Paterno –, aus Umbrien gegen Süden (zuletzt einer Linie Vassanello–Corchiano–Falleri Novi–Nepi folgend), um sich im ausgetrockneten Krater von Baccano mit der Via Cassia zu vereinigen. Die römische Straßenstation, die an dieser Gabelung lag, ist jüngst ergraben worden: interessanterweise wird sie, mit vielen Einzelheiten einschließlich Meilenstein, im frühen Martyriumsbericht eines Heiligen Alexander genannt, wobei Martyriumsszenerie und Grabungsbericht sich auffallend bestätigen. Die Via Amerina, schon in einer Gerichtsrede des jungen Cicero ausführlich genannt, gewann in der Spätantike besondere Bedeutung, da sie, mit der Via Flaminia, zwischen den langobardischen Eroberungen Tusziens und des Dukats Spoleto hindurchführte und so den einzigen Zugang zwischen den noch byzantinisch gebliebenen Regionen Mittelitaliens – Rom und Ravenna – gewährleistete. So wurde sie im Frühmittelalter praktisch zur Achse des sich bildenden Kirchenstaates und war jedenfalls in ottonischer Zeit noch benutzt (Abb. 23). Auch diese römische Straße zog in unbeirrbarer Geradheit durch schwieriges Gelände, und die imposanten Reste von Brücken, von künstlichen Geländeeinschnitten und weiten Strecken intakten Pflasters, das nur unter eine dünne Schicht von Humus geraten ist, lassen erkennen, daß diese Straße noch lange begangen wurde.

Doch nehmen wir den Gang über die Via Flaminia wieder auf. Hier, in der Landschaft am Soracte, ist noch eine weitere Reminiszenz an Otto III. zu berichten. Er ließ die Reliquien der Heiligen Abundius und Abundantius nach Rom überführen, zweier Märtyrer, die ihrem frühen Passionsbericht zufolge von der römischen Matrone Theodora hier beim 28. Meilenstein der Via Flaminia bestattet worden seien (nördlich von Rignano sieht man noch die Katakombe ihrer ersten Grablege, und ihre Kirche einsam zwischen Olivenhainen und Gemüsegärten): der Kaiser hatte diese Überführung nach Rom angeordnet, um so die von ihm seit 999 auf der Tiberinsel für den Heiligen Adalbert von Prag errichtete Kirche, heute S. Bartolomeo all'Isola, mit Reliquien auszustatten.

Die Landschaft der Via Flaminia wird nun ganz vom Soracte beherrscht, und das sei doch hervorgehoben: nicht weil der junge Kaiser durch das prächtige Bergprofil beeindruckt worden wäre wie Spätere, sondern aus einem anderen Umstand, für den Otto III. gewiß empfänglich war. An der Seite eines Papstes mit Namen Silvester II. (der ihn wahrscheinlich sogar persönlich nach Castel Paterno begleitete) wird man in dem Reiterzug beim Anblick des Berges ausgerufen haben: Seht, dort oben war die Einsiedelei Silvesters I., des Papstes von Konstantin!

Und endlich Castel Paterno, die Burg hoch über dem Treia-Tal, die Otto III. schon von einem früheren Aufenthalt kannte. Von Norden auf der Via Flaminia anrückend, wird der Kaiser mit seinem Gefolge die alte Straße vielleicht dort verlassen haben, wo heute die kleine Bahnstation Pian Paradiso liegt, oder noch wahrscheinlicher ein wenig weiter südlich dort, wo man, bei Km 43,6, noch heute die alte Osteria di Stabia sieht (*Stabia* ist der mittelalterliche Name für das heutige Faleria). Von dieser alten, heute verfallenden Raststätte führt noch jetzt eine kleine Straße vorbei an einer monumentalen Viehtränke zum Friedhof von Faleria, um von dort weiter gegen Nordwesten zu ziehen. Und hier, nach einer weiteren Wegstunde, betrat der Kaiser die Burg, die in grandioser Einsamkeit vorn auf der Spitze eines Tuffsporns liegt, der hoch in das Treia-Tal hineinragt.

Von der Burg ist heute im wesentlichen der Mauerring erhalten, ganz von dichtem Efeu überhangen. Das heute noch sichtbare Mauerwerk aus Tuffquadern ist vermutlich nachottonisch. Schon im 16. Jahrhundert wird der Platz als *dirutum*, als zerstört bezeichnet. Noch heute ist weit und breit kein Haus zu sehen, nur Wald, Weinberge, Olivenhaine. Und auch die historische Würde des Ortes ist respektiert worden: auch im Gedenkjahr wurde keine Statue errichtet, bleibt der Platz selbst das Monument.

Der Zugang zu den Ruinen ist wenig bekannt. Man nehme die unbefestigte Fahrstraße, die an der Südmauer des Friedhofs von Faleria vorbei geradeaus nach Nordwesten zieht, und folge ihr etwa 4 $\frac{1}{2}$ km weit. Dann halte man sich, nun zu Fuß, statt geradeaus hinabzugehen, rechts auf der Höhe, und man wird, nach einigen hundert Metern, auf der bald erreichten Spitze des Tuffsporns die Ruinen des Kastells finden.

Auf drei Seiten unzugänglich durch hohe Steilhänge, im übrigen durch hohe Mauern geschützt, bot dieses Kastell dem Kaiser die Möglichkeit, sich der Angriffe zu erwehren, die die Römer bis hier gegen ihn vortrugen, und das Eintreffen der letzten Kontingente abzuwarten. Vom höchsten Turm, dem Wohnturm in der Mitte der Burg, hatte man gewiß denselben Rundblick, den man noch heute von der Höhe des Schuttkegels hat, der von diesem Bau im Innern der Burgmauer geblieben ist. Der Blick geht von hier über die tiefe

Treia-Schlucht hinüber zum Monte Cimino mit seinen dichten Wäldern, die Livius «dichter als die Wälder Germaniens» nannte, weiter zum Monte Fogliano, an dem die Via Cassia oder Francigena vorbeizog (also eine weitere Konsularstraße auf Sichtweite). Und gegen Osten majestätisch der nahe Monte Soratte (Abb. 24).

Aber dem Kaiser war nicht danach zumute, am Fenster zu stehen. Als er in die Burg einritt, fieberte er bereits. Das italienische Klima war ihm nie bekommen («die italienische Luft tut meiner Gesundheit nicht gut», klagt er in einem Brief an den Papst), und die harten Bußübungen und Kasteiungen, die der empfindsame, von heiligen Männern leicht aufzuwühlende, oft in innigem Gebet und tränenreicher Zerknirschung verharrende Jüngling immer wieder seinem Körper zumutete, mögen seine Konstitution zusätzlich geschwächt haben. Schwer vorstellbar, daß er beim vorigen Aufenthalt in der Burg zu sommerlichem Bad hinabgestiegen wäre zur Treia. Nun griff ein tödliches Fieber nach ihm, vielleicht Malaria, die er sich schon vor einiger Zeit irgendwo in Italien zugezogen haben könnte, etwa im häufig aufgesuchten Ravenna mit seiner halbversumpften Lagune. Daß es Gift gewesen sei, war eine naheliegende, dann anzüglich ausgeschmückte, aber nicht schon von den Zeitgenossen kolportierte Legende.

In den wenigen Tagen, die ihm unter zunehmenden körperlichen und seelischen Qualen noch zu leben blieben, ließ er dort droben in seinem Gemach eine Reliquie des wahren Kreuzes aufstellen; hier empfing er, wahrscheinlich aus den Händen des Papstes selbst, die Sterbesakramente. Er hatte die Hoffnung haben dürfen, das nur einen Tagesmarsch entfernte Rom bald mit übermächtigem Heer einnehmen zu können. Die ihm zur Braut bestimmte byzantinische Prinzessin war bereits auf dem Weg nach Italien. Und so schien sich alles zum Besseren zu wenden: die katastrophalen Folgen von Ottos II. frühem Tod endlich überwunden; die Anknüpfung an Otto I., der 9 seiner 11 Kaiserjahre in Italien verbracht und damit «für die Romorientierung Ottos II., der diese Zeit an der Seite des Vaters erlebte, und mittelbar auch noch Ottos III. ... die Grundlagen geschaffen» hatte (R. Schieffer), wieder möglich; das sächsische Herrscherhaus – in abermaliger Verbindung mit dem byzantinischen Kaisertum – unangefochten an der Spitze des Reiches. Da starb der erst 21jährige, in den Abendstunden des 24. Januar 1002, und die Geschichte nahm einen anderen Lauf.

In Rom bestattet zu werden wie sein Vater Otto II., war in der gegenwärtigen Situation undenkbar. Zudem hatte der Kaiser gewünscht, in Aachen in der Nähe Karls des Großen beigesetzt zu werden, dessen Grab er zwei Jahre zuvor aufgesucht und geöffnet hatte. Solche Graböffnung und solcher Bestattungswunsch haben etwas Unerhörtes. Und so führe man sich unter dem Burgtor von Castel Paterno auch vor Augen, daß von hier der bewaffnete Trauerzug ausging, der unter Führung des Erzbischofs von Köln als Kanzler des Reiches den einbalsamierten Leichnam und die Reichsinsignien nach Aachen geleitete. Man scheint den Tod zunächst geheimgehalten zu haben, um sich leichter nach Norden durchschlagen zu können, da zu erwarten war, daß der überraschende und erbenlose Tod des jungen Kaisers Italien und Deutschland in Unruhe versetzen werde. Die fast 1800 km wurden in 10 Wochen bewältigt, Otto III. am Ostersonntag in Aachen beigesetzt. Kein anderer Kaiser wird neben Karl dem Großen sein Grab finden.

Rom und Bursfelde:
Zentrum und Peripherie

K loster Bursfelde an der Weser gedenkt seiner Gründung vor 900 Jahren. Wenn Institutionen bei ihrem Jubiläum in aller Regel erwarten dürfen, zum Zentrum (oder jedenfalls nicht zur Peripherie) erklärt zu werden, so verstehe man das Thema nicht als mutwillige Provokation. Es geht einfach darum, einen neueren Forschungsansatz – das Verhältnis von Zentrum und Peripherie – kühn auf Ihr Bursfelde und mein Rom anzuwenden. Hinter dem formulierten Thema steht also der Vorsatz, im Kleinen ein Großes und im Detail ein Ganzes zu begreifen. Und dieses Kleine, dieses Detail, dieses Bursfelde, gekannt und geliebt aus Göttinger Studentenzeiten, scheint mir diese Perspektive wert zu sein. Dort, unter den prachtvollen Bäumen am Ufer der Weser, habe ich für mich persönlich im übrigen immer die bekannte, von Tacitus (*Annales* II 9) geschilderte Szene lokalisiert, in der sich die Brüder Arminius und Flavus über die Weser hinweg anschrien: Du Barbar! Du Römer! Und mit diesen Befremdungen zwischen Römern und Deutschen, zwischen Zentrum und Peripherie, wird auch unsere Geschichte manchmal zu tun haben. Über solchen Fluß wird noch vieles hinübergeschrien werden.

Bursfelde war, als es sich im 15. Jahrhundert aus tiefem Niedergang zu neuem Leben erhob (und diese Übergangszeit soll hier im Mittelpunkt stehen, weil sie am ehesten historische Erkenntnisse verspricht), schon fast 400 Jahre alt: alt genug jedenfalls, um der Kurie längst bekannt zu sein schon deshalb, weil die Gründung ja in die Zeit des Investiturstreits fiel und der immer mögliche Konflikt zwischen dynastischen Interessen (Grafen von Northeim als Gründer und erbliche Vögte) und kirchlichen Reformtendenzen

(Cluny bzw. Hirsau) Beistand hätte erfordern können. Den Rang seiner frühen Blüte konnte das Kloster nicht halten. Soweit die dürftigen Quellen überhaupt etwas erkennen lassen, hat der Konvent die folgenden Jahrhunderte vielmehr in seinem schlichten ländlichen Alltag vor sich hingedämmert, bis sich gegen Anfang des 15. Jahrhunderts die Substanz beinahe ins Nichts verflüchtigte.

Dieser Niedergang des monastischen Lebens war freilich allgemein – und um das Zentrum war es nicht besser bestellt: das Papsttum erst im fernen Avignon, ohne den Halt und die legitimierende Kraft des Sitzes bei den Apostelgräbern; dann durch die große Abendländische Kirchenspaltung in zwei, endlich gar in drei Obödienzen geteilt («Noch besser wären zwölf Päpste», heißt es damals in einer Wortmeldung im Florentiner Stadtrat, *vellet quod essent XII pape,* denn das hätte das Papsttum noch gefügiger gemacht, sein Gewicht noch weiter reduziert). Wenn wir gegen 1400 vom völligen Niedergang Bursfeldes hören und zugleich sehen, wie es damals in Rom zuging, dann läßt sich nur feststellen: das ist im Grunde dasselbe, das ist um nichts besser, wenn wir (nicht Zahlen zählen, sondern) verfügbare Masse wiegen. Denn auch das Papsttum ist damals auf ein Minimum reduziert: Papst Bonifaz IX. umgeben von neapolitanischen Kardinälen und Höflingen, denen es über die ganze Dauer des Schismas gelingen wird, das Papsttum in der Gewalt eines großen, alles überwuchernden, jede Reform hintertreibenden Clans neapolitanischer Familien zu halten. Nein, das Zentrum konnte und wollte sich nicht selber helfen, Abhilfe mußte von außen kommen: durch ein allgemeines Konzil zur Reform der Kirche an Haupt und Gliedern, durch das Konzil von Konstanz.

Bursfelde war nur eines unter vielen nahezu abgestorbenen Gliedern. Die harsche Kritik der Klosterreformer (die allerdings dazu neigten, die Mißstände zu überzeichnen, um ihre Forderungen und Eingriffe öffentlichkeitswirksam zu rechtfertigen), aber auch die erhaltenen Quellen zur Verwaltung und Wirtschaftsführung zeigen, daß viele dieser Klöster längst in eine Krise geraten waren, die sich nur vordergründig aus wirtschaftlichen Schwierigkeiten erklärt. Der aus den Quellen zu gewinnende Eindruck: «Die Geschichte der Abteien, vor allem in Deutschland, wird zu einem großen Teil Wirtschaftsgeschichte» (Hilpisch), ist bereits in sich eine fatale Diagnose. Ob nun der Zerfall der klösterlichen Disziplin zu Nachlässigkeiten auch in der Besitzverwaltung führte, oder ob umgekehrt die Verarmung ein geregeltes klösterliches Leben gar nicht mehr möglich machte: jedenfalls waren die Abweichungen von elementaren Geboten der Benediktsregel (vor allem: die persönliche Besitzlosigkeit des einzelnen Mönchs) allgemein so offenkundig, die geistige und wirtschaftliche Verwahrlosung so sichtbar, daß wir nicht darüber rechten müssen, wieviel Mönche und wieviel Kühe zuletzt in Bursfelde noch anzutreffen waren.

Wichtiger ist, daß dieses Elend, diese innere und äußere Not endlich *empfunden* wurde, und daß sich unter den Ordensleuten Männer fanden, die es dabei nicht bewenden ließen, sondern ernsthaft — und nicht selten mit Unterstützung des Landesherrn, aus welchen Absichten auch immer — die Reform des klösterlichen Lebens betrieben. Und zu diesen Männern gehört Johannes Dederoth, der Begründer der Bursfelder Reform, seit 1430 Abt von Clus bei Gandersheim, seit 1433 zugleich Abt von Bursfelde: gewiß kein Mann des ersten Gliedes, aber gerade in seinem Mittelmaß kennzeichnend für den Reformwillen einer Zeit, in der sich das Papsttum, zu seiner Stabilisierung nach den Turbulenzen der Reformkonzilien, schon wieder auf Restauration statt Reform besann. Daß man im frommen, ja kirchenfrommen Deutschland die Kirche zunehmend mit Kritik sah, war denn auch offenkundig — «aber nicht weil man der Kirche kalt gegenüberstand, sondern weil man die Kirche liebte» (Heimpel).

Eben das gibt der Peripherie ihre eigene Dignität gegenüber dem Zentrum: die Reformbedürftigkeit der Kirche womöglich früher und ernsthafter als Rom zu erkennen und, was noch größer ist, mit dieser Einsicht bei sich selbst zu beginnen. Es wäre unangemessen, diese Reformbemühungen, ihre Erfolge und zumal ihre Mißerfolge, nur gegen den perspektivischen Fluchtpunkt der Reformation von 1517 zu sehen und im übrigen das Neue zu verkennen, das hinter Begriffen wie «Wiederherstellung» oder «Observanz» nicht recht hervortritt. Zu all dem hat Bursfelde beigetragen wie kein anderes monastisches Reformzentrum auf dem Boden des Reiches. Und eben das gibt unserem Thema mit seiner grotesk scheinenden Gegenüberstellung von Rom und Bursfelde erst seine Berechtigung.

Über die Bursfelder Reform ist gerade in den letzten Jahrzehnten viel gearbeitet worden: über die Anfänge (Dederoth hat, durch seinen frühen Tod 1439 an der Pest, nur wenig mehr als den Anstoß geben können) und die frühe Verbindung zu Johannes Rode und den Reformstatuten von St. Matthias in Trier; über die Errichtung der Kongregation (1446 vom Basler Konzil, 1448 von Rom anerkannt); über die Organisation des Verbandes und den Grad seiner Zentralisierung (mehr als Melk, weniger als S. Giustina); das Verhältnis zu den anderen großen benediktinischen Reformen im deutschen und italienischen Raum; und darüber, was das Eigentümliche des geistlichen Anliegens war (tägliche Meditation, Zurückhaltung gegenüber Seelsorge und Wissenschaft, die − von der Forschung unterschiedlich eingeschätzten − Berührungen mit der *Devotio moderna*). Endlich die rapide Ausweitung der Reform in ihren wichtigsten Etappen, ihr Ausgreifen auf den niederländischen Raum, ihr Anwachsen auf schließlich 94 angeschlossene Männerklöster. Doch ist das alles hier nicht unser Thema, sondern nur ein Ausschnitt daraus: das Verhältnis zum Zentrum, zur römischen Kurie.

Zunächst ein Blick auf das Kloster selbst. Wie sich Bursfelde mit seinen bescheidenen Gebäuden in der Flußlandschaft damals ausnahm und welche sichtbare Wirkung die Reform seit 1433 auf das klösterliche Leben hatte, davon geben Berichte aus der zweiten Hälfte des 15. Jahrhunderts ein lebhaftes Bild. War Bursfelde zuvor so weit heruntergekommen, daß zuletzt «viele Jahre lang dort nur ein Mönch hauste, der eine einzige Kuh hatte, von der er lebte; die Kirche, mit Stroh gedeckt, . . . war jetzt zum Schafstall geworden» (so jedenfalls wird es, zu besserer Kontrastwirkung vielleicht dramatisierend, dann Johannes Trithemius darstellen) − so bot sich dem kritischen Blick zweier Geistlicher, die ihrerseits Reformbewegungen angehörten, inzwischen ein anderes Bild. Mehr als das, was an einem kleinen Weserkloster zu sehen war, konnten freilich auch sie nicht sehen: «Ein einsamer Ort, ringsum von Wäldern umgeben, am Ufer eines schiffbaren Flusses, der Weser heißt», weiß 1457 ein Mönch aus Kloster Melk über Bursfelde zu berichten; viele gute Fische gebe es, guten Ziegenkäse und Bier. «Man kennt hier zwar auch Wein, aber nur zur Messe (*in solo sacrificio altaris*).» Aber auch: «Das klösterliche Leben hier ist zu rühmen.» «Die wirtschaftliche Grundlage ist ärmlich, die Bauten sind primitiv. Was Dotation und Gebäude angeht, kenne ich in ganz Österreich kein Kloster, das merklich schlechter dran wäre, jedenfalls keines mit besserer Disziplin.» Die Gebäude seien baufällig, die Zellen niedrig, die Zwischenwände aus Lehm, mit Vorhängen statt Türen. Und Johannes Busch, der gestrenge Reformator der Augustiner-Chorherren in Norddeutschland, erinnert sich: «Im Winter scheint die Sonne nur an wenigen Vormittags- und Nachmittagsstunden ins Tal hinein, so daß eine eisige Kälte herrscht. Als ich dort vor 36 Jahren mehrmals zelebrierte, ist mir der Kelch während der Messe dreimal zugefroren. Zwischen den Mauern der Kirche und dem Dachstuhl war nämlich ein offener Spalt, durch den die Kälte ungehindert eindringen konnte.»

Ungefähr so wird man sich in Rom ein Kloster an der nördlichen Peripherie auch vorgestellt haben, einfach weil man sich, von Tacitus' *Germania* bis heute, die Zustände da oben so unwirtlich dachte (wobei nebenher daran erinnert sei, daß die einzige Handschrift der *Germania* eben damals, um 1425, im nahen Hersfeld gefunden und rund 30 Jahre später nach Italien verbracht wurde: die Peripherie erstattete gewissermaßen zurück, was sie einst von Italien empfangen hatte). Wie schon die Sicht aus der Peripherie auf das Zentrum mehr von Vision als von Erfahrung bestimmt war, so erst recht der Blick in Gegenrichtung.

Denn was weiß Rom von Bursfelde? Eine unbescheidene Frage. Fragen wir zunächst einmal hoffnungsvoller: was weiß Italien von Norddeutschland? Auch nichts. Die wenigen italienischen Reiseberichte über das spätmittelalterliche Deutschland gelten Süddeutschland und seinen großen Städten Augsburg und Nürnberg, und der Rheinlinie mit dem großen, früh gepriesenen Köln. Eine Ausnahme bildet der Bericht eines Marinus de Fregeno von 1479, der als apostolischer Kollektor für Nordeuropa auch das nördliche Deutschland aus eigener Anschauung kannte und beschrieb. Die Fürsten, mit denen er so seine – oft unguten – Erfahrungen gemacht hatte, die Städte (sogar Göttingen wird kurz genannt), auch die Menschen und ihre Eigenart. Etwa der Ernst, mit dem sie den Gottesdienst besuchen (während der Messe wird hier nicht herumspaziert, nicht gelacht, nicht vorher gegessen) oder mit dem sie, die Norddeutschen mehr als die Süddeutschen, die Fastengebote beachten.

Aber daß Deutschland und zumal Norddeutschland so ins Blickfeld gerät, ist für einen Italiener damals ganz ungewöhnlich. Schon östlich von Köln, gleich am anderen Ufer des Rheins, beginnen vielmehr die weißen Flecken, in die man auch Phantastisches hätte hineinschreiben können, meinetwegen *hic sunt leones* wie auf damaligen Weltkarten im Orient oder in Afrika, denn die Unkenntnis ließ hier viel Platz. Daß Wittenberg *in termino civilitatis*, «am Ende der zivilisierten Welt» liege (und härter kann man ‹Peripherie› nicht kennzeichnen), weiß auch Luther, ja er formuliert es so – aber dieser periphere Platz wird sich dann zum Weltzentrum einer Konfession aufwerfen! Denn es war ja nicht so, daß dieser Raum politisch oder wirtschaftlich uninteressant gewesen wäre. Und doch blieb er im Mittelalter außerhalb italienischer Wahrnehmung.

Wie fremd den Italienern dieser Raum war, und wie wenig sie auf seine Durchdringung bedacht waren, dafür gibt es ein unfehlbares Indiz. Während das Netz der italienischen Wechselplätze, von denen aus man bargeldlos in alle Richtungen transferieren konnte, ganz Europa umspannte, von Portugal bis nach Osteuropa, von England bis zur Krim und nach Ägypten – hier in Norddeutschland hatte dieses Netz ein auffallendes Loch. Von Köln aus Gelder per Wechselbrief nach Rom zu überweisen, war nicht schwer, denn Köln war mit italienischen Korrespondenten gut besetzt, die den Transfer meist via Brügge besorgten. Aber bis Köln mußten die Gelder erst einmal kommen.

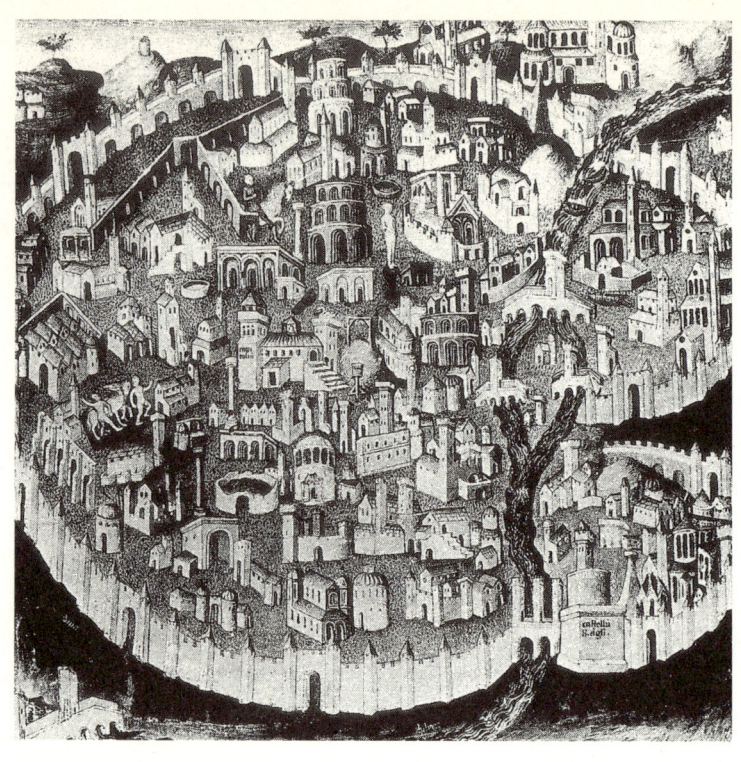

15, 16   Rom-Pläne des 15. Jahrhunderts: links eine Buchminiatur von etwa 1420, rechts der Plan des Alessandro Strozzi von 1474 (Ausschnitt). Die Stadt ist jeweils von Norden gesehen, darum vorn die Engelsbrücke mit der Engelsburg, rechts davon der vatikanische Borgo, in der Bildmitte das Kapitol, darüber das Kolosseum, am oberen Bildrand rechts S. Paolo fuori le mura. – Ein Vergleich beider Ansichten zeigt, wie rasch sich das Rom-Bild im Quattrocento entwickelt. Man versuche zunächst einmal, einem Besucher um 1420 von der Engelsbrücke bis zum Kapitol zu folgen (zur Identifizierung von Baukomplexen ist es freilich leichter, vom späteren zum früheren Plan zurückzugehen). Der Baukomplex links (östlich) der Engelsbrücke muß die Orsini-Festung auf dem Monte Giordano sein, links davon das (mittelalterlich rekonstruierte) Augustusmausoleum, über beidem wohl der (unverstandene) Komplex der späteren Piazza Navona. Links darüber das Pantheon (mit großen Fenstern im Tambour!), darüber die monumentale Treppe hinauf aufs Kapitol nach S. Ma-

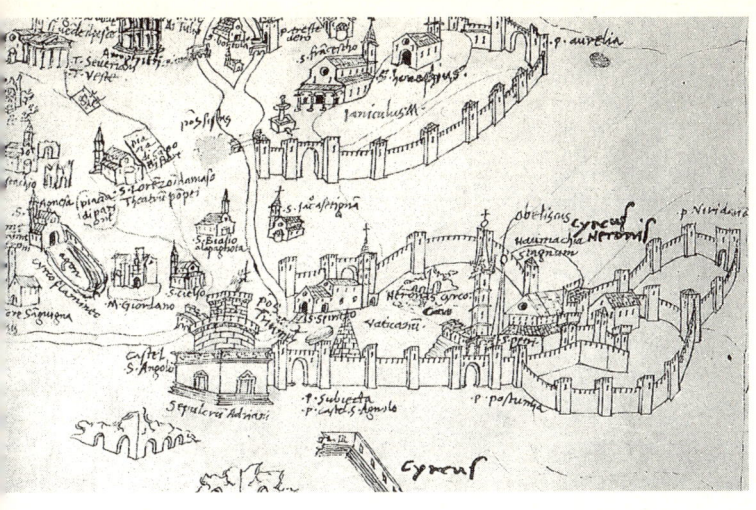

ria in Aracoeli (beschriftet Capitolium), rechts davon der Galgen der Ge-
richtsstätte, darunter der Pranger der Marktstätte. – Ganz anders die Auffassung nur etwa 50 Jahre später: inzwischen haben die Humanisten Rom neu
sehen gelehrt. Gestalt und Lage der Bauten ist möglichst korrekt, ja archäologisch bemüht dargestellt und durchweg beschriftet, die Engelsburg (an der sogar der Fries des unteren Mauergevierts wiedergegeben ist) mit ihrem aktuellen
und ihrem antiken Namen (Castel S. Angelo/Sepulcrum Adriani).
Man nehme von der Engelsbrücke den gleichen Weg wie zuvor: der Monte
Giordano ist nun wirklich ein Hügel mit Adelsfestung, daneben das Domi-
tians-Stadion (agon wird ‹Navona›; irrtümlich als Circus Flaminius identi-
fiziert) mit S. Agnese; das Pantheon hat im Giebel seiner Porticus sogar die
Bau-Inschrift des Agrippa. Sogar die Straßen selbst und die Plätze sind eingetragen: piaza di campo di fiore, dann [piazza] giudea mit S. Angelo in
Pescheria und der sorgfältig gezeichneten Porticus der Octavia.

Wie schwierig das sein konnte, zeigt der Jubeljahr-Ablaß von 1390, von dessen finanzieller Ausbeute sich der Papst einiges versprach. Begleitet von einem italienischen Bankier, drang der den Ablaß austeilende Nuntius kühn über den Rhein nach Osten, in Richtung Magdeburg vor – aber wie Varus kehrten beide nie zum Rhein zurück, und die eingesammelten Gelder auch nicht. Die Erfahrungen, die der bereits genannte Kollektor machte, der 1457–1478 für die Apostolische Kammer Nordeuropa bereiste, waren nicht viel besser, mochte ihm auch zugute kommen, daß in Lübeck zeitweilig ein Agent der Medici saß. Einer der für Rom bestimmten Geldtransporte aus Schweden (den Florentiner Rucellai anvertraut, die sich freilich mehr auf bargeldlosen Transfer als auf den Transport von Geldkisten verstanden) wird im Sommer 1462 zwischen Northeim und Göttingen ausgeraubt, weil angeblich für einen Warenzug aus Lüneburg gehalten, mit dem die Herzöge von Braunschweig gerade in Fehde lagen; die Aufklärung des Mißverständnisses und die Exkommunikation der Täter brachte das Geld nicht zurück. Aber nicht nur das: in Halle deponierte Gelder wurden vom Kurfürsten Friedrich von Sachsen beschlagnahmt, und die Geldkiste, die unserem Kollektor zwischen Wismar und Lübeck abhanden kam, endete anscheinend beim Herzog von Mecklenburg.

Solche Fälle sollen natürlich nicht verallgemeinert, der Alltag des Zahlungsverkehrs mit der Apostolischen Kammer nicht dramatisiert werden. Angekommen sind schließlich auch die deutschen Gelder, nur eben langsamer, mit mehr Spesen und: unter größerem Aufsehen. Denn was man in Frankreich oder Italien oder sonstwo innerhalb des Netzes der Wechselplätze kaum noch wahrnahm, weil es als Buchgeld gleich in die untergründigen Kanäle des internationalen Zahlungsverkehrs abtauchte, das sah man in Norddeutschland leibhaftig – in anfaßbarer Münze – über weite Strecken sozusagen zu Fuß nach Rom abwandern! Man unterschätze nicht die fatale Wirkung solchen Aufsehens. Um es pointiert zu sagen: der banktechnische Rückstand potenzierte den Eindruck, die Papstfinanz beute vor allem die Deutschen aus, *presertim ipsos Germanos* . . .

et simplices Allamannos − ein weiterer, bis zur Reformation nicht vergessener Beweggrund, Rom anzubellen.

Und nun noch einmal: was weiß Rom von Bursfelde, was weiß das Zentrum der Christenheit von einem kleinen Kloster der nördlichen Peripherie? Nichts, solange es dieses eine Kloster ist. Bursfelde kommt in der vatikanischen Überlieferung jahrzehntelang überhaupt nicht vor, und das will angesichts der unvorstellbaren Aktenmassen schon etwas heißen. Zu den ältesten und wichtigsten Aufgaben des Deutschen Historischen Instituts in Rom gehört, den gesamten vatikanischen Überlieferungsbestand auf deutsche Betreffe hin zu durchforschen und die Funde in Gestalt des *Repertorium Germanicum* zu veröffentlichen. Im Laufe von gut 100 Jahren Institutsgeschichte sind knapp 100 Jahre Papstgeschichte bewältigt worden. Schneller geht es nicht, denn was die Tausende vatikanischer Registerbände überliefern, sind allein zwischen 1378 und 1464 mehr als eine Million Einträge, die alle angesehen werden mußten, um daraus die (bisher durchschnittlich 15 % oder:) 170 000−180 000 deutschen Betreffe zu gewinnen! Solche Zahlen seien doch einmal genannt, um beiläufig zu verstehen zu geben, daß, wenn im folgenden einige Urteile etwas leicht dahergeredet klingen, doch eine ziemliche Quellenmasse dahintersteckt.

Kurz: in den 43 000 deutschen Fundstellen aus dem 13 $^{1}/_{2}$ jährigen Pontifikat Martins V. kommt Bursfelde nicht vor, in den 50 000 der 16 Jahre Eugens IV. auch nicht, in den 13 000 der 8 Jahre Nikolaus' V. gerade einmal. Freilich heißt das noch nicht notwendig, daß es Kontakte überhaupt nicht gegeben habe. Was nicht überliefert ist, ist entweder verlorengegangen − oder aber nie registriert worden. Die Bildung der Reformkongregation führte jedenfalls, beinahe unvermeidlich, zu direkten Kontakten. Aber diese frühen römischen Privilegien für die Bursfelder Union sind nicht im Vatikanischen Archiv, beim Aussteller, sondern, als Original oder Kopie, in deutschen Archiven (Köln, Darmstadt, Düsseldorf, Beuron usw.) überliefert, kurz: bei den Empfängern; darunter das (von Nikolaus von Kues als Legaten erwirkte) ermutigende Schreiben Nikolaus' V. Von der Empfängerüberlieferung in Niedersachsen wird noch die

Rede sein. Für die Ausstellerüberlieferung in Rom aber gilt, daß die genannten Register, scheinbar paradox, weniger die Initiativen des Papstes als die der Interessenten verzeichnen, und mögen sie noch so klein sein, klein wie Bursfelde.

Vor der Errichtung der Kongregation also bleibt Bursfelde sozusagen unterhalb der Wahrnehmungsschwelle der römischen Kurie. Das Kloster hat keine besonderen Anliegen, die sich in den päpstlichen Registern niederschlagen würden. Es hat keine aufsehenerregenden Ablässe und keine Mirakel. Die Abts-Mensa scheint so bescheiden, daß sich nicht einmal Nachbarn darum streiten, oder irgendeiner damit bis vor die Kurie ziehen mag. Ein ordentlicher Streit würde die Überlieferungs-Chance ungemein erhöhen, würde den Kasus unter Nennung von Rechten und Repräsentanten des Klosters für die Nachwelt festhalten (nur so kommt das Blasiuskloster in Northeim, wo Bursfeldes erster Reform-Abt Johannes Dederoth zuvor Mönch war, im Unterschied zu Bursfelde in die Register Martins V.). Oder um es als methodische Nutzanwendung zu formulieren: wer keine Probleme hat und keine Probleme macht, hat kaum eine Chance, überliefert und so dem Historiker bekannt zu werden.

Würden die Einkünfte wenigstens 100 Gulden jährlich erreichen, dann müßte der Abt bei seiner Ernennung das *Servitium* zahlen, würde das Kloster in einem Servitien-Verzeichnis der Apostolischen Kammer verzeichnet sein, würden die Kardinäle bei der Verleihung im Konsistorium (und bei Quittierung des ihnen zustehenden Anteils am Servitium) wenigstens einmal den Namen Bursfeldes gehört haben. Aber nicht einmal so weit kommt es; und wenn der Abt ohne Mißhelligkeiten gewählt wurde, bedarf sein Wahlverfahren auch keiner römischen Approbation. Also anscheinend keine Chance, in historische Überlieferung (jenseits der hauseigenen) hineinzufinden – und das nicht, weil das Kloster klein war («klein» ist nicht unbedingt eine historische Kategorie, und die historische Würde eines Subjekts liegt nicht in seiner Überlieferungsmasse), sondern weil Alltag und Normalität sich, vor der Neuzeit, in Quellen wenig abbilden.

17   *Menschen kampierend bei den Ruinen des Kolosseums (Codex Escuria-lensis, gegen 1500). Fahrendes Volk, aber auch mittellose Pilger schliefen zwischen antiken Ruinen und Weinbergen innerhalb der Stadtmauern.*

Noch ergiebiger ist die Umkehrung der Fragestellung: Was muß man denn tun, um in die vatikanische Überlieferung hineinzukommen? Spielen wir die Überlieferungs-Chancen doch einmal durch, um so – über das *Quod non est in actis, non est in mundo* hinweg – zu allgemeinen Aussagen über Möglichkeiten und Wahrscheinlichkeiten historischen Nachlebens zu kommen: denn es geht hier ja nicht nur um Bursfelde, sondern um historische Erkenntnis.

Um in die vatikanischen Register hineinzukommen, hätte der Abt von Bursfelde in Rom viel mehr initiativ werden müssen: Er hätte Privilegien für sein Kloster erwerben können, beispielsweise Dispense für ein kommoderes Leben, um das Kloster zum Versorgungsplatz für verkrüppelte Söhne des Adels zu machen; oder er hätte sich, wie damals viele Klöster zwecks Steigerung der Vermögensmasse oder auch nur zu notdürftiger Sanierung, um die Inkorporierung von gutdotierten Pfarrkirchen bemühen sollen.

Aber all das will unser Reform-Abt ja gerade nicht, im Gegenteil: er will ja nicht weiter de-formieren, er will reformieren, was deformiert ist! Er will ja zurück zur Regel, also gerade zurück zu den Zuständen *vor* all diesen Privilegien, Dispensen, Ausnahmen, die der Papst da massenhaft vergibt, und die seine Register füllen! Nein, ein reformfreudiger Abt eines ländlichen Benediktinerklosters hat, vor der Bildung von Reform-Verbänden, kaum Aussicht, uns über solche Überlieferung bekannt zu werden. Ja er muß dabei noch aufpassen, daß der Landesherr ihm nicht die Reform aus der Hand nimmt und sie, womöglich nur auf schärfere Kontrolle und nivellierenden Einbau des Klosters in die Territorialherrschaft bedacht, als Instrument gegen den Abt kehrt, so daß der erst recht in der Versenkung verschwindet.

In der Stille und Unerheblichkeit liegt aber auch eine Chance, den Begehrlichkeiten und Präpotenzen der Nachbarn zu entgehen und den eigenen Reformansatz bis zur Reife zu bewahren. Wenn das Kloster dann endlich damit hervortritt und andere Konvente gleicher Gesinnung findet, und einen reformwilligen Kurienkardinal wie Nikolaus von Kues, und einen reformempfänglichen Papst wie Pius II. – dann endlich ist die kritische Wahrnehmungsmasse erreicht. Seit Bursfelde Ausgangspunkt und Eponym einer ansehnlichen Reformkongregation geworden war, erhob es sozusagen seine Stimme in einem Chor, der sich von der Peripherie her auch im Zentrum vernehmlich machte, und forderte, mit dem Selbstbewußtsein der Observanz, Aufmerksamkeit jetzt auch ein.

Das führte im übrigen zu internationalen Verbindungen, zu denen das kleine Weserkloster anders nie Zugang gefunden hätte. Etwa zu S. Giustina in Padua und seiner 1419 gegründeten Reformkongregation, deren Wirkung auf Johannes Dederoth vermutet und deren Einfluß auf die Bursfelder Spiritualität festgestellt worden ist. Oder zu Subiaco: die alte Abtei bei Rom, als Gründung Benedikts von Nursia nun in Reformkreisen mit besonderen Erwartungen angesehen, war seit 1362, mit einem seither stetig wachsenden Anteil nichtitalienischer Konventualen (1385: 40 %; 1450: 80 %; 1480: 90 %), ein Zentrum benediktinischer Reform geworden. Die Ausdehnung der Reform durch die Bursfelder im Nordwesten Deutschlands und der seit dem Konstanzer Konzil stark zunehmende Anteil gerade deutscher Mönche in Subiaco (davon viele aus dem deutsch-niederländischen Raum der Bursfelder Reform) führten zu vermehrtem gegenseitigen Interesse: So brachte der Abt von St. Jakob in Mainz «von seiner dritten Romreise, die er im Auftrage der Bursfelder Union unternahm, im Jahre 1466 aus Subiaco einen Konfraternitätsbrief für die Bursfelder Union mit, nachdem er bereits Beziehungen zur Kongregation von S. Giustina geknüpft und der Union deren Privilegien verschafft hatte»; und als es 1465 um die Vereinheitlichung der Observanzen in der Benediktinerprovinz Mainz-Bamberg ging, «machten die Bursfelder gegenüber den süddeutschen Observanzen geltend, daß sie, nicht jene, ‹das echte Brevier und den echten Modus der Klöster Subiaco und Sacro Speco› besäßen».

Es mußte also noch etwas hinzukommen, um Bursfelde überhaupt in den Wahrnehmungshorizont der Kurie treten zu lassen: eben die Errichtung des Bursfelder Verbandes reformierter benediktinischer Klöster. Und auch da bedurfte es zusätzlich noch einer besonderen Konstellation, genauer: einer bedeutenden Persönlichkeit, die den dortigen Reformbestrebungen mit eigenen Reform-hoffnungen entgegenkam und dazu höchste Autorität einsetzte: Kardinal Nikolaus von Kues auf seiner deutschen Legationsreise 1451/52.

Was die Gläubigen in Deutschland von dieser Legationsreise vor allem wahrnahmen, war die Austeilung des Jubeljahrablasses von 1450. Aber der Kardinal, dem es (wie man das komplexe Anliegen der Legationsreise zusammengefaßt hat) «um die Versöhnung der deutschen Kirchen und der deutschen Gläubigen mit der die *ecclesia universalis* repräsentierenden *ecclesia romana*» ging, führte auf seinem Weg zu den deutschen Synoden noch zahlreiche Reform-Dekrete mit sich, die gewiß nicht alle von Rom ausgingen, sondern zum großen Teil erst von ihm selbst auf der Reise, gegebenenfalls auf Anregungen vor Ort, konzipiert worden waren. Darunter waren die Dekrete Nr. 8 *Quoniam sanctissimus* und Nr. 9 *Quoniam multorum* zur Ordensreform – in einer Überlieferungsdichte, die sich aus der Zahl der betroffenen, reformwilligen und nun wieder zu geordneter Archivierung fähigen Benediktinerklöster erklärt. Innovative Wirkung wird das, mit der Einschärfung regularer Lebensweise oder dem Hinweis auf die verweltlichenden Folgen der Inkorporation von Pfarrkirchen, nicht gerade haben. Aber für Reformbewegungen, die auch ohne Rom bereits in Gang gekommen waren wie die Bursfelder, war es doch eine willkommene und vielleicht auch unverhoffte Ermutigung von höchster Seite und im Ergebnis bedeutungsvoll auch insofern, als die Reformabsichten der Kurie ja nicht notwendig identisch waren mit den Reformabsichten eines Konzils, eines Ordens, eines Reformzirkels. Es war jedenfalls etwas ganz Singuläres, daß ein deutscher Kardinal auf Reformreise nach Deutschland ging und dabei eine reformerische Aktivität entfaltet wurde wie in keinem anderen Land. Fortan tritt Bursfelde in seinem Verbande wenigstens für einige Zeit, vor allem unter Pius II., in der vatikanischen Überlieferung auf.

Weiten wir den Blick nun ein wenig aus, von einem Punkt auf einen Raum – denn «Peripherie» läßt sich auf einen einzigen Punkt nicht bringen.

Peripherie ist eben nicht allein Bursfelde, Peripherie ist für die römische Kurie der niedersächsische Raum überhaupt, der in den vatikanischen Archivalien als Ganzer vergleichsweise selten und ohne spezifische Anliegen vorkommt, seltener als Zonen gleicher geographischer Distanz von Rom. Das ist der Eindruck aus allen bearbeiteten Registerserien, und auch ein bislang unzugänglicher Fonds, die Akten der Poenitentiarie für die dem Papst reservierten Lossprechungsfälle, wird dieses Bild bestätigen. Die Rom-Bindung dieses Raumes ist vergleichsweise gering: «Die Gebiete von Köln und Mainz weisen eine zehnmal intensivere Beziehung zu Rom auf als die Provinzen von Bremen und Magdeburg.»

Machen wir auch einmal die Gegenprobe und fragen, was sich denn an Schreiben aus der römischen Zentrale in den niedersächsischen Archiven erhalten hat. Während das *Repertorium Germanicum* die Überlieferung beim *Aussteller* erfaßt, ist die Überlieferung päpstlicher Urkunden beim *Empfänger* inzwischen von Brigide Schwarz bearbeitet worden. Die Bestandsaufnahme verzeichnet, für die Jahre 1199–1417, 472 originale Papsturkunden (davon allein 101 aus dem Pontifikat Bonifaz' IX., der in der Konkurrenzsituation des Schismas besonders rührig sein mußte). Das ist im Vergleich zu anderen Regionen nicht eben viel und wird (immer: im Vergleich!) auch nicht viel konsistenter, wenn man, wie nun im Regestenwerk, darüber hinaus auch sämtliche von päpstlichen Legaten und Nuntien oder den kurialen Behörden ausgehende Schreiben einbezieht, also auch Justizbriefe, Zeugenvernehmungen, Kollektorenquittungen, Beichtbriefe, usw.

Gewiß sagen schon die bloßen Zahlen etwas aus, auch über die relativ geringere Dichte geistlicher Anstalten in dieser Landschaft. Aber man müßte die Überlieferung weiter darauf befragen, ob auch ihre spezifische Zusammensetzung etwas über das Verhältnis von Zentrum und Peripherie hergebe. Etwa, wer der Kreis der Empfänger ist, und auf wessen Initiative der Vorgang zustande kommt (weit überwiegend auf Initiative der Interessenten, nicht des Papstes, auch wenn sich der Brief als *motu proprio* gibt), überhaupt wie «die Nachfrage nach kurialen Dienstleistungen» (B. Schwarz) hier aussieht, und welches Durchsetzungsvermögen die vom Papst beauftragten Prälaten hatten. Oder: wie sich Empfänger- und Aussteller-Überlieferung hier ergänzen oder gar verzahnen (denn wie die vatikanischen Register Schreiben überliefern, die beim Empfänger verloren sind, so bewahrt, umgekehrt, die Empfänger-Überlieferung Schreiben, die in der Zentrale nie registriert worden sind). Und was man von diesen päpstlichen Schreiben draußen der Aufbewahrung für wert hielt, ja durch mehrfaches Abschreiben zusätzlich sicherte, während man anderes einfach wegwarf (so haben sich päpstliche Provisionen, die ihren Zweck ja bald einmal erfüllt hatten, überwiegend als Makulatur in Bucheinbänden erhalten: klares Indiz, daß man sie nicht aufbewahren *wollte*). Wir sehen, wie die Überlieferung vor Ort anschwillt, wenn Rom sich ausnahmsweise der Region einmal nähert, wie bei der Legationsreise des Nikolaus von Kues – aber eben auch, wie gedämpft die großen kirchenpolitischen Ereignisse in dieser abgelegenen Landschaft mit ihren mediatisierten Kirchen ankommen.

Für diese geringe römische Präsenz gibt es nun freilich Erklärungen aus der damaligen politischen und kirchlichen Situation. Anders als im deutschen Süden und Westen, war im Norden wie schon der König, so auch der Papst fern, und das nicht nur im geographischen Sinne. Pfründen aus den norddeutschen Diözesen werden in den vatikanischen Registern, wo sie vor allem in den Supplikenregistern zu erwarten wären, relativ wenig genannt. Natürlich fehlen sie nicht, auch Göttingen ist vertreten. Aber es geht, wenn wir die Eigenart von Peripherie bestimmen wollen, um Proportionen.

Daß norddeutsche Pfründen seltener genannt werden, mag zum Teil daran liegen, daß der Pfründenertrag im Durchschnitt vergleichsweise gering war: da überlegte man sich, im Streitfall, den kostspieligen Schritt an die Kurie doppelt. Das machte solche Pfründen aber auch für römische Kuriale bei ihrer Pfründenjagd weniger interessant als schöne süddeutsche Domkanonikate oder Propsteien (sogar der mit Deutschland doch vertraute Enea Silvio Piccolomini hatte in seiner Kollektion von 26 deutschen Benefizien ganze 3 aus dem norddeutsch-niedersächsischen Raum, und von denen hatte er, als er kurz darauf selbst Papst wurde, nur gerade in einem Fall seine Ansprüche durchsetzen können). Der Anteil Niedersachsens am spätmittelalterlichen Pfründenmarkt war eben geringer als der vieler anderer Regionen. Und selbst wenn ein Bewerber die päpstliche Provision endlich in Händen hatte, hieß das noch lange nicht, daß er auch tatsächlich in den Besitz der Pfründe kam und nicht am Ort noch weggebissen wurde.

Diese auch archivalisch spürbare Distanz zur Kurie lag aber wohl auch daran, daß sich die norddeutschen Fürsten (und Städte) offenbar weniger in ihre zunehmend ausgebaute kirchliche Landesherrschaft hineinreden ließen: Pfründen vergaben sie, soweit irgend dazu berechtigt oder imstande, eben selber; auf gute Propsteien präsentierten sie den Konventen Kandidaten aus der eigenen Klientel (auch da brauchte man sich als Landfremder gar nicht erst Hoffnung auf die Hilfe Roms zu machen); zur Durchführung von Klosterreformen holten sie eine Ermächtigung in Rom gar nicht erst ein; sie suchten – wiederum anders als mancher süddeutsche Fürst – auch nicht etwa den Papst in Italien auf. Umgekehrt hatte ihnen der Papst auch nichts mitzuteilen: Pius II. etwa schrieb keinem von ihnen ein Breve, wies in der Auseinandersetzung zwischen Fürstenopposition und Friedrich III. keinen von ihnen zurecht, ja Rom versuchte offensichtlich nicht einmal auf die Besetzung niedersächsischer Bischofsstühle Einfluß zu nehmen.

Daß der Papst auf politische Initiativen in diesem Raum verzichtete, sagt für unser Thema viel aus, heißt aber natürlich nicht, daß seine Gerichtsbarkeit nicht auch hier angerufen und geltend gemacht worden wäre, wie (vom spektakulären Fall des Lüneburger Prälatenkriegs einmal abgesehen) zahlreiche Beispiele im *Repertorium Germanicum* zeigen, in denen ein vom Papst delegierter Richter vor Ort die vom Papst gewährten Rechtsansprüche eines Klägers mit allen Mittel des kirchlichen Rechts durchzusetzen suchte. Doch führte auch das gegen den Willen eines mächtigen Territorialherrn nicht unbedingt zum Erfolg.

Was uns diese Beobachtungen für unser Thema lehren, ist eine Einsicht, die sich auf der Mikro-Ebene des einzelnen Klosters sinnvoll nicht machen läßt: die Einsicht nämlich, daß nicht nur das Zentrum für die Peripherie schwer erreichbar sein kann, sondern auch die Peripherie für das Zentrum. Das klingt nach Tautologie und ist doch keine, denn der Zugriff des Zentrums auf die Peripherie ist eine Sache, und der Zutritt der Peripherie zum Zentrum eine andere.

Bisher haben wir beide Seiten wie zwei Pole angesehen, in weiter Distanz voneinander. Doch führten auch damals schon alle Wege nach Rom, konnte man seine persönlichen Erfahrungen mit Rom machen. Auf den Weg nach Rom hatte sich bereits jener Johannes Dederoth gemacht, noch bevor er 1430 Abt von Clus und dann auch von Bursfelde wurde: als es in seinem Northeimer Kloster zum Streit zwischen Abt und Konvent kam, sandten ihn beide Parteien an die Kurie, damit diese den Fall entscheide. Wir wüßten gern, welchen Weg Dederoth nahm, zumal vermutet wird, daß er auf dieser Italienreise aus dem unmittelbaren Erlebnis gelungener benediktinischer Klosterreform – S. Giustina in Padua, Subiaco bei Rom – entscheidende Anstöße für seine eigenen Reformideen erfahren habe.

Wir wüßten auch gern, was für ein Rom-Bild er in sich getragen hat: vorgestelltes Rom, wie es sich etwa die Dominikanerinnen des Augsburger Katharinenklosters um 1500 von Hans Holbein dem Älteren und Hans Burgkmair für die Wände ihres Kapitelsaals malen ließen (Abb. 12). Eine Ikonographie des nicht-gesehenen, bloß vorgestellten Rom wäre nicht weniger interessant als eine Ikonographie des wirklichen Rom! Schon die Verleihung der römischen Stationsablässe an die Bursfelder durch Pius II. lud zu einem Gang durch das visionäre Rom ein: *In octava nativitatis Christi: ad Sanctam Mariam trans Tyberim quingenti anni...; dominica Palmarum: ad Sanctum Johannem Lateranensem remissio omnium peccatorum ...* usw. Wie mögen all diese römischen Herrlichkeiten vor das innere Auge eines Bursfelder Mönchs getreten sein? Aber zurück zu unsern wirklichen Rom-Reisenden.

In Rom anzukommen war nicht das Problem. Angekommen ist man in Rom noch immer. Aber der Weg von der Peripherie ins Zentrum war weit nicht allein im geographischen Sinne. Wer nicht als Pilger, sondern als Bittsteller kam, dem trat dieses Rom nun in Gestalt eines undurchsichtigen, von Kanzleiregeln starrenden Apparates entgegen, in den das eigene Anliegen hinein- (und vor allem: erfolgreich wieder heraus-)zutragen so einfach nicht war. Es war ja schließlich nicht so wie in Émile Zolas Rom-Roman, daß man wie der kleine Abbé endlich eines Abends mit dem Papst unter vier Augen zusammensaß, um ihm das Anliegen persönlich auseinanderzusetzen. Für all das bedurfte es bei dieser Behörde vielmehr langer Belagerung, einer gewissen Kenntnis des Geschäftsgangs, und nicht zuletzt: des Augenmaßes, ob solcher Aufwand sich überhaupt lohne.

Wer schon im Zentrum saß, der hatte dieses Insider-Wissen und obendrein auch irgendwelche Protektion. Wir sehen das etwa bei den deutschen Frühdruckern in Rom, von denen nun immer mehr aus den vatikanischen Registern hervorkommen. Ihre Nähe zur Kurie ließ sie rascher als andere darüber informiert sein, ob eine Pfründe etwa durch Tod an der Kurie oder durch Verzicht seitens eines Kardinals-Familiaren frei geworden sei. Einige von ihnen (darunter der berühmte Conrad Sweynheym) ließen sich erst hier zu Klerikern machen, sicherlich auch um am Pfründenmarkt mithalten zu können, denn das gab eine gewisse finanzielle Absicherung, auf die manche dieser Frühdrucker angesichts der bald auch in Rom beginnenden Absatzschwierigkeiten durchaus angewiesen waren. Wer so, durch Informationsvorsprung und Protektion begünstigt, sowohl eine Vikarie in Speyer wie eine Pfarrei im Brandenburgischen anstrebte, der hatte schwerlich vor, diese Ämter auch anzutreten, sondern sammelte sozusagen Spielmaterial, um seinen Pfründbesitz in Deutschland allmählich an einer bestimmten Stelle, womöglich nahe der engeren Heimat, zu verdichten. Manche brachten es dabei zu einiger Virtuosität.

Es waren freilich nicht gerade viele Niedersachsen, die man damals an der Kurie antreffen konnte, und dann in eher untergeordneter Stellung. Untersucht man die geographische Herkunft der deutschen Kurialen, so findet man in der (für deutsche Präsenzen besonders günstigen) Phase von Schisma und Reformkonzilien 1378–1447 immerhin 17 Kuriale aus dem Bistum Hildesheim, 21 aus dem Bistum Verden – aber das Bistum Köln stellte mit 220 mehr als das Zehnfache, Mainz gar 288, Konstanz immer noch 55!

Wer aber nicht an der Kurie lebte, sondern von der Peripherie kam, der konnte da nicht mithalten, mit welchem Anliegen auch immer. *Plures et innumere*, unzählig seien die Spitzfindigkeiten, bemerkt ein damaliges Handbuch für den Verkehr mit der päpstlichen Kanzlei und rät deshalb dazu, es nicht ohne einen *sollicitator* zu versuchen, *qui scius sit et expertus in hisque et similibusque experienciam habuerit atque praticam noverit optime*, der also kompetent und erfahren in der Abwicklung solcher Geschäfte sei. Und wahrhaftig: durch dieses Labyrinth von Reservationen, von Vorzugsklauseln, von Vorzugsdaten (das «beste» Datum Sixtus' IV., den 1. Januar 1472, verstanden für ihre Begehren nicht weniger als 6 deutsche Frühdrucker in Rom zu ergattern!), durch dieses Gestrüpp von Kanzleiregeln finden auch jetzt noch gewöhnliche Papsthistoriker nicht hindurch – dazu bedarf es des spezialisierten *Repertorium*-Bearbeiters heute, und des *procurator in Romana curia* damals.

Diese Prokuratoren, die nicht für ein bestimmtes Geschäft ad hoc ernannt nach Rom anreisten, sondern ständig im Umkreis der Kurie tätig waren, verfügten für ihre großen und kleinen Klienten über das erforderliche Know-how, kannten die Wege und Nebenwege des Geschäftsgangs, wußten die amtlichen und weniger amtlichen Tarife, konnten die Erfolgsaussichten abwägen – und lebten davon. Mit dieser wenig ins Auge fallenden, im römischen Alltag aber unschätzbaren Mittlerfunktion gewährleisteten diese Prokuratoren (darunter viele Deutsche, wenngleich wenige Niedersachsen) gewissermaßen auch auf unterster Ebene den geregelten Kontakt zwischen Peripherie und Zentrum.

Wie weit und gewunden der Weg ins Zentrum erlebt wurde, darüber gibt es so manche Aussage. Bleiben wir in unserem Raum und in dieser Zeit: Albert Krummediek 1462 an der Kurie. Freilich ging es da um Schwieriges: um die Beilegung des sogenannten

Lüneburger Prälatenkrieges, der bis zur Verhängung des Interdikts über die Stadt und zur Exkommunikation der Ratsangehörigen geführt hatte. Der Bericht des Lüneburger Bevollmächtigten ist zunächst einmal eine Reisekostenrechnung. Aber so etwas wächst sich leicht zu einem ganzen Rechenschaftsbericht aus, weil die Widerstände und Verzögerungen sich ja in zusätzlichen Ausgaben niederschlagen und insofern ihrerseits erläutert und gerechtfertigt sein wollen. Da erfahren wir, was es kostete (im buchstäblichen Sinne kostete), einen Kardinal beizuziehen oder gar einen zum Gegner zu haben wie in diesem Fall den Cusanus, oder dem Papst in seine Sommervilleggiaturen nachzureisen (da hatte man bei Pius II. viel zu tun!), ihn schließlich sogar auf einer Insel im Bolsener See belagern zu müssen und, «unter Bauern», *inter villanos*, auf der Höhe des Monte Amiata. Kurz: was es hieß, sein Anliegen von der Anfertigung der Supplik bis zur Expedition und Aushändigung der Bulle über alle Hürden zu bringen – und durch alle erwarteten Aufmerksamkeiten, die ja gleichfalls ihre (nur im Zentrum bekannten) Tarife hatten: hier war ein ganzes Pferd zu schenken, dort wenigstens etwas Konfekt, «weniger ging nicht», *minus facere non potui*; Kapaunen und Perlhühner für den Kardinalnepoten «wie üblich», *prout moris est*, Tuche für seinen Sekretär, usw. Einiges davon zahlt sich aus (*dando illi 2 ducatos, et in mille profuit*), andere Ausgaben erweisen sich als rausgeworfenes Geld (*totaliter inutile*, oder *et erant omnes expense perdite*). Und dieses entnervende Rennen von Pontius zu Pilatus, vom *Senensis* zum *Cusanus*; dieses kräftezehrende Antichambrieren schon vor Tagesanbruch (*sequendo eundem omni die de mane ante diem*) – und dann, «es ist halb zum Verzweifeln» (*quasi semi tunc desperabam*), geht alles wieder von vorne los, «betrat ich ein neues Labyrinth», *ingressus sum novum labrinctum*.

Dies ist wohlgemerkt keiner der vorreformatorischen Anti-Kurien-Traktate, sondern bloß ein (die eigenen Mühen und Leistungen freilich gebührend herausstreichender) Rechenschaftsbericht. Gerechterweise wird man sagen müssen, daß ein vergleichbar gewichtiges Anliegen wohl auch bei einem weltlichen Fürsten nicht leichter zu erreichen gewesen wäre. Aber man maß ihn auch nicht, wie den Papst, an urchristlichen Idealen, denen nachzuleben man selber gewiß nicht vorhatte. Das eben ist, in unserem Thema, das Explosive: daß das Zentrum nicht irgendein Zentrum ist, sondern der Mittelpunkt der Weltkirche, das Papsttum.

Und so ist es von hier kein weiter Schritt zum antirömischen Affekt, in dem Entrüstung über die Diesseitigkeit der römischen Kirche, echtes Reformverlangen und politisches Kalkül, enttäuschte persönliche Erwartungen, Befremdungen zwischen deutsch und «welsch» leicht eine schwärzliche Verbindung eingehen, und nicht erst mit der Reformation. Man denke an Gregor Heimburg, den gelehrten Rat im Dienste seiner Herren, der dem Papsttum mit seinen leidenschaftlichen Flugschriften und seinen Konzilsappellationen auf das heftigste zusetzte. Pius II., der ihn fürchten und hassen lernte, schildert unnachahmlich die Szene, wie der große Mann in der Schwüle eines römischen Juli-Abends «beim Monte Giordano [also gegenüber der Engelsburg] auf und ab geht, vor Hitze kochend (*caloribus exaestuans*), die Römer und seinen Auftrag verwünschend, die Schuhe aufgeschnürt, das Hemd offen (*dimissis in terram caligis, aperto pectore*), nichts auf dem Kopf, die Ärmel aufgekrempelt (*brachia discoperiens*), kurz: ein abstoßender Anblick (*fastidibundus*); und wie er dabei auf Rom und [Papst] Eugen und die Kurie schimpft und das Klima dieses Landes verflucht.»

Das ist, komplementär zur ebenso unbedingten Rom-Liebe, der deutsche Rom-Koller, wie er Luther in seinen Tischgesprächen überkommt oder noch den Touristen heute, wenn er ein persönliches Mißgeschick in Rom, einen Taschendiebstahl im 64er-Bus, mit dem Ende des Römischen Reiches in Verbindung bringt. Nichts davon hat die Römer je gerührt: gelebte, nicht in Frage zu stellende Zentralität.

Doch es wäre ungerecht und falsch, das Verhältnis allzu sehr unter dem Bilde der Polarität zu sehen, ja als laufe bereits alles auf die Reformation zu, die dieses Verhältnis zu Rom aus der bisherigen Ordnung bringen und Bursfelde in den Dämmer seiner abgelegenen Stätte zurücksinken lassen wird. Vergessen wir darüber nicht das Rom, das auch ohne institutionelle Zentralitätsfunktionen Anziehungskraft hatte. Der Pilgerzustrom nach Rom ließ im Spätmittelalter nicht nach, und selbst die römischen Zollregister, die das jahreszeitliche Auf und Ab der Wirtschaft wahrnehmen lassen, geben noch zu erkennen (besonders deutlich während eines Heiligen Jahres), wie sehr diese Atembewegungen des römischen Wirtschaftslebens und die Pilgerfrequenzen miteinander übereinstimmten: wie dicht Rom also seinerseits mit den Menschen ferner Peripherien lebte, die hier reinen Gemüts das Zentrum ihres Glaubens zu finden begehrten – und fanden.

Rom-Erfahrung
im späten 18. und frühen 19. Jahrhundert:
Winckelmann, Goethe, Humboldt, Bonstetten

Am 8. September 1786 überschritt Goethe die Wasserscheide zwischen Norden und Süden: den Brenner. «Von hier fließen die Wasser nach Deutschland und nach Welschland, diesen hoff ich morgen zu folgen.» Das Land, in das er hinabfuhr, bot in seiner politischen Realität ein Bild, das dem Italien des späten Mittelalters und der Renaissance nur noch in einigen äußeren Konturen entsprach. Im Norden die Territorien der dahinwelkenden Republik Venedig. Im Nordwesten das Königreich Sardinien-Piemont, vergleichsweise straff durchgebildet, damals Rom noch fern und erst allmählich in seine italienische Rolle hineinwachsend. Dazu, neben einigen kleineren Herzogtümern und Republiken, unter den österreichischen Habsburgern Mailand, Mantua und zumal die Toskana mit ihren wirtschaftlichen und sozialen Reformen und ihrem modernen Strafrecht. Im Süden das Königreich Neapel-Sizilien unter den spanischen Bourbonen, nach den Reformansätzen des aufgeklärten Ministers Tanucci zurückgefallen in Lethargie. In der Mitte endlich das Papsttum, längst in der Defensive gegen alle modernen Strömungen der Zeit und bei allem guten Willen einzelner Päpste wie Pius VI. – «schönste, würdigste Männergestalt» (Goethe) – nicht mehr in der Lage, den heruntergekommenen Kirchenstaat durchgreifend zu reformieren. Nur ein Jahrzehnt noch, und die Italien-Armee des revolutionären Frankreich unter dem jungen Napoleon Bonaparte wird diese ganze Staatenwelt Italiens über den Haufen werfen.

Rom und der Kirchenstaat wirkten, gegen den Hintergrund gut organisierter, die Wirtschaft planmäßig fördernder Staaten nördlich der Alpen, als politisches Gebilde auf die Reisenden denn auch wenig eindrucksvoll. Zwar konnte, wer privilegiert genug war, dem auch positive Seiten abgewinnen wie Winckelmann, der darin ein Land sah, «wo niemand befiehlt und niemand gehorcht» (wie noch viele Deutsche südliche Anarchie genossen haben, wenn sie sich nur nicht auf Dauer davon betroffen wußten). Und man konnte sich damit abfinden, da man anderes zu suchen nach Italien gekommen war. Aber bei der Frage nach der politischen und sozialen Realität der Zeit wird sich der Historiker nicht von zierlichen Veduten den Blick verstellen lassen für die Einsicht, daß die Wirklichkeit des damaligen Kirchenstaates – gerade weil von einem Modernisierungsschub noch weit entfernt – zwar für Maler ein willkommenes Sujet war, im Alltag erlebt aber zu abstoßender Erfahrung werden konnte. Und Goethes Wunsch in den *Römischen Elegien*, an der Cestius-Pyramide bestattet zu sein, läßt in unserer Vorstellung nur die Idylle dieses Platzes übrig, nicht den Geruch von Viehweide und Mülldeponie, wie er einem aus den Akten entgegenweht. Wenn Humboldt, wie wir sehen werden, die Öde der Campagna durch keinen Reformpapst geändert wissen wollte, dann war das ein ästhetisch begründeter Zynismus, den er, der politisch Liberale, sich hier in Rom, aber nicht in Berlin erlaubt hätte.

Die Rom-Kritik, die es immer gegeben hat und die immer schon ihre Stereotypen hatte, nahm mit der aufgeklärten Publizistik neue Züge auf. Man vermißte die Dynamik politischen und kommerziellen Lebens anderer europäischer Hauptstädte, und selbst Roms südliche Lebendigkeit schien denen so lebendig nicht, die dann Neapel sahen. Allerdings war damals auch an geistiger Produktivität wenig zu spüren. Wenn Wilhelm von Humboldt als preußischer Gesandter 1802 instruiert worden war, in seinen Berichten auch «die Fortschritte des Geistes der Zeit und dessen, was von demselben gut und was von ihm nicht gut ist, ferner die Fortschritte der Aufklärung, der Philosophie der Wissenschaften» zu beobachten, so war da nicht viel zu berichten; ja sein (zweiter) Nachfolger als preußischer Gesandter (1816–23), der große Althistoriker Barthold

Georg Niebuhr, wird sein − stets schneidendes und griesgrämiges − Urteil sogar in die Worte fassen: «Schläfriger und geistloser konnte es zu Konstantinopel im Mittelalter nicht aussehen wie hier.»

Mag das nun die politische, geistige, wirtschaftliche Wirklichkeit des damaligen Kirchenstaates und seiner Hauptstadt gewesen sein: auf die anhaltende, ja neue Anziehung Roms hatte das alles keinen Einfluß. Das Rom, das zu suchen man kam, war nicht das Rom einer ephemeren Gegenwart, sondern das Ewige Rom. Was aber ist das Ewige am Ewigen Rom?

Mit dem 18. Jahrhundert hatte sich das Interesse der Reisenden vom Rom der Päpste hinweg stärker auf das Rom der Antike gerichtet. Johann Joachim Winckelmann (1717−1768) lehrte die antike Kunst neu zu sehen: historisch in ihrer inneren Abfolge als Kunst-*geschichte* und programmatisch als Leitbild zur Erneuerung der Kunst und zu eigener Läuterung, da doch das Schöne und das Gute eins seien. In einer noch von Barock und Rokoko bestimmten Welt suchte er in unvergleichlich gerader, kraftvoller Sprache (eigentlich unpoetisch veranlagt, aber über der Beschreibung der Sache zum Poeten werdend, meinte Goethe) durch gelehrsames Wissen hindurch zu unmittelbarer Anschauung vorzustoßen; Begegnung mit der Antike − zumal der griechischen, durch Rom vermittelten Kunst − nicht als Ansammlung antiquarischer Kenntnisse, sondern als Offenbarung, als Epiphanie. Die unerhörte Wirkung dieser neuen Sicht auf Mitwelt und Nachwelt wird Goethe an sich selbst erfahren.

So hatte Winckelmann die Antike neu zu sehen gelehrt, und er tat es von Rom aus. Über alle Hindernisse einfacher Herkunft hinweg unbeirrbar seiner Vision folgend, ja dies von Gott geradezu als Kompensation für eine allzu elende Jugend fordernd («Ich hatte es auch von dem lieben Gott zu fordern. Meine Jugend ist gar zu kümmerlich gewesen»), hatte Winckelmann endlich nach Rom gefunden, wo er seit 1755 wirkte, 1758 Bibliothekar des Kardinals Albani, schließlich 1763 Oberaufseher über die römischen Altertümer. Zwar war die Konversion zum Katholizismus der Preis seines Weges nach Rom. Aber in das Glücksgefühl, in Rom sein zu dürfen,

18   *Was ein Landsknecht bei der Plünderung Roms roh in ein Wandfresko schmierte:* Was sol ich schreibenn und nit lachen, die la[nz]knecht habenn den babst lauffenn machen. *Der «Sacco di Roma», die fürchterliche Plünderung nach der Erstürmung der Stadt im Mai 1527 und bei der Rückkehr der Kaiserlichen (Sept. 1527–Febr. 1528), traf das Rom der Hochrenaissance aufs tiefste. Vom Wüten der beim Sturm auf die Stadt führerlos gewordenen deutschen, spanischen und italienischen Soldateska Karls V. zeugen mehrere Graffiti: so im Papstpalast Luthers Name eingeritzt in ein Raffael-Fresko; oder in der Villa des Papstbankiers Agostino Chigi, der* Farnesina, *dieses Graffito in einem Fresko Baldassarre Peruzzis, das eine Scheinarchitektur mit Blick auf Rom zeigt.*

wußte er alles einzubauen: wenn er (so bekannte Winckelmann noch zwei Jahre vor seinem Tod in einem Brief) jeden Morgen dem «Glücke nachdenke», selbstgenügsam und zufrieden in seinem Rom zu leben, dann «singe ich Lieder aus dem lutherischen Gesangbuche, wie mir dieselben einfallen, und bin in diesen Augenblicken vergnügter als der große Mogul».

Bei aller ungewohnten Andersartigkeit dieser Stadt («Wenn ich schlafen will, ist es nötig, mich beinahe zu besaufen») gab Rom ihm, was er suchte. Ja er mochte endlich nur noch seine in Rom gelebten Jahre als Lebensjahre zählen, wie er einmal bekannte, als er die Lebenszeitangabe auf einer antiken Grabinschrift am Ponte Lucano bei Tivoli − VIXIT ANNOS IX − in diesem ergreifenden Sinn mißdeutete. Hier war er am Ziele: «Verkörpert stehen seine Ideen um ihn her» − und während andere ihre vorgefaßten Ideen hier dann doch nicht verkörpert finden und sich mißmutig abwenden, sieht er sich bestätigt und beglückt. Und so will er auch Rom neu sehen lehren, das alte wie das neue: «Ich wollte Euch die Schönheiten des Alterthums und der neuern besser zeigen als alle Antiquarii in Rom.» Denn sein Rom umfaßt auch die Gegenwart, auch die Menschen: «Willstu Menschen kennen lernen, hier ist der Ort. Köpfe von unendlichem Talent, Menschen von hohen Gaben, Schönheiten von dem hohen Charakter, wie sie die Griechen gebildet haben, und wer endlich die rechten Wege findet, siehet Leute von Wahrheit, Redlichkeit und Großheit zusammengesetzt.» Und so galt ihm: «Alles ist nichts gegen Rom.»

«Alles ist nichts gegen Rom.» Es waren Winckelmanns Schriften und seine Rom-Erfahrung, von denen sich Goethe in Rom zunächst leiten ließ. Was Goethe sucht, ist nicht das Rom einzelner historischer Epochen, sondern das Rom, das Bestand hat: «Ich will Rom sehn, das bestehende, nicht das mit jedem Jahrzehent vorübergehende.» Und es ist viel historisches Rom, was vor seinem Auge keinen Bestand hat. Nicht das mittelalterliche Rom hat Goethe gesucht, auch nicht das Rom des Barock; und im antiken Rom nicht das frühchristliche, so wenig wie de Brosses oder Byron, zumal nicht das unterirdische der Katakomben (ja er bekennt, daß die einzige

Katakombe, die er endlich doch betrat, ihn in ihrer Dumpfheit anwiderte).

Nicht ein Vollständiges also ist sein Rom, aber doch ein Ganzes – und ein Ganzes auch in der historischen Auffassung, die, nicht Jahrhunderte addierend und ihnen beflissen gleiches Recht zukommen lassend, vielmehr die hier in Jahrtausenden ineinandergeschobene Geschichte als solche zu begreifen sucht. Zwar ist sich natürlich auch Goethe der Epochenabfolge bewußt («Das Seltsamste und Schwerste in der Betrachtung ist: wie Rom auf Rom folgt und nicht allein das neue aufs alte, sondern die verschiednen Epochen des alten selbst aufeinander»). Aber anders als ein historisches Seminar, das sich an Periodisierungsprobleme römischer Geschichte macht und dazu seine methodischen Instrumente zurechtlegt, zielt seine seltsam naturhafte Auffassung von Geschichte auf andere Erkenntnis, auf überzeitliche Gesetzmäßigkeit, doch ohne mechanistische Vorstellung von der Wiederkehr des Gleichen: «Hohe Sonne, du weilst und du beschauest dein Rom!/Größeres sahest du nichts und wirst nichts größeres sehen/[...]/Sahst eine Welt hier entstehn, sahst dann eine Welt hier in Trümmern,/Aus den Trümmern aufs neu fast eine größere Welt.»

Und so ist sein Rom nicht allein eine Stätte vergangener Größe, sondern auch eine Stadt von lebensvoller Gegenwart, und das verdient in seiner Zeit hervorgehoben zu werden. Anders als viele seiner Vorgänger, denen Rom als «Sinnbild abgeschiedenen Lebens, dunkler Größe, pathetischer Schicksalsgewalt» erschienen war und die angesichts dieser Stadt «vom Nachempfinden nicht zum Schöpferischen durchfinden konnten oder wollten und von der Vergangenheit nicht oder nur widerwillig in die Gegenwart gelangten» (Rehm), wußte Goethe sich von der sentimentalen Emphase dumpfer Ruinen-Elegie freizuhalten. Und während viele Rom-Reisende die vorgefundene römische Wirklichkeit nur an ihrer zuvor gefaßten Rom-Idee maßen und verächtlich abtaten, wußte Goethe hier auch dem gegenwärtigen Leben gerecht zu werden: Antike aufgehoben in lichter, sinnenhafter Gegenwart. Wer empfände nicht in jeder Zeile seiner *Italienischen Reise* oder seiner Briefe das durch und

durch Lebensvolle seines Rom? Seine *Römischen Elegien* sind bekanntlich alles andere als «Elegie» im herkömmlichen Sinn, sondern Liebesgedichte im antiken Stil, sind *Erotica Romana*: lebende
Körper und nicht nur Statuen gezeichnet und geliebt.

Der traditionellen Rom-Klage stärker verhaftet bleibt Wilhelm
von Humboldt, von 1802 bis 1808 preußischer Gesandter in Rom.
Seine Rom-Elegie von 1806 ist nun wirklich Klagegesang (der ihm
in Prosa gewiß besser gelungen wäre): «Wehmuth hat ihr Reich hier
aufgeschlagen/Wehmuth flüstern tausend stumme Klagen.» Rom
ist ihm − wie seinem Freunde Schiller − «ein Grab nur der Vergangenheit», das gegenwärtige Rom in seiner «heutigen Erbärmlichkeit» durchaus nicht «eine schöne Stadt zu nennen» und nicht weiter der Rede wert. Die ordinäre Gegenwart, mit der er von Amts
wegen tagtäglich zu tun hatte, wird an die erhabene Idee gar nicht
erst herangelassen. Das Rom seiner diplomatischen Berichte nach
Berlin und nach Darmstadt und das Rom-Bild seines Innern haben
nichts miteinander zu schaffen, beide Bereiche bleiben getrennt,
und auf Distanz voneinander hält er sie auch bei seinen Wanderungen: «Nur aus der Ferne, nur von allem Gemeinen getrennt, nur als
vergangen muß das Alterthum uns erscheinen». Er weiß, daß sein
Rom, daß seine Campagna mehr Gedachtes als Geschautes enthält
(«Es gehört allerdings das meiste von diesem Eindruck uns und
nicht dem Gegenstande»), und eben so, als Reservat seiner Empfindungen und seiner historischen Reflexionen, will er Rom und die
Campagna bewahrt wissen, wie er im gleichen Brief an Goethe in
rücksichtslosem Egoismus ausspricht: «Ich kenne für mich nur noch
zwei gleich schreckliche Dinge: wenn man die Campagna di Roma
anbauen und Rom zu einer polizierten Stadt machen wollte, in der
kein Mensch mehr Messer trüge. Kommt je so ein ordentlicher
Papst, was denn die 72 Kardinäle verhüten mögen, so ziehe ich aus.
Nur wenn in Rom eine so göttliche Anarchie und um Rom eine so
himmlische Wüstenei ist, bleibt für die Schatten Platz, deren einer
mehr wert ist als dies ganze Geschlecht.»

Empfunden hat diese Spannung auch Goethe, ja er hat − gleich-
sam einen gemeinsamen Nenner für die elementare Rom-Erfah-

rung der hier behandelten drei Generationen gebend – diesen Brief Humboldts ausführlich in seine Skizze zu einer Schilderung Winckelmanns aufgenommen. Aber er hat für sich – und für Winckelmann – andere Folgerungen daraus gezogen, nur «die mächtige Wirkung, welche jener Zustand ausübt», schildern wollen ohne abschätzige Wendung gegen die Gegenwart. Auf arrangierten Trümmern der leblosen Campagna lagernd wie Tischbeins Goethe: so gehörte eigentlich Humboldt gemalt. Ja Humboldts geistiges Auge ist eher in der Lage, oder eher willens, sogar römische Neubauten schon verfallen zu denken, als antike Monumente aus Ruinen zu rekonstruieren: «Das gibt ein so wunderbares Gefühl, als sähe man auch schon jene neueren Gebäude in Trümmer sinken», oder er stellt sich gar die Peterskuppel «in Staub zerstreuet» vor.

Nach der immer öderen Ruinenmalerei des 18. Jahrhunderts mit ihren Ruinenkompositionen, Ruinenprospekten, Ruinendurchblicken werden die Campagna-Aquarelle der nächsten Generation (etwa des jungen Johann Christoph Erhard, 1795–1822) endlich wieder einmal reine Campagna-Landschaft zeigen, verschwinden endlich die Schäfer aus der Natur (s. Abb. 28). Uns, denen die alten heroischen Flurnamen der einsamen Campagna inzwischen als Namen von Bus-Endstationen in seelenlosen Trabantenstädten begegnen, ist beides abhanden gekommen: die reine Landschaft ebenso wie das Ruinengelände, das Humboldt als Schauplatz, als Ruhepunkt brauchte, um von solcher Höhe ungestört und wohleingestimmt auf den Strom der Geschichte zu blicken. Größe, Erhabenheit, Einsamkeit, Stille, Klarheit, Tod, Ergriffenheit, Wehmut – das sind Leitworte seiner reflektierten Begegnung mit Rom.

Aber bei all diesen historisch-philosophischen Reflexionen übersehe man nicht das persönliche Glück, das er – wie intimere Briefe zeigen – in Rom und im Umgang mit Rom empfand. Glücksbekenntnis und Lob Roms fehlen auch in stilisierteren Briefen nicht, aber sie gelten nicht dem belebten Rom, sondern dem menschenleeren Raum, und der Wirkung auf die eigene Produktivität: «Hier ist alles, was mich umgibt, belebend und erweckend; ich bin fruchtbarer in Ideen, und selbst die Wehmut, selbst der bitterste Schmerz läßt noch eine Klarheit, eine Heiterkeit im Gemüte bestehen, die doch offenbar von der Natur in den Menschen übergeht. Denn von der stillen Größe dieser Stadt und der Gebirge umher ist nun einmal jede Schilderung vergeblich.»

Den Blick auf die gleiche Campagna Romana richtend, kam ein anderer *homme de lettres* damals zu völlig anderen Schlüssen, weil er die erhabene Öde nicht zum Spaziergelände seiner persönlichen Empfindungen nahm, sondern zum Gegenstand politischen und wirtschaftlichen Urteils machte: der Schweizer Karl Viktor von Bonstetten (1745–1832). Geprägt von aufklärerischen, dann liberalen Ideen, unbestechlich in Blick und Gesinnung öffentliche Ämter bekleidend, wie sie das alte Bern seinen regimentsfähigen Geschlechtern bereithielt, war Bonstetten wie kein anderer willens und fähig, durch die Idylle hindurch auf den sozialen und wirtschaftlichen Hintergrund zu sehen, Mißstände eindringlich und sachkundig zu analysieren und auf Abhilfe zu sinnen. Diese oft lästige Eigenschaft der Belehrung (in der die Italiener Gemeinsames zwischen Schweizern und Deutschen finden), kurz: dieses Nicht-zusehen-Können ohne tätig einzugreifen, entspringt nicht unbedingt bloßer Besserwisserei, sondern auch einem Gefühl von Verantwortung und Rechenschaftspflicht: Wie kann ein Staat dem Elend seiner Untertanen so tatenlos zusehen, und wie können diese Untertanen das eigene Elend so tatenlos hinnehmen? Wie kann man im fruchtbaren Süden nur so arm, im kargen Norden so reich sein?

Daß der fröhliche Landmann, Staffagefigur in Campagna-Veduten, eigentlich im Elend lebe, vernachlässigter als das letzte Saumtier in der Schweiz, wird Bonstetten im Bericht über seine kurze Reise an die Küste Latiums im Frühjahr 1803 schonungslos aussprechen: eine Reise, die den Spuren des Aeneas folgen will (*prendre la nature même pour interprète de Virgile*) – und zwischen den kruden Realitäten der Gegenwart endet. Was sind die sozialen, politischen, wirtschaftlichen, hygienischen Faktoren, die zur Entvölkerung der Campagna geführt haben, das große Gabii zum Vieh-Pferch, den Geburtsort König Numas zum Gasthaus schrumpfen ließen? Bewegend schön schon seine Beschreibung des Eintretens in die römische Campagna: wie da jenseits von San Paolo-fuori-le-mura die großartige, fürchterliche Einöde beginnt, die Vegetation abnimmt; keine Menschen mehr, keine Bäume, keine Bewegung, keine Vogelstimmen, nichts, selbst das einsame Gasthaus reduziert auf seine bloßen vier Wände – wahrhaftig eine andere Campagna als die Tischbeins oder Humboldts!

Seine Beschreibung von Ostia gehört zum Eindringlichsten, was über die nähere Umgebung Roms in der Reiseliteratur überhaupt zu finden ist. Was ihn anzieht, sind nicht so sehr die ersten Grabungen in der verlassenen Hafenstadt (Bonstettens Antike ist im übrigen spürbar mehr eine literarische als eine archäologische), sondern die erbärmliche nachantike Siedlung. Nicht daß er sich der Pastoralszene und der Ruinen-Elegie nicht hingäbe, melancholischen Blicks auf die vermeintlichen Reste auch der Meeresvilla *de mon ami Plinius* oder auf die versunkenen Meeresvillen bei Torre Astura. Aber wo andere nur Schäferszenen wahrnehmen, betritt und beschreibt er die kümmerliche Behausung solcher Hirten, in denen er auf seine Weise Virgils *Faustulus* begegnet (*il eût certainement recueilli Romulus et Remus*). Er zählt die Kühe, erfragt die Milchleistung, gibt Hinweise zu zweckmäßigerer Käseherstellung: sozusagen Arkadien auf betriebswirtschaftlicher Grundlage, Bukolik physiokratisch durchschaut.

Man könnte fortfahren und das spezifische Rom-Erlebnis anderer, wie Wilhelm Heinse (in Rom 1781–83), Karl Philipp Moritz (1786/87), Johann Gottfried Herder (1788/89) oder August Wilhelm Schlegel (1805) einbeziehen. Doch sei statt dessen nur bemerkt, daß die immer rascher aufeinander folgenden Generationen von Rom-Reisenden ihre unterschiedliche Auffassung sehr bewußt empfanden und sie gegenüber der jeweils voraufgehenden Generation kräftig hervorkehrten. «Mein Studium ist Kunst als Gegenstand des Geschmacks und Gefühls, nicht Antiquität als Gegenstand des Wissens», formulierte der Kunsttheoretiker Carl Ludwig Fernow den Sinn seiner römischen Jahre (1794–1803); und die romantischen Maler wiederum waren enttäuscht, als sie sich in Rom Goethes

19, 20   *Der römische Tiberhafen* Ripa Grande *gesehen vom Aventin (Co-*
dex Escurialensis, gegen 1500, Ausschnitt): vorn die von der Tibermündung
her eingelaufenen Schiffe am Kai, von dem eine Rampe und eine Treppe hinauf
zu den Arkaden der Zollstätte führen. Angrenzend die Kirche S. Maria in
Turri, darüber zwei der zahlreichen Familientürme von Trastevere; im Hinter-
grund der Campanile von S. Agostino und das Pantheon. − Bei der Darstel-
lung rechts, Blick durch eine Scheinarchitektur auf Gebäude am Fluß (Filip-

pino Lippi, Triumph des Hl. Thomas von Aquino, in der Carafa-Kapelle von
S. Maria sopra Minerva in Rom; um 1492, Ausschnitt), gelang G. Geiger der
schöne Nachweis, daß es sich um Roms Tiberhafen handle. Man vergleiche folgende Details mit der Zeichnung im Codex Escurialensis: Rampe und Treppe,
die zweibogige Loggia des Zolls, die Kirche (Apsis, Biforien des Campanile),
die beiden Türme und ihre Höhe – und sogar der einzelne Baum vor der Loggia
ist da! Hier also wurden die ausgeladenen Güter in die Zollregister eingetragen, die uns so vieles über das Wirtschaftsleben Roms in der Renaissance sagen.
Im Hintergrund der Gianicolo.

Italienische Reise vorlasen und in seinem Italienbild weniger «das Erhabene» als «das Mittelmäßige» abgebildet glaubten – während Goethe in Italien doch gerade *nicht* «von Gipfel zu Gipfel» eilen wollte, sondern es auch auf «Mittelkenntnisse» abgesehen hatte. Jeder suchte *sein* Rom, jeder *seine* Antike. Wer freilich die Antike nur mit dem Geist und nicht auch mit den Augen aufzunehmen verstand (schon unter den frühen Humanisten fehlte einigen dieser Zugang), der mochte, nach Rom gekommen, sich die gleiche zweifelnde Frage vorlegen, die Schillers *Antike an den deutschen Wanderer* stellt: «Über Ströme hast du gesetzt und Meere durchschwommen,/[...] Mich in der Nähe zu schaun und meine Schöne zu preisen,/[...] Und nun stehst du vor mir, du darfst mich Heil'ge berühren,/Aber bist du mir jetzt näher, und bin ich es dir?» Das sei hervorgehoben, weil Rom-Reisende sich in diesem Zugang oft, und gerade von Goethe, unterscheiden.

Die Rom-Erfahrung großer Einzelner ist kennzeichnend für die hier behandelten Jahrzehnte. Das wird sich jetzt rasch ändern und mit Abschluß der napoleonischen Kriege dann den entscheidenden Schub erhalten, als allein an jungen Malern ganze Scharen sozusagen direkt aus den Befreiungskriegen nach Rom strömten und schon in ihrem Äußeren demonstrativ jede Anpassung verweigerten, indem sie eine erfundene – auf die Römer höchst seltsam wirkende – «altdeutsche» Tracht anlegten. Mit der neuen Großmacht Preußen im Rücken, die einem Papsttum, dessen weltliche Gewalt eben noch am Ende schien, die Rückgabe des Kirchenstaats garantierte, war die deutsche Präsenz in Rom eine andere geworden, selbstbewußter und weniger vereinzelt. Das wird binnen kurzem sogar zur Gründung einer deutschen evangelischen Gemeinde in Rom führen (1819), die zur Zeit von Goethes Aufenthalt noch undenkbar war, und nicht nur aus politischen Gründen: Goethe entbehrte keinen evangelischen Gottesdienst; und nicht einmal Herder, Generalsuperintendent von Weimar, scheint von der Möglichkeit Gebrauch gemacht zu haben, in den römischen Privatgemächern seiner Fürstin Anna Amalia von Weimar Gottesdienst zu halten. Im 19. Jahrhundert wird die Rückbindung der deutschen

Kolonie an die Heimat dann so stark werden, daß sie an den politischen Ereignissen und historischen Geschicken Deutschlands mehr teilhaben wird als an denen des Gastlandes Italien.

So weit ist es gegen Ende des 18. Jahrhunderts noch nicht, aber es ist wichtig, diesen Durchgang vor Augen zu haben, um die spezifische Situation von Goethes Rom-Aufenthalt historisch einzuordnen. «Es ist alles, wie ich mirs dachte, und alles neu», schrieb Goethe in seinen römischen Anfängen an den Freundeskreis in Weimar. Treffender läßt sich nicht sagen, was auch heute noch jeder erfahren kann: daß wir ein Rom-Bild, eine Rom-Idee vor unserem inneren Auge haben, noch bevor wir Rom betreten; und daß sich dann, in der leibhaftigen Begegnung mit Rom, um diese Idee ein neues Bild forme, das die ursprüngliche Vorstellung gleichwohl in sich aufhebe: «... alles wie ich mirs dachte, und alles neu».

Die Gründung deutscher Forschungsinstitute in Rom 1870–1914

R om und Italien nicht nur reisend zu genießen und zu erkunden, sondern methodisch zu erschließen und dafür eigene Forschungsinstitute vor Ort zu schaffen: das war in der Annäherung an
Rom ein weiterer Schritt.

Daß wissenschaftliche Forschung, wenn sie effizient und umfas-
send sein wolle, über die individuelle Leistung und den von Akademien gebotenen traditionellen Rahmen hinaus weiterer Organisierung bedürfe, war im 19. Jahrhundert wachsende Meinung. Dieser
Gedanke schuf sich bald sein Gehäuse. Zwischen 1870 und 1914
kam es, und keineswegs nur auf deutscher Seite, zur Gründung von
Forschungsinstituten sogar im Ausland, in Italien. Diese Häufung
ist auffallend und verlangt nach einer Erklärung, die in den einzelnen Gründungsgeschichten womöglich einen gemeinsamen Nenner
erkennen läßt und so zu historischer Erkenntnis führen könnte. Es
geht also um die Frage, wie und auf wessen Initiative es zur Gründung solcher Institute kam, in welche wissenschaftsgeschichtlichen
und wissenschaftspolitischen Zusammenhänge diese Gründungen
gehören, und welche Vorstellungen man damals, auf akademischer
und auf staatlicher Seite, denn davon hatte, wie deutsche Forschung
im Ausland, in Italien, zu organisieren sei.

Es geht um die von deutscher Seite in Rom geschaffenen Institute
für Archäologie, Geschichte und Kunstgeschichte, vor allem um
ihre Gründungs- und Frühgeschichte, die streckenweise von Kontroversen begleitet war. Kontroversen aber produzieren Schrift-
liches, liefern dem Historiker also zusätzliche Quellen und erlauben
ihm deutlichere Einblicke in Konzepte und Problematik als ein
glatter Verlauf. Probleme der Organisation werden im Vordergrund

stehen. Daß es noblere Themen gibt als solche organisatorischen Fragen, wissen auch heutige Institutsdirektoren. Aber man kann gleichwohl nicht vornehm über diese Fragen hinweggehen, denn eben sie konstituierten damals das Neue, und auch aus ihnen läßt sich Problemgeschichte machen.

Zunächst also die Frage: warum brauchte man eigentlich Forschungsinstitute in Italien? Wie konnte man einen solchen Bedarf empfinden, da große Leistungen der deutschen Wissenschaft in Italien doch soeben noch *ohne* solche Institute vollbracht worden waren? Die *Monumenta Germaniae Historica* hatten für ihre Editionen doch auch ohne Institute die Handschriftenbestände in Italien aufgenommen: man lese die schönen Reisebriefe von Monumenta-Mitarbeitern wie Bluhme und Bethmann im Monumenta-Archiv, aus denen anschaulich hervorgeht, wie deutsche Forschung in Italien sich *vor* den Institutsgründungen organisierte (und natürlich wußte auch eine Akademie wie die Göttinger damals ihre Ansprechpartner in Italien zu finden). Oder: das *Corpus Inscriptionum Latinarum* hatte doch, wenigstens zunächst, auch ohne besondere Hilfeleistung von Institutionen in Italien Inschriften gesammelt – um nur zwei Großunternehmen, *Monumenta* und *CIL*, zu nennen, die noch heute Respekt vor Ergebnissen und Organisationskraft deutscher Wissenschaft verbreiten. Vor diesem Hintergrund wirkt es so, als habe sich die internationale Gelehrtenrepublik, die in ihren Akademien und Individuen doch gut miteinander kommunizierte, plötzlich eine Verfassung nationaler Institute übergestülpt. Institutionen traten neben – oder gar vor – Personen. Warum also kam es zu dieser institutionellen Verdichtung, die ja nicht nur für die deutsche Wissenschaft gilt? Ein Blick auf die Gründungsdaten allein der nichtitalienischen Institute für Archäologie, Geschichte und Kunstgeschichte in Rom zeigt, daß zwischen 1870 und 1914 dort nicht weniger als 10 Forschungsinstitute von 7 Nationen gegründet worden sind!

Ein wichtiges Ingrediens ist gewiß in dem damals alle Nationen, alle Wissenschaften erfassenden Positivismus zu sehen, der, zumindest in der Geschichtswissenschaft, Wirkungen in Deutschland viel stärker noch hatte als in Italien. Im Bereich der Geisteswissenschaften gab er nun der akribischen Faktenaufnahme die erste Priorität. Dabei mag eine Rolle gespielt haben, daß die Geisteswissenschaften, den unerhörten Aufstieg der Naturwissenschaften als Herausforderung empfindend, ihre Legitimation zunehmend in der exakten, empirischen Grundlegung ihrer Fächer sahen. Wie dem auch sei: wenn Rankes «Geschichte der Päpste», Gregorovius' «Geschichte der Stadt Rom im Mittelalter», obwohl ohne Benutzung des (damals noch nicht zugänglichen) Vatikanischen Archivs geschrieben, dennoch gut aufgenommen worden waren, so fand man sich jetzt nicht mehr damit ab. Urkunden und Hilfswissenschaften ergriffen die Macht, Poeten und Philosophen wurden aus der Geschichtswissenschaft entfernt, wie Wilhelm Giesebrecht mit Genugtuung feststellte; ja für Paul Kehr werden Geschichtsschreiber nur noch «Journalisten» und «Romanschreiber» sein. Bei den nun einsetzenden ganz unzweifelhaft großen Forschungsleistungen hat man in der Tat bisweilen den Eindruck, als sei im Haushalt der Kräfte am ehesten an der Sprache und der Gestaltung gespart worden. Die bis dahin mögliche Symbiose von Wissenschaft und echtem Dilettantismus wurde durch wachsende Professionalisierung und Spezialisierung auseinandergesprengt, Forschungsinstitute schienen die angemessene Formel.

Man muß dabei, gerade im deutschen Bereich, unterscheiden zwischen der Einrichtung von Seminaren und Instituten an den Universitäten, die in Deutschland früh begann, in mehreren Schüben zunächst die geisteswissenschaftlichen Disziplinen erfaßte (Altphilologische Seminare seit 1737 Göttingen, Historische Seminare seit 1832 Königsberg, Germanistische Seminare seit 1858 Rostock, usw.) und den Ruhm der deutschen Universitäten als *Forschungs*universitäten begründete; und andrerseits dem Bedürfnis nach *außer*universitären Forschungsstätten, das aus dem (seit den 1880er Jahren anschwellenden) Ungenügen an der Universität als Anstalt für Lehre *und* Forschung erwuchs. Und auch da ist noch zwischen der Gründung von Forschungsinstituten im Inland und Forschungs‹stationen› im Ausland zu unterscheiden. Aber den Gelehrten, die nun

Institutsgründungen im Ausland betreiben werden, war die Diskussion über die Strukturprobleme der Hochschule und die Wünschbarkeit hochschulunabhängiger Forschung vertraut, und man unterschätze nicht die atmosphärische Bedeutung solcher Stimmungen, die sich mit kleinen, individuellen Lösungen nicht mehr abgeben mochten: Eine wachsende, sich selbst immer neue Aufgaben stellende, auf Großes zielende Organisationslust schien die deutsche Wissenschaft erfaßt zu haben.

Daß die Einheit von Forschung und Lehre damit auseinandergehebelt werde, nahm man bei so hohem Ziel in Kauf. Bei den Auslandsinstituten stellte sich, in ihren kleinen Anfängen, auch noch nicht das Problem, das bei ihren heutigen Dimensionen unbedingt im Auge zu behalten ist: daß sie, von Natur aus weniger gut durchlüftet als eine Universität, in lebendigem Austausch mit der Universität − sozusagen im Blutkreislauf der Universität − bleiben müssen, um nicht zu stehendem Gewässer zu werden (auch wenn die für solche Fluktuation notwendigen Zeitstellen bei den heutigen Sparmaßnahmen, die nur noch Starre honorieren, besonders gefährdet sind).

Keine Frage ist, weiter, daß ein Impuls für die Institutsgründungen im Ausland auch von der Nationsbildung, der Reichsgründung ausging − so wie man ja auch im Innern viele Erwartungen daran hängte: man denke nur an die Limesforschung, die bislang durch lokale Geschichts- und Alterthumsvereine betrieben worden war und nun, in antipartikularistischer Euphorie dem Reich angetragen, auf eine neue Ebene zentraler Organisation (mit einem Namen wie ein Fanfarenstoß: «Reichslimeskommission») gehoben und in kurzer Zeit zu erfolgreichem Abschluß geführt wurde. Im Falle der Forschungsvorhaben in Italien war es freilich nicht so, daß nun der neue deutsche Staat von sich aus begonnen hätte, überall wissenschaftliche Institute zu gründen. Die Initiative ging immer von tätigen Einzelnen aus − aber sie wandten sich, da nicht in der angelsächsischen Tradition rein privater Stiftung aufgewachsen, mit ihrer Initiative vertrauensvoll an den Staat (den preußischen Staat, das Deutsche Reich), in dem man nicht nur den geeigneten Geldgeber, sondern geradezu den Garanten der Forschungsfreiheit sah. Daß bei solchem Adressaten die Argumentation der Gründungsdenkschriften noch mehr den Aspekt von Staatsinteresse, Außenwirkung, nationaler Geschichte hervorkehrte, als es vermutlich im ursprünglichen Gründungsanliegen der Antragsteller lag, konnte nicht ausbleiben; und auch, daß man absichtsvoll auf die Forschungsaktivitäten und Institutsgründungen anderer Nationen in Italien hinwies. Doch sei zu Ehren beider Seiten sogleich gesagt, daß das, damals, nie zu einer Vereinnahmung der Institute für staatliche Zwecke geführt hat.

Solche Institutsgründungen sollten, gewiß, auch deutsche Präsenz vorweisen, aber nicht (wie Wissenschaftsgeschichte der ertapperischen Art unterstellen könnte) eine Fortsetzung des Dreibundes mit anderen Mitteln sein. Die originelle Idee, für das Kunsthistorische Institut in Florenz eine *inter*nationale Trägerschaft zu konzipieren, wird schon bald an der Frage der Finanzierung scheitern, so daß man auch hier keinen anderen Weg sah, als sich an den deutschen Staat zu wenden, der – wie im Falle auch der anderen Institute – zunächst gar kein Interesse an einer Übernahme zeigte. Für die turbulente deutsch-italienische Zukunft sollte sich dieser Weg dann auch als vorteilhaft erweisen, denn Institute in Ländern von der etatistischen Tradition Italiens oder Frankreichs stehen in anderer Umgebung und vor anderen Gesprächspartnern als deutsche Institute in angelsächsischen Ländern.

Nehmen wir nun auch einmal die andere Seite in den Blick, das Gastland Italien, das sich damals seinerseits anschickte, die historische Forschung neu zu organisieren und nationale Forschungsinstitute zu gründen. Den Boden zu kennen, auf dem die Gründungen geschahen und gediehen, ist gerade im Falle der deutschen Institute von Wichtigkeit. Denn man darf nicht vergessen, daß in diesen Jahrzehnten 1870–1914 die deutsche Wissenschaft in Italien auf dem Höhepunkt ihres Ansehens stand und durchaus als die *gebende* Seite angesehen wurde. «Dreiviertel der modernen Kultur» stamme aus dem deutschen Sprachraum, urteilte damals der Marxist Antonio Labriola; «deutsche Wissenschaft» galt als «scienza per antonomasia», als Wissenschaft

21   *Die Via Flaminia in der vom Soracte beherrschten Landschaft. Die römi-*
sche Straße, hier später aufgegeben, aber durch die lange Reihe alter Eichen
bezeichnet, zieht schnurgerade durch weite, unberührte Landschaft. Im Mittel-
alter setzte sich ein hoher Wachtturm an den Straßenrand, die Torre dei
Pastori *− und tatsächlich weiden in diesem arkadischen Gelände noch heute*
im Winter viele Schafherden. Hier irgendwo muß der 33. Meilenstein der Via
Flaminia gestanden haben, der dann in einer Kirche des nahen Civita Castel-
lana als Säule wiederverwendet wurde. Auf seinem letzten Wege nach Castel
Paterno wird Kaiser Otto III. hier vorübergeritten sein.

schlechthin, konstatierte rückblickend der Historiker Gioacchino Volpe. Wissenschaftliches Ansehen, das durch das politische Gewicht des jungen Reiches noch gesteigert wurde: «Im Hintergrund erhoben sich riesig die Monumenta [Germaniae Historica] der Sieger von Sedan – eine Realität, von der man sehr wohl wußte, daß man um sie nicht herumkommen könne.» Kurz: eine Dominanz in vielen Bereichen, die freilich nicht nur Bewunderung und Faszination, sondern auch leises Grauen und Abneigung erregen konnte und dazu führte, daß man sich auf vertrautere lateinische Nachbarschaften besann.

Der deutsche Einfluß auf die italienischen Wissenschaften war jedenfalls groß, bedeutende deutsche Gelehrte hatten bedeutende italienische Schüler, ja deutsche Professoren saßen sogar auf italienischen Lehrstühlen, lehrten Kunstgeschichte, griechische Literatur, Alte Geschichte, oder leiteten italienische Museen. Vor allem die historisch-kritische Methode mit ihren neuen Maßstäben der Quellenkritik, die die Geisteswissenschaften umgestaltete, wurde vorbildlich und durchtränkte Philologen und Historiker: Sie hieß in Italien damals einfach «il metodo tedesco» und erweckte viel Bewunderung, aber bisweilen auch Befremden, wo die (ihr ja tatsächlich oft innewohnende) «pignoleria tedesca», die «deutsche Pedanterie», allzu deutlich zutage trat. Aber man verzieh das als Bestandteil eines Nationalcharakters, den man voll Seriosität, Disziplin und ethischem Anspruch glaubte: «Römer sind die *Deutschen* heute mehr als alle lateinischen Nationen.» Übertrieben wie diese Bewunderung eben war, wird sie mit Beginn des Ersten Weltkriegs in ihr Gegenteil umschlagen, auch im Urteil über die Vorbildlichkeit deutscher Wissenschaft: «Sogar die lateinischen Klassiker, die Väter unseres italienischen Geistes, mußten wir auf der Schule in [Teubner-]Ausgaben aus Leipzig lesen... Die italienische Universität heute ist eine deutsche Kolonie.» Aber so weit sind wir hier noch nicht. Noch während des Ersten Weltkriegs wird Benedetto Croce schreiben: «Deutsch zu können, und sich durch Lektüre und nach dem Vorbild deutscher Bücher auf der Höhe des wissenschaftlichen Fortschritts zu halten, war das Mittel, um die italienische Wissenschaft zu «entprovinzialisieren», sie zu erneuern und sie mit der europäischen Kultur vertraut zu machen.»

Aber Benedetto Croce wußte auch, daß es nicht mehr der deutsche Idealismus war, was da herannahte, und daß das «nichts oder fast nichts mehr mit dem klassischen Deutschland zu tun hatte, das zu Recht als Ursprungsland modernen Philosophierens gilt, sondern das Deutschland von nach 1848 widerspiegelte: philologisch, technisch, wissenschaftsgläubig, die eigene spekulative Tradition verleugnend; von da her konnte der Beitrag nur ein weniger ungebildeter Positivismus sein» («un positivismo meno inerudito, quale il neokantismo»), und «Philologie... anstelle von Philosophie».

Die deutsche wissenschaftliche Kultur verlor an idealistischem Charme und gewann an positivistischer Prägnanz und an organisatorischer Effizienz. Die gewaltigen Unternehmen deutscher Wissenschaft – diese *Corpus Inscriptionum Latinarum, Monumenta Germaniae Historica, Italia Pontificia* – mußten jetzt, nach einem neuen Schub von Institutionalisierung, auf Italiener wie riesige Mähdrescher wirken, die ganze Überlieferungslandschaften flächig abfraßen und gleich anschließend wohlsortierte, dichtgepreßte Bündel bearbeiteter Überlieferung ausstießen: CIL Band VI 1, 2, 3 ..., Italia Pontificia Band 1, 2, usw. Womit man nun in Rom zu tun hatte, das war nicht mehr die Archäologie eines Henzen oder eines Helbig, sondern die eines Eugen Petersen; nicht die Geschichtsschreibung eines Gregorovius, sondern die Editionstechnik eines Kehr, der systematisch Region um Region, Archiv um Archiv erkundete, die bis dahin bekannten Papsturkunden im Endergebnis fast verdoppelnd – mit einer Folgerichtigkeit, die sogar (wie er auch aussprach) die der Monumenta-Mitarbeiter übertraf.

Ohne diesen Wandel, diesen entscheidenden Generationenwechsel zu bewerten, muß man doch feststellen: die Auffassung davon, was Wissenschaft sei, und was sie wolle, hatte sich geändert, und die neue Auffassung verlangte jetzt geradezu nach der Gründung von Forschungsinstituten, um große Aufgaben systematisch und effizient, kurz: «modern» zu organisieren. Mochten diese Auslandsinstitute als solche vom «Großbetrieb der Wissenschaft» (den zu beschwören man sich damals angewöhnte) weit entfernt sein, so war ein Mann wie Kehr, der zeitweilig Generaldirektor der preußischen Staatsarchive, Präsident der Monumenta Germaniae Historica, Direktor des Kaiser Wilhelm-Instituts für deutsche Geschichte und Direktor des römischen Instituts sein wird (dies alles gleichzeitig in einer Person!) – so war ein solcher Großorganisator durchaus in der Lage, auch ein kleines Auslandsinstitut in den «Großbetrieb der Wissenschaft» einzufügen.

Aber zurück zu den Anfängen. Für die *historischen* Institute in Rom war der unmittelbare Anlaß zu ihrer Gründung in mehreren Fällen Papst Leos XIII. kühne Entscheidung von 1880/81, das Vatikanische Archiv für die wissenschaftliche Forschung zu öffnen. Die Argumentation, mit der man daraufhin die Gründung nationaler historischer Institute in Rom betrieb, enthielt natürlich immer einen nachdrücklichen Hinweis auf den Nutzen für die eigene nationale Historie: wie anders hätte man Regierungen oder Parlamente denn auch dazu bewegen sollen, solch kostspielige Gründungen zu finanzieren? Im Fall des Vatikanischen Archivs war solche Argumentation nicht schwer: tatsächlich enthält es ja, sozusagen von der Ausstellerseite her, eine Fülle von Archivalien, die auf der Empfängerseite, in den Archiven der einzelnen Nationen, nicht überliefert sind. Auch hier sei gerechterweise hervorgehoben, daß diese nationale Argumentation in der Regel nicht zu nationaler Verengung führte, sondern sich letztlich als vernünftige Arbeitsteilung zwischen den Nationen erweisen wird und den Dienst an der Wissenschaft rein um der Sache willen nicht behinderte: Deutschen in der Geschichte Roms oder Italiens nachzujagen, dazu war ein Großunternehmen wie Kehrs *Italia Pontificia* ebenso ungeeignet wie das *Corpus Inscriptionum Latinarum*, denn im einen wie im anderen kommen Deutsche natürlich gar nicht vor. Jedenfalls war, nach der Öffnung des Vatikanischen Archivs, bei einem *historischen* Institut die Gründung in Rom relativ leicht zu begründen; die Kunsthistoriker mußten sich noch Argumente einfallen lassen, die Archäologen wurden gar nicht erst danach gefragt, denn sie waren längst da.

Das Deutsche Archäologische Institut, das älteste der hier zu behandelnden Institute, ist nämlich ein singulärer Fall insofern, als es, im Unterschied zu allen anderen nationalen Instituten, eine lange *inter*nationale Vorgeschichte hat. Es ist hervorgegangen aus dem *Instituto di corrispondenza archeologica*, dessen – gut erforschte und sehr anziehende – Geschichte hier einbezogen sei, weil der lange Weg vom internationalen Privatverein zur nationalen Staatsanstalt, gerade durch den Kontrast, den Neuansatz in den Institutionalisierungsbestrebungen nationaler Forschung (und keineswegs nur der deutschen) deutlicher hervortreten läßt. Denn ein «Institut» im nachmals geläufigen Sinn war das *Instituto* in seinen Anfängen nicht.

Das *Instituto di corrispondenza archeologica* (wie die zuvor geplante «Hyperboreisch-Römische Gesellschaft» dann hieß) war 1829 von Eduard Gerhard, der das Erbe Winckelmanns weiterzuführen und zu systematisieren gedachte, gegründet worden als private Vereinigung von Gelehrten und Kunstfreunden aus verschiedenen europäischen Ländern: mit Sitz bei der preußischen Gesandtschaft auf dem Kapitol, dem preußischen Gesandten C. C. J. von Bunsen als Generalsekretär, dem französischen Botschafter am Hof von Neapel Duc de Blacas d'Aulps als Präsidenten, und dem preußischen Kronprinzen und späteren König Friedrich Wilhelm IV. als förmlichem Protektor. Gerhards Aufruf fand ein weites Echo, der Mitgliederbestand zeigt gleich zu Anfang eine eindrucksvolle Zusammensetzung: europäische Monarchen, bedeutende Gelehrte wie die italienischen Altertumswissenschaftler Carlo Fea, Filippo Visconti, Antonio Nibby, Künstler wie Thorvaldsen, an der Architekturgeschichte interessierte Architekten von Rang wie Blouet, Canina, Cockerell, Hittorf oder Schinkel, Literaten wie Goethe (der sogar Artikel einsandte) – kurz: eine erstaunliche Verbindung von hoher Gelehrsamkeit, schönstem Dilettantismus und Sozialprestige versammelt um einen sie alle adelnden Gegenstand und zugleich ein selbstverständlicher Wille zu internationaler Zusammenarbeit. All das wird bis zum Ende dieses die Völker, die Wissenschaften, die Berufe zerstückelnden 19. Jahrhunderts abhanden kommen.

Gegliedert in mehrere nationale Sektionen (eine italienische, englische, französische, deutsche), die aber mehr in ihren Individuen denn als eigentliche Sektionen hervortraten, war das Ziel dieses lockeren Verbundes nicht schon − wie später − der Aufbau einer großen Bibliothek und die Organisierung großer Forschungsprogramme, sondern die gegenseitige Information über Funde und Fortschritte der Altertumskunde und deren Publikation: eine lose Form wissenschaftlicher Kommunikation, mit der die scientific community damals noch einige Zeit auskam. Dabei sollten, in ausdrücklichem Gegensatz zur Aufgabe der Akademien, «das faktische Element dem betrachtenden, die Vermehrung und Feststellung des archäologischen Materials den Ansichten über dasselbe in entschiedenem Übergewicht vorangestellt», kurz: Voraussetzungen für eine «monumentale Philologie» (so Gerhard) geschaffen werden.

Ein so weit über Europa gespanntes, so locker gefügtes Unternehmen hatte unvermeidlich seine konstitutionellen und organisatorischen Probleme und war angewiesen auf die Regsamkeit tätiger Einzelner. Als besonders aktiv erwiesen sich Deutsche und Franzosen. Naturgemäß hatte Rom, als Zentrum des Vereins, besonderes Gewicht, und somit auch die dortigen deutschen *secretari* des Instituts wie der rastlos tätige Bunsen, der 1835 in der unmittelbaren Nachbarschaft der preußischen Gesandtschaft bereits ein kleines Institutsgebäude errichtete. Daß das *Instituto* schon früh als eine überwiegend preußische Einrichtung angesehen werden konnte, zeigt sich in aller Deutlichkeit beim Konflikt zwischen der römischen Kurie und Preußen (über die preußische Mischehenregelung) 1836/37, der bis zur Verhaftung des Kölner Erzbischofs eskalierte. Aufs äußerste aufgebracht gegen Preußen und seinen Gesandten in Rom, erklärte Kardinalstaatssekretär Lambruschini damals nicht nur das Spital und die protestantischen Gottesdienste in der Gesandtschaft auf dem Kapitol für unstatthafte Initiativen, sondern auch die Gründung des *Instituto*: «Um dem Protestantismus in Rom größeren Glanz zu verleihen, hat [Bunsen] in seinem Haus eine öffentliche archäologische Akademie oder Institut errichtet, und das ohne dafür bei den zuständigen staatlichen Behörden irgendeine Erlaubnis einzuholen» (was tatsächlich versäumt worden war). Es war geradezu ein Kampf mit verkehrten Fronten: die päpstliche Seite sah im *Instituto* ein preußisches Unternehmen, während Preußen darauf hinwies, daß die Einrichtung «eher eine europäische als eine preußische sei». Bunsen mußte über diesem Konflikt abberufen werden, und (man beachte die Ebene, auf der sich das *Instituto* damals bewegte:) Metternich, auf Bitten des preußischen Königs neuer Präsident nach dem Tode des Herzogs von Blacas d'Aulps, versuchte im Vatikan für das *Instituto* die Wogen zu glätten.

Als eigentliches Problem des Unternehmens erwies sich bald, was bei den späteren Institutsgründungen dann immer als erstes kalkuliert werden wird: die finanzielle Basis. Die Erwartung, der Verein werde sich durch den Verkauf seiner Publikationen selbst tragen, war, trotz anfangs guter Verkaufsziffern, ganz illusorisch. Das *Instituto* war darum angewiesen auf den Idealismus seiner Leiter, die Opferbereitschaft seiner Mitglieder (worin der Duc de Luynes hervorstach, ein *dilettante* im schönsten Wortsinn und generöser Mäzen) und auf die Anteilnahme seines königlichen Protektors. In dieser Eigenschaft wurde der preußische Kronprinz (seit 1840 König) schon früh um finanzielle Hilfe angegangen: Eduard Gerhard, der mit seiner Übersiedlung von Rom nach Berlin 1832 sozusagen die Zentraldirektion dorthin mitgenommen hatte, war als echter «secretario fondatore» (wie er gern bezeichnet wurde) dort um das Überleben seiner Idee tätig bemüht. Erbeten wurde finanzielle Hilfe zunächst fallweise, dann als permanente Subvention durch Besoldung der beiden Instituts-*secretari* in Rom: seit 1842 des ersten, seit 1845 auch eines zweiten *secretario*, vorläufig auf 5 Jahre.

Daß dies zu stärkerer institutioneller Bindung an den preußischen Staat führen mußte − mit Jahresberichten an den preußischen Kultusminister, mit Zustimmung des Königs zur Ernennung der *secretari* − war unvermeidlich. Aber es schien die einzige Lösung. Und nicht einmal sie reichte hin. Im Krisenjahr 1848 empfahl sogar jener Duc de Luynes, Sekretar der französischen Sektion, die Schließung: «Une liquidation des affaires de l'Institut archéologique me semble nécessaire.» So löste sich auch die bisher aktive französische Sektion auf.

Allen Schwierigkeiten zum Trotz wurde das *Instituto* auf dem Kapitol nicht geschlossen, und Gelehrte wie Wilhelm Henzen, mit Heinrich Brunn, dann Wolfgang Helbig als zweitem Sekretar, gewährleisteten eine stetige Weiterführung der Aktivitäten auf hohem wissenschaftlichen Niveau (wie überhaupt ein so von individuellen Forscherpersönlichkeiten getragenes und geprägtes Unternehmen eigentlich nicht ohne Portraitierung dieser Personen beschrieben werden könnte). Das Unternehmen, nun faktisch ganz unter deutscher Leitung und im wesentlichen reduziert auf das Institut in Rom und die Zentraldirektion in Berlin, erhielt einen weiteren entscheidenden Schub in diese Richtung, als das langdauernde Bestreben, endlich finanziell soliden Boden unter die Füße zu bekommen, 1859 zum Erfolg führte. Der preußische Staat übernahm, neben der Besoldung der beiden Sekretare, auch die anderen laufenden Kosten des *Instituto*. Doch war die generöse Finanzierung mit 5840 Thalern jährlich (damals wurden bereits die Reisestipendien für junge Archäologen eingerichtet) wiederum nur eine befristete: Die feste Aufnahme in den Staatshaushalt scheiterte am entschiedenen Widerstand des Finanzministers. Die Zentraldirektion in Berlin fungierte nun praktisch als die staatliche Aufsichtsbehörde: daß sie überwiegend mit Mitgliedern der Preußischen Akademie der Wissenschaft besetzt war (darunter Theodor Mommsen, der am Institut in Rom als Stützpunkt für sein *Corpus Inscriptionum Latinarum* interessiert und ohnehin in solchen Fragen der Organisierung von Wissenschaft immer eine treibende Kraft war), kam dem Institut zugute. Doch gehörte der Zentraldirektion auch weiterhin der – bis zu seinem Tode 1867 dem *Instituto* stets eng verbundene – Duc de Luynes an, der, von Gerhard 1856 über diese Absichten informiert, die Lösung einer Finanzierung durch Preußen begrüßen wird.

Das Ziel, aus der befristeten Subvention eine dauernde Dotation zu machen und dem Institut als einer mit der Akademie der Wissenschaften verbundenen staatlichen Anstalt einen festen Platz im preußischen Staatshaushalt zu sichern, wurde von der Zentraldirektion in Berlin zäh weiterbetrieben. Doch gelang es erst nach langjährigen Verhandlungen und nur mit der Befürwortung seitens des Königs und Bismarcks, den Widerstand des Finanzministers zu überwinden und 1870 die dauernde Übernahme des Instituts durch Preußen zu erwirken. Diese Umwandlung in ein preußisches Institut – seit Jahren von seiten der Wissenschaft betrieben, nicht vom Staat offeriert – hat dann vor allem auf französischer Seite nach dem deutsch-französischen Krieg von 1870/71 den Eindruck erweckt, als habe Deutschland das *Instituto* von 1829, seinen internationalen Status einseitig aufhebend, usurpiert und sozusagen als Kriegsbeute seinen Hegemoniebestrebungen dienstbar gemacht. Doch dürfte bei Kenntnis der schwierigen Vorgeschichte eine solche Interpretation auszuschließen sein. Die Gründung einer École française nun auch in Rom (in Athen hatte Frankreich schon seit 1846 ein eigenes Institut) 1874 verstand sich denn auch teilweise als Reaktion auf die Umwandlung des alten *Instituto*: nur drei Jahre nach dem verlorenen Krieg übrigens ein tapferer Schritt, «sursaut de fierté» – und (wie die Gründung der Universität Berlin 1810 kurz nach der Niederlage Preußens gegen Napoleon) ein bemerkenswertes Beispiel dafür, welchen Stellenwert Politik den Wissenschaften geben, und daß politischer Wille, wo er Einsicht zeigt, dann ganze Berge von Finanzierungsproblemen versetzen kann.

Wenig später, nach einer Resolution des Reichstags, wurde das preußische Institut 1874 in ein Institut des Reiches umgewandelt, wurde das kleine – von Bunsen 1835 in der Nähe der preußischen Gesandtschaft auf dem Kapitol errichtete – Institutsgebäude 1873 bis 1877 durch einen großen Bau ersetzt, der die ständig wachsende (seit 1859 mit eigenem Etat versehene) Bibliothek aufnehmen konnte. Daß dieses Institut des deutschen Reiches zunächst noch weiter an der alten italienischen Benennung seiner selbst und seiner Reihen festhielt, für seine Publikationen nur das Italienische, Französische oder Lateinische zuließ und das Deutsche ausschloß, mußte allmählich auffallen, zumal Italiener und Franzosen ja nun eigene Institute in Rom hatten. Als Bismarck endlich 1885 den überwiegenden Gebrauch der deutschen Sprache in Zeitschriften und Sitzungen vorschrieb, wurde das empfindlich registriert. Dieser Schritt erregte unter den Italienern ungutes Aufsehen – aber auch unter jenen deutschen Archäologen, deren Generation das Institut bislang getragen hatte (man denke an Wilhelm Henzen und Wolfgang Helbig), und deren wissenschaftliche wie gesellschaftliche Beziehungen zu den Italienern von größerer Sensibilität gekennzeichnet waren als die mancher Nachfolger. Eine Welt war zu Ende gegangen, aber sie war es überall, und eben das macht unser Thema zu einem historischen. Nicht nur das Institut, auch Rom selbst war ein anderes geworden.

Ganz anders die Gründungsgeschichte des an Alter nächsten, des Historischen Instituts. Schon der unmittelbare Anlaß zu seiner Gründung läßt sich genau bestimmen. Es war dies die von Papst Leo XIII. 1880/81 verfügte Öffnung des Archivio Segreto Vaticano für Historiker aller Nationen und Konfessionen – ein mutiger Schritt, wenn man bedenkt, daß der Kirchenstaat erst 10 Jahre zuvor zu Ende gegangen, die antiklerikalen Animositäten des Liberalismus noch virulent, der «Kulturkampf» noch längst nicht vergessen war (sogar Gregorovius war soeben noch mit 5 seiner Bücher auf den Index geraten). Tatsächlich strömten auf die Nachricht von der Öffnung Historiker aus aller Welt nach Rom, um die bisher unzugänglichen archivalischen Schätze zu heben, von deren unerhörtem Reichtum man immerhin eine Vorstellung hatte. «Es war wie ein Goldfieber. Und das Gold war da: eine unendliche Menge von unbekannten oder doch noch nicht gedruckten Urkunden und Akten zur Geschichte der europäischen Länder und der Kirche aus mehr als 1000 Jahren» (Elze). Das machte es leicht, die Durchforschung des Vatikanischen Archivs nicht für eine Notwendigkeit nur der Kirchengeschichte, sondern für ein Anliegen auch der eigenen nationalen Geschichte zu erklären. Und da neuere Repertorien fehlten, war es auch einsichtig, daß die Entdeckungsreisen durch das *mare magnum* des Vatikanischen Archivs nicht mit kurzen Rom-Aufenthalten zu leisten waren. All das sprach für die Errichtung von Forschungs-«Stationen» in Rom, die Österreicher machten gleich 1881 den Anfang; die noch ältere École française de Rome gehört nicht in diesen Kontext, nahm an der Auswertung des Vatikanischen Archivs aber natürlich sogleich kräftig teil.

Vor dem Hintergrund dieses internationalen Ansturms auf das Vatikanische Archiv muß auffallen, daß sich die Italiener eher zurückhielten, sich sozusagen auf der anderen, der nicht-vatikanischen Seite des Tibers hielten. Zwar war nach der Einigung Italiens von 1870 das Geschichtsinteresse besonders lebhaft, nahm die Geschichtswissenschaft einen starken Aufschwung; zwar erfuhr auch die italienische Geschichtswissenschaft in Rom einen Schub von Institutionalisierung: *Società Romana di Storia Patria* gegründet 1876, *Istituto Storico Italiano* gegründet 1883, bei der – ehemals päpstlichen, jetzt königlichen – *Accademia dei Lincei* Errichtung einer Classe di scienze morali, storiche e filologiche (bis dahin nur scienze fisiche e matematiche). Aber Neigung und erklärtes Ziel war nach der – auch gegen das Papsttum errungenen – Einheit doch eher «una nuova cultura storica che fosse espressione della coscienza unitaria della nazione italiana». Man wandte sich lieber der «eigenen» Geschichte zu, vor allem den Quellen der Italia comunale (wie die Reihen ‹Fonti per la storia d'Italia› und ‹Regesta chartarum› zu erkennen geben), und hatte an archivalischen Quellen ja auch wahrhaftig reichlicher als die anderen Nationen, die da nun im Vatikanischen Archiv herumstöberten in der Hoffnung, auch sich selber, auch der eigenen Geschichte zu begegnen.

Die Gründung eines Historischen Instituts in Rom von deutscher Seite gehört also in den geschilderten Kontext und war als gemeindeutsche Aufgabe um so einleuchtender zu begründen, als es fortan unsinnig gewesen wäre, für das, sagen wir: Brandenburgische Urkundenbuch einen preußischen Archivar, für das Sächsische Urkundenbuch einen sächsischen Archivar usw. das ganze vatikanische Material jeweils immer wieder durchsieben zu lassen. Und so fanden sich schon 1883 vier angesehene Historiker aus der Preußischen Akademie der Wissenschaften zusammen (Heinrich von Sybel, Georg Waitz, Wilhelm Wattenbach, Julius Weizsäcker), die mit Befürwortung der Akademie dem Reich die Gründung einer historischen «Station» in Rom vorschlugen. Es war das Finanzministerium, das die Etatmittel verweigerte, so daß ein vom Reich getragenes Historisches Institut (wie das Archäologische Institut) vorläufig nicht zustande kam. Dank dem Einsatz des in der preußischen Wissenschaftspolitik mächtigen Friedrich Althoff griff nun jedoch Preußen diese Initiative als eine gemeindeutsche Aufgabe auf (preußische Kritiker waren freilich der Ansicht, ein *preußisches* historisches Institut zu unterhalten sei in St. Petersburg naheliegender als in Rom!). An der Erarbeitung des Statuts, vom Kultusministerium bei der Akademie angefordert, beteiligte sich auch Theodor Mommsen. 1888 konnte die «Preußische Historische Station» (wie sie anfangs hieß) eröffnet werden, ohne Aufhebens und ohne politische Trompetenstöße, so daß der Tag offizieller Eröffnung gar nicht bekannt ist (ebensowenig wie dann bei der Bibliotheca Hertziana: sympathisch bescheiden, aber lästig bei Jubiläen). Im gleichen Jahre errichtete auch die Vereinigung katholischer Historiker, die Görres-Gesellschaft, ein Historisches Institut in Rom.

Das Preußische Historische Institut begann sofort, in rascher Folge die Berichte der päpstlichen Nuntien aus dem Deutschland der Reformation und Gegenreformation zu publizieren und alle deutschen Betreffe in vatikanischen Archivalien in einem *Repertorium Germanicum* zu sammeln, zumal damals manche fürchteten, der nächste Pontifikat werde das Vatikanische Archiv vielleicht wieder schließen. Aber erst mit Paul Kehr, Direktor seit 1903, begann die große Zeit des Instituts. Von Kehr wird noch zu sprechen sein, da er, einer der großen Wissenschaftsorganisatoren dieser Epoche, auch in der Frühgeschichte der kunsthistorischen Institute von Florenz und Rom begegnet: allerdings nur als Forschungspolitiker, denn von «Renaissancismus» und ähnlichen Stimmungen, die die Gründung jener Institute begleiteten, war er, Symbolfigur des Wissenschaftspositivismus seiner Zeit, gänzlich unberührt. Professor an der Universität Göttingen und (was ihn weit mehr erfüllte:) Mitglied der Göttinger Akademie, hat Kehr das großartige Akademie-Projekt der *Italia Pontificia*, der neuen Sammlung von Papsturkunden, konzipiert und dann praktisch in eigener Person durchgeführt und fast zum Abschluß gebracht. Gerade dieser Fall zeigt, wie die

22   *Eine römische Brücke der Via Flaminia, auf die sich eine mittelalterliche Kirche gesetzt hat: S. Giovanni de Butris bei Acquasparta. Nichts könnte das mittelalterliche Ende einer antiken Straße, die als Fernverbindung zu unterhalten das Mittelalter weder willens noch fähig war, drastischer vor Augen führen. Während die antike Konsularstraße geradlinig auf ihr Fernziel zuhielt, orientierte sich die mittelalterliche Straße in kleineren Räumen. Sie folgte zwar im wesentlichen der antiken Trasse, umging aber die Unterbrechungen und Hindernisse, die inzwischen mangels systematischer Pflege entstanden waren. Da kam es denn, wie hier, auf eine einzelne Brücke nicht an. Diese kurvenreichen Umspielungen der römischen Trasse wirken auf der Karte wie von zittriger Hand gezogen: antike Gerade von mittelalterlicher Hand gezogen.*

neue Formel, Forschungsinstitute nicht etwa in Konkurrenz, sondern in Ergänzung zu Universitäten und Akademien zu gründen, bei guter Konstellation ihren Sinn haben konnte. Göttinger Akademie und Römisches Institut waren institutionell in keiner Weise miteinander verbunden, die Italia Pontificia nie eigentliches Institutsprojekt. Aber daß das Akademie-Mitglied Kehr als Direktor des Römischen Instituts das Akademie-Projekt *Italia Pontificia* am Römischen Institut mit den finanziellen Mitteln der Akademie und den personellen Mitteln des Instituts vorantrieb und über seine zahllosen italienischen Archivreisen dann in den Nachrichten der Akademie berichtete, ist noch heute in Italien und darüber hinaus der Ruhm von Akademie *und* Institut.

Über Gründung und Frühgeschichte des Historischen Instituts ist viel gearbeitet worden, seine Aufgabe blieb durch den Verweis auf vatikanische und italienische Quellen fest umrissen, so daß hier nur das Notwendigste skizziert worden ist. Aber eines sei doch noch bemerkt, da hier so viel von staatlichen Instituten, staatlichen Behörden, staatlicher Finanzierung, national gefärbter Argumentation die Rede war und darum der Eindruck entstehen könnte, die Leiter dieser Institute seien durchweg staatsfromm und kaisertreu gewesen. Schon der zweite Direktor des Historischen Instituts ist ein (freilich einsames) Gegenbeispiel: der junge Ludwig Quidde, Gründer der «Zeitschrift für Geschichtswissenschaft», Herausgeber der Älteren Reihe der Deutschen Reichstagsakten, vor allem aber ein überzeugter Demokrat und politisch engagiert, entwarf als Direktor des Instituts in Rom (1890–92) seine bekannte Satire auf den regierenden Kaiser Wilhelm II. unter dem Titel «Caligula. Eine Studie über römischen Cäsarenwahnsinn». Natürlich war er danach unter seinen Kollegen unmöglich (aber 1927 erhielt er, für seine Aktivitäten in der Deutschen Friedensgesellschaft, den Friedensnobelpreis).

Auf die Historiker folgten die Kunsthistoriker, wenn man die Daten tatsächlicher Institutsgründung (1897) nimmt; rechnet man hingegen die ersten Initiativen, so gingen sie den Historikern sogar voran. Das ist bemerkenswert, weil die Kunstgeschichte als eigene

Disziplin damals noch vergleichsweise jung war. Dennoch entging
– und das ist kennzeichnend – auch sie nicht dem allgemeinen
Trend zu mehr Systematisierung, mehr Spezialisierung, mehr Institutionalisierung. Da lag es nahe, es den traditionellen Disziplinen
gleichzutun und eine Station *in loco* zu wünschen, interessanterweise
(und aus den Neigungen der Initiatoren zu erklären) zunächst nicht
in Rom, sondern in Florenz, das doch erst im 19. Jahrhundert –
man denke an die Bauten Ludwigs I. in München – stärker in das
deutsche Blickfeld getreten war.

Doch sei, da es hier um Rom geht, das Florentiner Institut nicht
eigens behandelt. Nur so viel: Auch hier war ein erster Versuch, das
Reich zum Träger eines Instituts nach dem Vorbild des Archäologischen Instituts zu machen, am Widerstand des Finanzministeriums
gescheitert. Zugrunde gelegen hatte ein Memorandum, das Carl
Ruland (der wie Wilhelm Bode oder August Schmarsow zum Kreis
um den angesehenen *connaisseur* Karl Eduard von Liphart in Florenz gehörte und später Direktor der Großherzoglichen Sammlungen in Weimar wurde) 1878 für den Kronprinzen, den späteren
Kaiser Friedrich, verfaßt hatte. Aber während im Falle des Historischen Instituts der entschlossene Wille angesehener Historiker,
die Mitglieder der Preußischen Akademie waren und das Ohr der
preußischen Wissenschaftspolitiker hatten, das Gründungsvorha-
ben endlich vom Reich auf den Preußischen Staat umlenkte, lief es
im Fall von Florenz zunächst anders: weniger gebahnt, und auf sehr
persönliche Weise echten Bedarf demonstrierend. August Schmarsow, der sich seit 1883 energisch für die Gründung einsetzte, ließ
sich, damals außerordentlicher Professor für Kunstgeschichte an
der Universität Breslau, 1888 dort zeitweilig beurlauben und verlegte seine Lehrtätigkeit, unter leiser Mißbilligung des preußischen
Kultusministeriums und seines für ungewöhnliche Lösungen eher
verständnisvollen Universitätsdezernenten (dann Ministerialdirek-
tors) Friedrich Althoff, für ein Wintersemester kurzerhand nach
Florenz! Mit seinen Studenten – darunter Kunsthistoriker, die
sich, wie Max J. Friedländer, Max Semrau, Aby Warburg, später
einen Namen machen werden – rief er in Florenz sozusagen das

kunsthistorische Institut aus. Deutlicher hätte die Nachfrage nicht dem Angebot, das persönliche Engagement nicht der staatlichen Intervention vorausgehen können.

Die weitere Geschichte sei hier nicht verfolgt. Sie bestand – wir ahnen es schon – überwiegend aus der Frage nach Organisationsform und Finanzierung. Und da die Mittel eines Fördervereins nicht ausreichten, blieb endlich auch hier nur der ungeliebte Weg staatlicher Subventionen oder gar staatlicher Trägerschaft, die man aber schon deshalb nicht wünschte, weil man beim Status eines Reichsinstituts den Anschluß an das Archäologische Institut in Rom befürchtete. Das aber wollte man entschieden vermeiden, da die Emanzipation der Kunstgeschichte als Disziplin von der Archäologie ja ein zentrales Anliegen des ganzen Unternehmens war.

Aber ein Aspekt der Florentiner Gründungsgeschichte betrifft Rom ganz unmittelbar: Man wollte ein Institut in Florenz und nicht in Rom, und es ist interessant zu sehen, wie man von Florenz aus gegen Rom argumentierte, und wenig später von Rom aus gegen Florenz! «Die ganze große Entwicklung der neueren Kunst vom 13. bis zum 16. Jahrhundert hat hier [in Florenz] ihren hauptsächlichsten Ausgangs- und Mittelpunkt; keine Stadt, auch Rom nicht [!], kann entfernt den Anspruch erheben, so wie Florenz in seinen Sammlungen den ganzen Entwicklungsgang der Kunst des Rinascimento, in seinen Archiven und Bibliotheken die reichsten Quellen zum Studium desselben darzustellen», so argumentierte man für ein Institut in Florenz. Hingegen wird wenige Jahre später, in der Denkschrift für die Gründung eines kunsthistorischen Instituts in Rom (wir werden davon noch hören) argumentiert, in Florenz handle es sich «um einen ganz bestimmten, in sich geschlossenen Kreis der alten Kunst..., und dieser Kreis ist verhältnismäßig leicht zu übersehen». In Rom dagegen finde sich, «wegen der unendlichen Fülle des Materials, der Verschiedenheit der Kunstepochen», der Kunsthistoriker viel schwerer zurecht: ein Institut in Rom würde darum eine «noch weitergreifende und noch nützlichere Wirksamkeit entfalten können» als das florentinische, das man dann ja mit dem römischen vereinigen könne (eine Auffassung, die auch jüngst, bei der Übernahme des Florentiner Instituts durch die Max-Planck-Gesellschaft, wieder geäußert worden ist).

Die florentinische Denkschrift, die (wie alle Einwerbungen von staatlichen Subventionen) die Argumentation national einfärbt, stand im Unterschied zur römischen Denkschrift vor der Schwierigkeit, eine spezifisch italienische Leistung in den Vordergrund zu rücken, die Florentiner Renaissance, deren Bezug zu Deutschland nicht ebenso offen zutage lag wie alles Römische. Die neue Zuwendung zur Kunst (und die deutsche Vorreiterrolle in der wissenschaftlichen Kunstgeschichte), der Kampf gegen die napoleonische Fremdherrschaft und die Besinnung auf die einigenden Elemente der Nation seien alle aus dem «nämlichen Geist» entsprossen, erklärte der Verfasser der Denkschrift von 1899, der bedeutende Kunsthistoriker und frühchristliche Archäologe Franz Xaver Kraus. Das Studium der Renaissance − «eine friedliche Revolution, in der der moderne Mensch geboren» wurde − sei unentbehrlich auch «für die Beurteilung der nationalen Kunst des Nordens», ja für die Nation näherliegend als die klassische Altertumskunde (dies wohl vorsorglich in Richtung Archäologisches Institut in Rom und seine vermuteten Annexionsgelüste gesagt). Rom, europäischer *lieu de mémoire* wie kein anderer (aber nicht auf Kosten von Florenz), konnte gelassener argumentieren.

Die letzte Gründung in diesen wenigen Jahrzehnten wachsenden wissenschaftlichen Anspruchs und gesteigerter Organisationslust, als man eine «Geschichte der Päpste» oder einen «Cicerone» Einzelautoren nicht mehr zuzutrauen schien, war endlich die Stiftung eines kunsthistorischen Instituts in Rom: der Bibliotheca Hertziana. Über die Geschichte der Bibliotheca Hertziana ist bisher weniger gearbeitet worden als über die der drei anderen Institute (man wird für solche Rückbesinnung wohl erst die Hundertjahrfeier abwarten müssen, das Jahr 2013). Für unsere Fragestellung ist die Gründungsgeschichte dieses zuletzt gekommenen Instituts besonders interessant insofern, als in diesem Fall − durch eine großzügige Stiftung − Kollegen, Öffentlichkeit und Staat gar nicht mobilisiert werden mußten, das Angebot also sozusagen der Nachfrage voraufging und man nur das richtige institutionelle Gefäß finden mußte, um dieses Angebot aufzufangen. Und, zweitens, interessant auch insofern, als die Gründung der Bibliotheca Hertziana von einer Kontroverse über die prinzipielle Frage begleitet war, wie deutsche Forschung in Italien überhaupt organisiert sein solle.

In dieser Kontroverse spielte Paul Kehr, der Direktor des Historischen Instituts, eine besondere und nicht ganz durchsichtige Rolle. Bei dem hohen Ansehen, das er in Berlin bei Regierungsstellen, Kultusbehörden und Wissenschaftsorganisationen genoß, wandte man sich vertraulich um Gutachten an ihn in Angelegenheiten, die die Betroffenen aufs höchste erstaunt hätten: der Frage etwa, ob beim Archäologischen Institut nicht vielleicht eine der beiden Direktorenstellen eingespart werden könne? Ob die dem Reichskanzler vorgelegte Statutenänderung des Archäologischen Institutes (nicht der Außenstelle in Rom, sondern der Zentraldirektion in Berlin!) akzeptabel sei? Ob man dem archäologischen Privatgelehrten (und nachmaligen Direktor des Archäologischen Instituts in Rom) Walther Amelung den Professorentitel verleihen solle, usw. – zu solchen und ähnlichen Fragen finden sich darum, völlig unerwartet, Unterlagen im Archiv des *Historischen* Instituts in Rom!

Im Falle der Bibliotheca Hertziana lag eine Stellungnahme Kehrs noch einigermaßen nahe, da es sich um eine Neugründung in Rom handelte, organisatorische Fragen im Vordergrund standen, und Kehr zudem am Historischen Institut früh eine kunsthistorische Abteilung aufgebaut hatte, die mit einem Kunsthistoriker, Arthur Haseloff, und einem Historiker, Eduard Sthamer, geradezu interdisziplinär über die Kastellbauten der Staufer und Anjou in Unteritalien arbeitete (man nannte das damals noch nicht ‹interdisziplinär›, aber man tat es). Viele Transkriptionen dieses Eduard Sthamer aus den 1943 von deutschen Soldaten verbrannten Anjou-Registern des Staatsarchivs Neapel kamen nach langer vergeblicher Suche endlich, nach dem Fall der Berliner Mauer, ganz unverhofft in der Berliner Akademie der Wissenschaften zutage und konnten den italienischen Historikern zugänglich gemacht werden: ein Archivalienfund besonderer Art! Wenn Kehr dann in einem Memorandum behaupten wird, er und das Kuratorium des Historischen Instituts hätten die Nowendigkeit einer kunsthistorischen Station in Rom längst vor den Kunsthistorikern erkannt und entsprechend gehandelt, so war das zwar etwas volltönend gesagt; aber er konnte, neben den Kastell-Forschungen, tatsächlich auf einige rein kunsthistorische Arbeiten (wie Martin Wackernagels «Die Plastik des XI. und XII. Jahrhunderts in Apulien», Walter Friedländers «Das Kasino Pius' des Vierten») verweisen. Tatsächlich wird diese Abteilung dann später an die Bibliotheca Hertziana abgegeben werden, wo sie als «Süditalien-Referat» ein begrenztes und befristetes Dasein hatte.

Aber zunächst die Frage: warum überhaupt ein deutsches kunsthistorisches Institut in Rom, wo man doch schon eines in Florenz hatte? Formuliert und begründet wurde dieser Wunsch in einem Memorandum, das der Präsident der Königlich Preußischen Akademie der Künste, Arthur Kampf, 1907 an den Reichskanzler richtete. Die Denkschrift argumentierte auf zwei Gleisen: mit den Bedürfnissen und Erwartungen erstens der Künstler, nämlich der von der Akademie nach Italien entsandten jungen Stipendiaten, die der Anleitung zum Verständnis der alten Kunst bedürften (als Beispiel des «merkwürdigen römischen Einflusses» auf neuere deutsche Künstler werden genannt Marées, Böcklin, Feuerbach, Tuaillon, Klinger); und zweitens mit den Bedürfnissen der Kunsthistoriker. Das Archäologische Institut in Rom könne deren Erwartungen nicht entsprechen, vor allem «weil der Schwerpunkt der archäologischen Studien nicht mehr in Rom liegt, vielmehr in Griechenland und Kleinasien», wie die Errichtung des Instituts in Athen, die Grabungen in Olympia, ja die ganze Neuorientierung «unserer künstlerischen Stellung zur Antike» zeige. Hingegen habe für das Studium der *nach*antiken Kunst Rom seine Bedeutung behalten, von der frühchristlichen Kunst bis zum Barock, ja «die römischen Meisterwerke der Renaissance erregen ein größeres Interesse als je». Das Florentiner Institut könne, weil auf die florentinische

Kunst der Frührenaissance beschränkt, eine Gründung in Rom nicht ersetzen, wo die «Fülle des Materials» und die «Verschiedenheit der Kunstepochen» eine weitergreifende Aufgabenstellung erfordere. Im übrigen würden in Deutschland «neuerdings... an fast allen Universitäten kunstgeschichtliche Professuren errichtet»: da erscheine die Errichtung nun auch eines kunsthistorischen Institutes in Rom «fast eine Selbstverständlichkeit».

Daß man nun auch damit argumentieren konnte, Archäologen und Historiker hätten bereits ihre Institute in Rom, die Kunsthistoriker indes noch nicht, zeigt allein schon, wie die Institutionalisierung der Geisteswissenschaften inzwischen ihre Eigendynamik entwickelt hatte: jedem Fach sein staatliches Auslandsinstitut! Im Prinzip wäre ja auch eine privatrechtliche Form denkbar gewesen, aber sie wird nicht angesprochen, und vom Hertzschen Stiftungsangebot war damals, 1907, noch nicht die Rede. Der naheliegende Gedanke, ein kunsthistorisches Institut in Rom zunächst an das dortige Archäologische Institut anzuschließen, wird zwar ausgesprochen, aber sogleich verworfen, da man in solcher Institutsgründung gewiß auch ein Mittel zu weiterer Emanzipierung des vergleichsweise jungen Faches Kunstgeschichte sah. Ja man wünschte sich, nach dem Vorbild eben des Archäologischen Instituts, ausdrücklich ein «Kaiserlich Deutsches Kunsthistorisches Institut» und nicht ein preußisches Institut, wie es, vorläufig, das Historische Institut in Rom war. Doch ob nun Reichskanzler oder preußischer Unterrichtsminister: so oder so endete auch diese Denkschrift bei Kehr (und somit im Archiv des Historischen Instituts).

Die erbetene vertrauliche Stellungnahme Kehrs zu dieser Denkschrift läßt bereits ein gewisses Rivalitätsdenken erkennen, vor allem aber schon ein Thema anklingen, das sich durch die Frühgeschichte der deutschen Institute in Italien hindurchzieht: die kontroverse Auffassung nämlich, ob mehrere voneinander unabhängige Institute (für jede Disziplin eines) oder aber ein großes Institut mit mehreren Unterabteilungen (für jede Disziplin eine) opportuner sei. Kehrs Auffassung war entschieden die eines einzigen großen Institutes, und das brachte er schon hier und dann immer wieder zum Ausdruck: eine Konzeption, auf die noch zurückzukommen sein wird.

Die Gründung eines deutschen kunsthistorischen Instituts in Rom nahm deutlichere Gestalt jedoch erst mit dem Stiftungsanerbieten von Henriette Hertz an – und geriet durch die (in Deutschland bislang eher unübliche) Forschungsfinanzierung mit privatem Kapital in ein anderes Fahrwasser als die beiden dort schon existierenden, vom Staat getragenen deutschen Institute. Henriette Hertz (1846–1913), aus wohlhabender jüdischer Familie in Köln und durch ihre Freundschaft mit der Industriellenfamilie Mond in England zu großem Vermögen gekommen, lebte ihren literarisch-künstlerischen Neigungen zunehmend in Florenz und in Rom, wo sie 1904 den Palazzo Zuccari oberhalb der Spanischen Treppe kaufte und seit 1908 zu einem vielbesuchten, kosmopolitisch gesinnten Salon machte. Ihrem Vorhaben, den Palazzo samt den von ihr gesammelten Renaissance-Bildern als «Museum Hertzianum» nach ihrem Tod an die Stadt Rom zu schenken und ihn zur Pflege von Kunst und Musik zu bestimmen, gab der deutsche Kunsthistoriker Ernst Steinmann, der jung zum Kreis um Henriette Hertz gestoßen war und durch ein Werk über die Sixtinische Kapelle hervortrat, eine Wende zu festerer Gestalt und wissenschaftlicher Aufgabenstellung: einem «römischen Institut für Kunstgeschichte», dessen Schenkung Henriette Hertz 1910 dem Deutschen Reich antrug. Es sollte, von Steinmann geleitet, der «Erforschung der Kunst und Cultur von der Renaissance aufwärts in besonderer Beziehung auf Rom als Ausgangspunkt der europäischen Cultur» dienen und «Forschern aller Nationen offenstehen, vor allem auch als Bindemittel dienen zwischen Italien und Deutschland, die geistig stets in so reger Wechselbeziehung standen».

In den sogleich aufgenommenen Besprechungen (Harnack, Kehr, Steinmann, Ministerialdirektor Theodor Lewald vom Innenministerium) über die Frage, in welche Form der von der Stifterin erbetene und vom Reichskanzler sogleich grundsätzlich gewährte «Schutz und Verwaltung des Reiches» denn nun gebracht werden solle, fand zunächst Kehrs Auffassung Anklang, die Hertz-

sche Stiftung mit dem Historischen Institut zu vereinigen, da eine
solche Verwaltungseinheit, bei Wahrung rechtlicher Selbständigkeit, der Neugründung organisatorischen Halt geben und eine
Schmälerung von Kehrs eigener kunsthistorischer Abteilung vermeiden würde. Doch überwogen bei Steinmann, der damals auch
von Fachkollegen unterschätzt wurde, nach anfänglicher Zustimmung schließlich doch die Bedenken, sich in solche Abhängigkeit zu
begeben.

Mit der von Lewald vorgeschlagenen Übertragung an die soeben
gegründete Kaiser-Wilhelm-Gesellschaft (Vorgängerin der heutigen Max-Planck-Gesellschaft) wurde für die Hertzsche Stiftung
endlich die Formel gefunden, die sich als glücklich erweisen wird,
weil sie den gewünschten Rückhalt des Reiches bot und zugleich die
erwünschte Freiheit gewährte. Wie der vertrauliche Briefwechsel
zwischen dem Initiator und ersten Präsidenten der Kaiser-Wilhelm-
Gesellschaft Adolf Harnack und Kehr im Archiv des Historischen
Instituts zeigt, war auch Harnack selbst, der bei jenen Besprechungen mit Henriette Hertz in Rom den Gedanken der Kaiser-Wilhelm-Gesellschaft bereits insgeheim in sich trug (die geheime Grün-
dungs-Denkschrift machte er früh Kehr zugänglich: «Bitte aber die
Sache ganz geheim zu halten; meine Berliner Kollegen, außer 3,
ahnen noch nichts»), nicht recht überzeugt, ob aus dem Hertzschen
Angebot etwas genuin Wissenschaftliches werden könnte, und gab
sich entschlossen, «nicht einen Giftpilz [!] neben uns frei aufwach-
sen zu lassen, der durch seine bloße Existenz unserer Pflanzung gefährlich werden könnte. Diese Sorge wird auch jetzt noch immer
festzuhalten und es werden Mittel parat zu halten sein, um eine
faule und unreinliche Schöpfung nicht aufkommen zu lassen.»

Wahrlich starke Worte. Aber seit auch der Palazzo Zuccari Bestandteil der Stiftung wurde, konnte man «ein solches Geschenk
nicht einfach ablehnen». Am 18. September 1912, wenige Monate
vor ihrem Tode, vermachte Henriette Hertz neben einem Stiftungs-
kapital der Kaiser-Wilhelm-Gesellschaft den Palazzo Zuccari als
Sitz der Bibliotheca Hertziana, die im Januar 1913 eröffnet wurde.
Es sollte sich als eine gute Lösung erweisen, und die stärkere inter-

23 *Profil römischen Straßenpflasters in einem Bachbett. Das Pflaster römischer Straßen, in ottonischer Zeit meist noch durchgehend begangen und
streckenweise bis heute benutzbar, geriet an den aufgegebenen Stellen bald unter
eine hohe Humusschicht. Die gerade Linienführung römischer Straßen erlaubt
jedoch, ihren Verlauf auch dann noch annähernd zu bestimmen, die Trasse weiter im Gelände zu verfolgen und mit etwas Glück Pflasterreste aufzuspüren,
z. B. im Bett querender Bäche wie hier (Via Amerina nordwestlich von Cam-
pagnano di Roma). Man erkennt unter dem Gebüsch die basaltenen, an der
Oberfläche geglätteten, auf feinen Kies gebetteten Pflasterbrocken in ihrer
ursprünglichen Lage; weitere Steine abgestürzt im Bach.*

nationale Einbettung, die die Bibliotheca Hertziana durch die Stifterin und ihren Kreis hatte, wird beim Wiederbeginn auch nach dem Ersten Weltkrieg hilfreich sein.

Aus heutiger Kenntnis der weiteren Entwicklung darf man froh sein, daß nicht Kehr sich durchgesetzt hat, sondern Harnack. Aber es wäre zu einfach, es nur bei dieser Feststellung zu belassen. Aus der Kontroverse um die Gründung der Bibliotheca Hertziana sei abschließend eine Argumentationskette hervorgehoben, weil sie für die Frage, wie geisteswissenschaftliche Forschung im Ausland am besten zu organisieren sei, unabhängig von diesem spezifischen Fall besonders wichtig ist, und weil sie Kehr – der von partikularistischer oder gar nationalistischer Beschränktheit freier war als die meisten deutschen Gelehrten seiner Zeit (auch wenn er, je nach Adressat, Töne von wilhelminischer Megalomanie hervorbringen konnte) – in ein gerechteres Licht setzt, als es nach dem Obigen scheinen könnte.

Das wichtigste Argument, mit dem Kehr in dieser ganzen Angelegenheit stets operierte, war nämlich eines, das gerade nicht partikulare Institutsinteressen, sondern übergeordnete Gesichtspunkte nationaler und internationaler Wissenschaftsorganisation in den Vordergrund stellte: die deutsche Forschung in Italien nicht in vereinzelten Instituten zu zersplittern, sondern in einem großen Gesamtinstitut zu organisieren, wie andere Nationen es taten. Diese seine Grundidee darf nicht als bloße Tarnung eigener Interessen verstanden werden (die Interessen seines eigenen Instituts hat er ja nie verschwiegen), sondern war eine durchaus denkbare Alternative gedacht von einem der bedeutendsten deutschen Wissenschaftsorganisatoren wilhelminischer und Weimarer Zeit. In seiner ausführlichen Stellungnahme zum Hertziana-Projekt beklagte Kehr die Vielzahl der deutschen Institute in Italien, die man unnötigerweise gegründet habe, statt beispielsweise «das sinkende Archäologische Institut nach dem Muster des französischen durch die Angliederung des neuen historischen Instituts zu stärken... Daran ist der enge Ressortstandpunkt schuld, an dem die deutsche Wissenschaft krankt, die in strenger Trennung der Disziplinen und in

Spezialistentum sich betätigt» – während in den römischen Instituten der anderen Nationen alle Disziplinen unter einem Dach vereinigt seien.

Für die deutsche kunsthistorische Forschung in Italien hätte seine Konzeption so ausgesehen: «Man vereinige die drei kunsthistorischen Institute in Italien zu einem großen deutschen Institut für Kunstgeschichte mit drei, verwaltungsmäßig getrennten, wissenschaftlich aber von einer Stelle aus geleiteten Abteilungen, dem Institut in Florenz für Renaissance und neuere Kunst Mittel- und Oberitaliens, dem preußischen Institut in Rom für die Kunst des italienischen Mittelalters, dem Hertzschen Institut für Renaissance und neuere Kunst in Rom. Man schaffe ein einheitliches Direktorium, das verantwortlich ist für die wissenschaftliche Arbeit und die Publikationen (Gott behüte die Kaiser Wilhelm-Gesellschaft vor den geplanten Publikationen der Steinmannschen Schule) und ordne für jede der drei Institutsabteilungen Arbeitsgebiet wie Anschaffungsbereich», wobei «jedes dieser Institute... auf einen Teil seiner wissenschaftlichen Souveränität verzichten» müßte. «Der unlautere Wettbewerb hätte ein Ende. Und doch wäre jede Abteilung ein Institut für sich mit selbständigem Fonds und selbständiger Verwaltung», jedoch unter effizienter Oberleitung eines dreiköpfigen Gremiums, nämlich Harnack für die Hertziana, Bode für das Florentiner Institut, Kehr für das Historische Institut.

Im übrigen argumentierte er schon hier, daß den Italienern, in zunehmender nationaler Eifersucht über ihre eigene Sphäre wachend (wie die Archäologen tatsächlich zu spüren bekamen, die Kunsthistoriker schon weniger, die Historiker fast gar nicht), die Gründung eines weiteren deutschen Instituts «schließlich unerträglich werden müsse». Dieses Argument des Imperialismus-Verdachts wird bei ihm immer wiederkehren – auch wieder, als Kehr nach dem Ersten Weltkrieg in Rom für eine Rückgabe und Wiedereröffnung der deutschen Institute tätig wurde und allein schon die finanzielle Situation des besiegten Deutschen Reichs eine Zusammenfassung der einzelnen Institute ratsam erscheinen ließ; ja hier wird es sogar dem damaligen Kultusminister Benedetto

Croce in den Mund geschoben, der den Eindruck geäußert habe, «als ob wir in ihrem Lande wie in einem Kolonialland eine ganze Anzahl von wissenschaftlichen Faktoreien eingerichtet hätten zur Ausbreitung des deutschen Einflusses und zur Beherrschung Italiens».

Solche Argumentation wird man als Direktor eines deutschen Forschungsinstituts in Rom heutzutage von italienischer Seite niemals zu hören bekommen – eher von deutschen Parlamentariern, die 3 Institute in derselben Stadt für sehr aufwendig erklären (was sie ja tatsächlich sind) und im Gegenzug endlich die Gründung italienischer Institute in Deutschland erwarten. Auch Kehr wünschte schon ein italienisches Institut in Berlin, hatte 1920 dafür sogar schon Räume in der Wilhelmstraße ins Auge gefaßt; doch war er klug genug, nicht eine geisteswissenschaftliche Gründung zu erwarten, sondern die Italiener mit den naturwissenschaftlichen Instituten der Kaiser-Wilhelm-Gesellschaft zu locken.

Aber natürlich fällt auch heute noch auf, daß das Nebeneinander von drei fachorientierten Einzelinstituten sozusagen ein deutscher «Sonderweg» geblieben ist: unter den 16 Nationen, die heute in Rom mit geisteswissenschaftlichen Instituten vertreten sind, hat nur Deutschland Einzelinstitute für die unterschiedlichen Fächer. Aber die Entwicklung in getrennte – heute in aller Selbständigkeit ohne Eifersucht zusammenlebende – Institute hatte ihre historischen Gründe und hat ihre sachliche Berechtigung.

Die deutschen Institute zogen fortan ihre getrennten Bahnen, ein jedes mit seinen Eigenheiten. Ich möchte mit einer rückblickenden Beurteilung schließen, einer Quelle zwar sehr viel später, aber aus berufenem Mund. Als es, wie schon nach dem Ersten Weltkrieg, so vor allem nach dem Zweiten Weltkrieg um die Frage ging, ob die Bibliotheken der deutschen Institute in den Besitz des italienischen Staates übergehen oder an Deutschland zurückgegeben werden sollten (die Konfiszierung scheiterte schließlich am Veto der Amerikaner, die die Gründung der Bundesrepublik nicht mit einem Affront belasten wollten), schrieb der große Kunsthistoriker Bernard Berenson an den amerikanischen Vertreter in der Kommission für die Enteignung deutschen Besitzes in Italien, Paul Bonner, am 17. Febr. 1948 aus seiner Villa ‹I Tatti› bei Florenz:

Dear Paul,
Forgive delay in writing what I have to say about the three German Institutions, the Archeological and the Hertziana in Rome, as well as the German Institute in Florence. All three were created by German scholarship and conducted in a way that did it honour. Every student was welcome and, until the Nazi madness, regardless of nationality, race or creed. Not only welcomed but given every encouragement, every assistance to forward his task. [. . .] My ideal would be to restore these institutions to German scholarship, subject to supervision by a committee selected from the archeologists and art historians of the United Nations. [. . .] It would continue the contributions the Germans have made – at least as great as those made by anyone of us – to archeological and art historical studies. Let me add that these studies remained almost unaffected by the Nazi regime and that it would not be difficult to find German scholars of the best attainments to fill posts even of a subordinate rank. These libraries moreover, being collected by Germans and in the first place for Germans, have inevitably a German character, as mine for similar reasons has an English-language one. Just as an American could find his way about and advise and direct others better in my library than any Continental person, so the German institutions could be inexpensively and more efficiently run by Germans than by Italians, French or ourselves [. . .].

So nobel urteilte, bei allen Vorbehalten gegenüber manchen Zügen deutscher Kunsthistorie, der Patriarch der Florentiner Kunstgeschichte über die deutschen kunstwissenschaftlichen Institute und über das, was sie zu geben in der Lage waren.

Italien von unten erlebt:
Handwerker, Arbeitsuchende, Vagabunden
in den Akten eines deutschen Hilfsvereins
in Rom 1896–1903

Unter den Deutschen, deren Italien-Erlebnis im 19. Jahrhundert wir so gut zu kennen glauben, hatte der weitaus größere Teil weder Ursache noch Chance, die eigene Erfahrung Italiens der Mitwelt und Nachwelt zu überliefern: wandernde Handwerker, Fabrikarbeiter auf Arbeitsuche, auftraglose Maler und Photographen, Kellner außerhalb der Saison, stellenlose Dienstboten, gelegentliche und professionelle Schnorrer und Bettler. Während Literaten, Gelehrte, Diplomaten, arrivierte Künstler, Journalisten, Bildungsbürger ihr Italien-Erlebnis in Worte faßten und uns in einer erstaunlichen Fülle von Berichten bisweilen mehr erzählen, als uns erfahrenswert scheint, fühlten sich jene anderen weder veranlaßt noch in der Lage, ihre Erlebnisse niederzuschreiben oder gar zu veröffentlichen. Es war ihnen nicht gegeben, Italien aus der Augenhöhe der Bildungsreisenden zu sehen. Ihr Weg nach Rom war ein anderer. Sie nahmen das Land aus ganz anderer Perspektive wahr, erlebten es buchstäblich von unten.

Solchen Menschen, die in historische Quellen hineinzufinden kaum eine Chance haben, soll hier einmal das Wort gegeben werden. Möglich wird das durch eine ungewöhnliche Quelle, deren Beobachtungswarte Rom ist, und die von dort Einblick gewährt in das so ganz andere Italien-Erlebnis Tausender von Menschen, die nicht aus Bildungsbeflissenheit und Erholungsbedürfnis, sondern auf Arbeitsuche und aus Wandertrieb nach Italien gezogen waren. Zu Wort kommen solche Namen- und Sprachlosen, wie der Historiker weiß, eigentlich nur, wenn sie vom Richter zur Aussage genötigt, vom Sozialreformer zur Aussage ermuntert, oder von fürsorgender Institution nach dem Grad ihrer Hilfsbedürftigkeit ausgeforscht werden. Und eben das ist hier der Fall. Denn bei unserer Quelle handelt es sich um die Buchführung des «Deutschen Evangelischen Comités zu Rom», kurz «Hilfscomité» genannt, die alle Unterstützungsgesuche registrierte und, für die Jahre 1896 bis 1903 erhalten, im Archiv der Deutschen Evangelischen Gemeinde Rom verwahrt wird.

Die Gespräche, deren Zeugen wir im folgenden sein werden, spielen auf dem Kapitol. Denn die Deutsche (zuvor Preußische, seit 1871 Reichs-)Botschaft befand sich damals – und bis zum Ersten Weltkrieg – noch im Palazzo Caffarelli auf dem Kapitol, in nächster Nachbarschaft auch das Deutsche Archäologische Institut, das deutsche evangelische Krankenhaus, die aus der Botschaftskapelle hervorgegangene deutsche evangelische Gemeinde (denn bis zum Ende der päpstlichen Herrschaft 1870 war nichtkatholischer Gottesdienst nur im völkerrechtlichen Schutz diplomatischer Vertretungen möglich gewesen). Und so eben auch das Hilfscomité, das seinen Sitz dort oben an den damals noch nicht freigelegten, sondern dicht bebauten Hängen des Kapitols hatte, Piazza Aracoeli 34, und seit 1901 in einem Zimmer des benachbarten Archäologischen Instituts.

Das «Handwerkerbüro» sollte wandernde Handwerksburschen durch Arbeitsnachweis beraten und mit kleinen Spenden unterstützen. Die Einrichtung verstand sich ausdrücklich nicht als Sozialhilfestelle. Doch kamen als Hilfesuchende, wie zu zeigen sein wird, keineswegs nur arbeitsbegierige Handwerksburschen: die Zahl der Vorsprechenden und der Anteil der rein karitativen Fälle war von Anfang an so groß, daß diese Dienstleistung die Möglichkeiten der Gemeinde überstieg und das Büro nach wenigen Jahren seine Arbeit einstellen mußte. Und so vergesse man neben dem materiellen Aufwand (die Kasse wurde wohl vor allem von den Vorstandsmitgliedern selbst gespeist) nicht den persönlichen Einsatz, der bei solchen bisweilen höchst unangenehmen Gesprächen erheblich strapaziert werden konnte. Außer dem Pfarrer waren das reihum Vorstandsmitglieder wie der Maler Max Tubenthal (die Kunsthistorie weiß von ihm wenig zu vermelden), der sein Gegenüber, wie seine oft unangenehmen Vermerke zeigen, anscheinend in besonders insistenter, geradezu inquisitorischer Weise traktierte, ja bisweilen zu besserer Identifizierung und Kontrolle noch einmal nachträglich über die Bücher ging (allerdings mit gleicher Effizienz auch zu helfen verstand), überzeugt und gerührt von der vermuteten bessernden Wirkung seiner Gespräche. Doch hat seine Strenge und Pedanterie für uns wenigstens den Vorteil, daß er sich nichts vormachen ließ und die von ihm gesammelten Informationen besonderen Quellenwert haben.

Sein gerades Gegenteil war ein Mann, den man an diesem Posten nicht vermutet hätte: Christian Hülsen, damals 2. Sekretar (Direktor) des nahen Deutschen Archäologischen Instituts, ein bedeutender Gelehrter, gleichermaßen produktiv in lateinischer Epigraphik und antiker wie mittelalterlicher Topographie Roms. Hier notiert seine feine Handschrift einmal nicht Anmerkungen zu Antikengärten oder zu Skizzenbüchern der Renaissance, sondern das Woher und Wohin von Hilfesuchenden, und das unter bisweilen gewiß unerfreulichen Begleitumständen (*hinausbefördert!*), und auch Mitte August, wenn andere in Villeggiatur waren. Wir sehen den damals 38jährigen, wie er sich die Geschichte etwa eines Kellners aus Schlesien, eines Schriftsetzers aus Böhmen, eines Posamentiers aus Kassel, eines Bäckers aus Bromberg, eines Schlossers aus Posen anhört und ihnen hinterher einige Centesimi in die Hand drückt. Dem Hilfscomité gehörte auch der Archivar Robert Arnold an, Mitarbeiter des jungen Preußischen Historischen Instituts (das das Kapitol eben erst verlassen hatte), wo er für das große Projekt des *Repertorium Germanicum* zuständig war. Statt aus seinen Vatikanischen Archivalien macht er hier Regesten aus den Lamentelen bedürftiger Passanten.

Was konnte das Hilfscomité tun? Den meisten Sinn sah das Comité in der Arbeitsvermittlung, und davon wird – weil es uns interessante Einblicke gibt – noch die Rede sein. Aber oft war es nicht das, was erwartet wurde. Denn die, die da hereintraten, entsprachen der erhofften Zielgruppe oft nicht. Wer unter seinen Stand gesunken war und ohne rechte Perspektive, war nur darauf aus, irgendeine rasche handgreifliche Spende zu ergattern: Kleidungsstücke, Geld, Essensbons. Besonders begehrt waren *Stiefel*, also Schuhe, und oft war der Vorrat im Schrank rasch erschöpft: bisweilen wurde lieber eine Reparatur bezahlt, zumal italienische Schuhgrößen und deutsche Fußgrößen nicht immer kompatibel waren (*glaube nicht, daß man in Rom passende auftreiben könnte*; *daher 40 cent.*). Daß einmal nur ein Schuh ausgegeben wird, klärt sich rasch auf: der Mann hat nur ein Bein. Neben Schuhen waren es alle möglichen Kleidungsstücke, die da verteilt wurden: Hosen, Hemden, Strümpfe, Kragen; manche werden rundum eingekleidet. Daneben gab es kleinere Geldbeträge (in Höhe von 20–50 centesimi, was nach damaliger Kaufkraft ungefähr $1-1\frac{1}{2}$ kg Brot oder gut $\frac{1}{4}$ kg Rindfleisch entsprach). Regelmäßig wurden Essensbons ausgegeben, doch gingen viele auch zu Speisungen in römischen Klöstern oder staatlichen Armenküchen. Viele warten auf Geld von zu Hause oder geben es jedenfalls vor.

Die Erwartungen waren also durchaus materieller Natur. Wenn einmal jemand eine Bibel oder eine Predigt erbittet, so sind das seltene Sonderwünsche, die freudig registriert werden. Der Andrang war bisweilen groß. Kamen 15 an einem Tag, dann war das nicht leicht zu bewältigen, und in der Weihnachtszeit mit ihrer hohen Erwartung an mildtätige Stimmung konnten es so viele sein, daß der Überblick verlorenging – und man die Besucherzahl notdürftig rekonstruierte mit einem Kalkül, das sich wie das Rechenexempel einer Volksschulklasse liest: *Es gab 40 Kuchenschnitten – 3 Besucher erhielten nichts von denselben, also müssen 43 Besucher vorgesprochen haben.*

Dies möge als Vorausinformation genügen, denn es geht hier nicht um den römischen Hilfsverein, sondern um die menschlichen Schicksale, die sich in seinen Büchern abbilden.

Die Register enthalten insgesamt 5792 Fälle von Januar 1896 bis September 1903, von denen 1330 nicht erhalten sind. Was diese Quelle so ergiebig macht, ist die Breite der erfragten Angaben zur Person. In große Registerbücher wurden, gegliedert in ordentlich linierte Rubriken, nach Laufnummer und Datum, eingetragen Angaben zu Name und Geburtsdatum, Herkunft, Beruf bzw. Beschäftigung, Konfession; erhaltene Geld- oder Sachspende, letzter Aufenthalts- oder Arbeitsort, nächstes Ziel, vorgewiesene Papiere, manchmal auch Schlafstelle in Rom; dann aber auch (und das gibt den Einträgen oft Farbe) weitere nicht formalisierte «Bemerkungen» zu Lebensumständen, Bemühen um Arbeit usw., und immer wieder eine Bewertung von Auftreten und Glaubwürdigkeit des Petenten.

Erstaunlich ist daran schon die Buchführung als solche, die den Hilfesuchenden ebenso erfaßt wie die ihm geleistete Hilfe. Daß geleistete Hilfe, weil ökonomisch gesehen eine Ausgabe, verbucht sein will, versteht sich und ist auch bei anderen karitativen Institutionen üblich. Aber daß das kirchliche Hilfscomité, als sei es der verlängerte Arm des Staates, die Personalien aller – manchmal auch derer, die leer ausgehen! – erfaßt, nach Geburtstag und Papieren, nach Woher und Wohin fragt, hat etwas von polizeilicher Fürsorglichkeit, an der sich eigentlich nur der auf solche Details erpichte Historiker freuen kann. Natürlich hatte die Frage nach Papieren ihren Sinn, wenn es darum ging, einen Arbeitsplatz zu vermitteln oder abhanden gekommene Dokumente durch andere Nachweise zu ersetzen, da das Comité auch mit Rat behilflich war, wie wieder an neue Papiere zu kommen sei. Aber es geht, wie zu zeigen sein wird, dann doch leicht weiter zur Frage nach dem abgeleisteten (oder eben: noch abzuleistenden) Militärdienst, und damit nahm man es sehr genau. Aber gerechterweise sei auch gleich hinzugefügt, daß wie die Kontrolle, so auch die Hilfe effizient sein konnte.

Zunächst sei man sich über den Aussagewert dieser Quelle klar. Sie ist in keiner Weise «repräsentativ» für deutsche Italienreisende des späten 19. Jahrhunderts, ja nicht einmal für Handwerker, sondern hat ihre sozialen und konfessionellen Verzerrungen. In unser Blickfeld tritt hier nur, wer Rom berührte und aus Not oder Neugier auf den Gedanken kam, in diesem Büro vorzusprechen – wobei sich manche im Gespräch, zu besserer Wirkung, womöglich noch kleiner machten, als sie ohnehin schon waren. Aber die Dichte des Materials erlaubt doch einige Aufschlüsse, und die Chance, das von wortgewaltigen Reiseberichten geprägte Bild des deutschen Italienreisenden um einige ganz und gar nicht literarische Schattierungen zu ergänzen, sollte doch einmal genutzt werden.

Bevor wir Individuen ins Gesicht schauen, zunächst ein Blick auf das Ganze dieser Wanderbewegung, die sich von den Italienreisen bekannter Art so sehr unterscheidet. Hatte sie ihre eigene Dynamik, ihre bevorzugten Jahreszeiten? Waren es eher jüngere oder eher ältere Menschen, die da in unser Blickfeld treten? Welche Berufe sind typisch oder gar überrepräsentiert, und welche deutschen Landschaften? Auf welchen Wegen kommen sie nach Italien, und machen sie Aussagen über die Motive ihres Aufbruchs in den Süden?

Kräftig akzentuiert ist die Verteilung der Besuche auf die Monate des Jahres: der Italienaufenthalt ist eindeutig eine Sache der kühleren Jahreszeit und nicht der Sommermonate. Daß die Besucherfrequenz jahreszeitlich derart ungleichmäßig verteilt war, ist schwer zu erklären. Zwar entsprach sie einigermaßen dem Auf und Ab des Pilgerzustroms schon im Mittelalter – aber der war durch Ernte-Unabkömmlichkeit und durch die hohen Kirchenfeste bestimmt, die für unsere Wandernden gewiß nicht maßgeblich waren. Zwar waren manche im Winter, der in einigen Gewerben zu saisonbedingter Arbeitspause führte, vielleicht abkömmlicher als im Sommer; aber das galt doch nur für wenige Handwerke.

Für einen ersten Gesamteindruck ist es wichtig, eine Vorstellung vom durchschnittlichen Lebensalter der Hilfesuchenden zu haben. Die Alterspyramide zeigt ein klares Bild mit aussagekräftigen Konturen. Die Alterskurve erreicht mit den 19- und 20jährigen eindeutig ihre Spitze, hält sich mit den 21- bis 24jährigen noch auf einiger Höhe, um dann bei 30 Altersjahren signifikant niedrigere Werte zu erreichen. Schon dieses Altersbild zeigt, daß es sich weit überwiegend um junge Männer handelte, die kurzfristig auf Wanderschaft und Arbeitssuche waren, und daß der Anteil derer, die auf Dauer und ohne rechtes Ziel durch Italien zogen, gering war. Der Anteil wird noch geringer, wenn man bedenkt, daß diese letzteren noch mehr dazu neigten, mehrmals und immer wieder um Hilfe zu bitten, und wir hier Fälle und nicht Personen gezählt haben.

Aber die Älteren fehlen nicht. Durch Italien zieht auch noch der 55jährige Kellner (*ein alter Mann, bittet um Kleidung, keine Papiere*), der 56jährige Musiker, der 57jährige Bäcker, der 58jährige Gärtner, ein 59jähriger Elsässer *krank und gebrechlich*, ein 64jähriger Weber-Arbeiter, ein 66jähriger Buchbinder aus Schweidnitz, ein 72jähriger Buchbinder aus Graubünden, ein 77jähriger Arbeiter aus Ungarn. Um als *alter Mann* zu gelten, muß man so alt gar nicht sein: als *alter Herr* tituliert wird schon ein 61jähriger Händler aus dem Elsaß, als *alter Herr* schon ein 56jähriger Schlosser; ja schon als 45jähriger kann man als *alter Mann* und chancenlos abgetan werden. Diese Älteren bringen eigene − oft düstere − Farben ins Bild, wie noch zu zeigen sein wird, wenn es um individuelle Schicksale geht.

Was die berufliche Zusammensetzung angeht, so überwiegen bei weitem die Handwerker, und das erstaunt nicht: Handwerker hatten ihrer Wanderpflicht zu genügen, und wandernden Handwerkern wollte das Hilfscomité ja vor allem beistehen. Eher selten finden sich *Arbeiter* oder *Fabrikarbeiter*. Der agrarische Sektor fehlt völlig, Bauernjungen laufen eben nicht nach Italien. Nur Gärtner kommen häufig. Unter den Dienstleistungsberufen natürlich viele Kellner.

Recht gut sind Buchberufe vertreten, Buchbinder (vielleicht versprachen sie sich von Italien professionelle Anregungen im Buchbinden und Futteralmachen), Schriftsetzer und Drucker. Und natürlich die Maler, nach dem Überangebot an deutschen Malern in Rom schon in der ersten Hälfte des Jahrhunderts erwartet man es gar nicht anders (da kommen 1897 an einem einzigen Tag 4 Maler ins Büro!). Freilich wird von ihnen kaum einer in Thieme-Beckers Künstlerlexikon hineinfinden. Von den insgesamt 216 Personen, die sich als *Maler* bezeichnen, sind dort nur 2 oder 3 nachzuweisen: so der später im Umkreis Klimts in Wien erfolgreich tätige Maler und Graphiker Ludwig Jungnickel, *wanderte 16jährig 1897 nach Neapel u.*

blieb fast ein Jahr in Italien, wo er sich durch Kopieren seinen Unterhalt verdiente (so das Lexikon) – und genau in diesem Augenblick bekommen wir ihn, den *angehenden Maler*, zweimal im Gemeindebüro zu fassen, wo Maler Tubenthal über ihn notiert: *In einer einstündigen Unterhaltung suchte ich ihm klar zu machen, daß er zurück nach München auf die Schule müßte, um etwas zu lernen, bevor er nach Rom kommen kann.* Und der dänische Maler William Seeger Stuhr, später in Kopenhagen arbeitend, hier von Bern kommend. Im übrigen dürften hinter der Selbstbezeichnung *Maler* viele Anstreicher stecken. Auch die modernen Konkurrenten der Maler, die Photographen (sie versuchten sich schon an reinen Malermotiven wie der *Serpentara* von Olevano, mit scheußlichem Ergebnis), kommen schon häufiger in die Situation, beim Hilfscomité vorsprechen zu müssen. Studenten werden keine genannt. Nicht selten sind die Fälle, in denen man außerhalb des eigenen Metiers sein Brot suchen muß: der Bildhauer beim Zirkus, der Bergmann bei der Schauspielertruppe.

Was die Herkunft betrifft, so treten weitaus am häufigsten Sachsen auf, gefolgt von Bayern (darunter viele Münchner) mit Franken; auch aus Südwestdeutschland, aus Baden und aus Württemberg, kommt eine beträchtliche Anzahl. Aus dem nördlichen Deutschland überwiegt der Westen: am zahlreichsten die Rheinländer, gefolgt von Westfalen und Hessen. Doch auch der nördliche Küstensaum, von Bremen über Hamburg und Schleswig-Holstein bis Lübeck, ist gut vertreten, sowie im Landesinnern Niedersachsen/Provinz Hannover. Auffallend der starke Zulauf aus der Agglomeration Berlin, der aber nicht überrascht. Nach Osten zu wird es spärlicher, mit der Ausnahme von Schlesien, das ein starkes Kontingent stellt. Aber sonst sind die östlichen Provinzen Preußens weniger präsent. An Nichtdeutschen werden hin und wieder Dänen und Schweizer genannt. Evangelische Italiener wurden unterstützt, darunter mancher österreichische Untertan, oder auch an die Waldenser weiterverwiesen. Ausnahmsweise wird, auf Fürsprache einer Deutschen, auch ein junger katholischer Italiener vollständig eingekleidet: *Es ist derjenige Junge, welcher alle Bürgersteige Roms mit Kohle- und Kreidezeichnungen beschmiert.*

Wie kamen diese Wandernden nun nach Italien? Da ausdrücklich nach Herkunft und Ziel gefragt (‹Woher› und ‹Wohin› waren sogar eigens vorgesehene Rubriken dieser Buchführung) und die gemachte Angabe durch Einfordern der letzten Arbeitsnachweise kontrolliert wurde, läßt sich der Weg dieser Passanten ziemlich verläßlich nachzeichnen.

Was zunächst einmal auffällt, ist die große Bedeutung der Seeroute neben der Landroute. Zwar konnte man schon seit einiger Zeit − seit Eröffnung der Brennerbahn 1867, der Gotthardbahn 1882 − durchgehend mit der Eisenbahn nach Rom fahren. Aber Rom wird anscheinend weniger von Norden als von Süden her betreten, von Neapel her, also auf dem Seeweg erreicht. Neapel ist die mit Abstand meistgenannte Hafenstadt, so als sei Italien überhaupt mehr von der See als zu Lande erreicht worden. Der zweithäufigste Hafenplatz ist Genua, fast immer als Einschiffungshafen. Daraus ergibt sich als typische Route, daß man aus Westdeutschland und der Schweiz zunächst nach Genua ging (Marseille bleibt selten) und von dort zu Schiff nach Neapel fuhr, seltener nach Livorno. Civitavecchia, früher wichtigster tyrrhenischer Hafen des Kirchenstaates und schon seit 1848 mit Eisenbahnverbindung nach Rom, wird kaum noch genannt. Jedenfalls ist die Anreise zu Schiff für diese anspruchslosen Italienbesucher damals noch weit üblicher als heute. An manchen Tagen sieht man ganze Schübe von Menschen ins römische Büro treten, die offensichtlich auf demselben Schiff gekommen waren, ohne sonst miteinander zu tun zu haben: so kommen am 6. Januar 1897 allein 6 von Neapel, die im übrigen ganz unterschiedlicher Herkunft und Berufsausbildung sind. Um sich die Schiffspassage leisten zu können, suchte mancher auf dem Schiff Arbeit als Heizer, Kohlenschlepper, Kellner.

Zu Lande bevorzugte man natürlich die Eisenbahn (wie schon die Hoffnung auf Freibillette zeigt), doch zogen viele auch zu Fuß nach und durch Italien, sei es aus Lust, oder aus Wandergebot, oder einfach aus Not. Der 18jährige Metzger aus Alzey kam von Metz *über Basel zu Fuß nach Italien*, ein 19jähriger Zigarren-Arbeiter aus Oppeln ist sogar *zu Fuß von Wien gekommen*; von Brindisi zu Fuß nach

Rom wandert der vom Schiff desertierte Maschinist, der aus Smyrna zurückkehrende Maler. Daß bei längeren Strecken die Fußwanderung eigens vermerkt wird, läßt indes vermuten, daß es die Regel nicht mehr war.

Daß viele dieser jungen Handwerker – weil Landsleute oder Handwerksbrüder oder beides – das Abenteuer der Fremde lieber gemeinsam durchstanden, auch das zeichnet sich in dieser Quelle ab. Da treten gemeinsam auf zwei Eisendreher aus Volkmarsdorf bei Leipzig, die ihre letzte Arbeit zwei Monate zuvor in Mannheim hatten, sowie, am gleichen 25. Januar 1898, ein Schreiner aus Franken, ein Schneider aus Zeitz und ein Schlosser aus Eisenach, die alle drei bis zum 31. Dezember 1897 in Vitznau bei Luzern gearbeitet hatten. Der Anweg über die Schweiz ist auffallend häufig: erstaunlich, wie viele Deutsche damals in der Schweiz Arbeit suchten und fanden, um dann von dort aus ihr Glück in Italien zu versuchen. Österreich tritt dagegen weit zurück.

Was sie überhaupt zum Aufbruch in den Süden veranlaßt hatte, das zu erfahren würde in den Kern unserer Fragestellung führen. Zwar erleben sie Italien nicht aus der Augenhöhe des bemittelten Bildungsbürgers mit seinem Italien-Monopol, aber doch auch nicht aus der Froschperspektive des streunenden Bettlers. Denn wie schon das niedrige Durchschnittsalter und die meist kurze Verweildauer zeigen, waren die Italienreisenden des hier erfaßten Typs zum überwiegenden Teil nicht etwa gescheiterte Existenzen, sondern junge Leute, die zur üblichen Gesellenwanderung, oder jedenfalls vor Beginn des Berufslebens, vor ihrem Militärdienst, oder saisonbedingte Arbeitspausen nutzend, noch einmal unternehmungslustig von zu Hause aufbrachen und dabei den Weg in den Süden wählten (auch Handwerksgesellen haben ihren *Grand Tour* und kommen oft bis Neapel, bevor sie umkehren). Das sei doch ausdrücklich gesagt, damit nicht schon die bloße Gattungsbezeichnung ‹Hilfscomité-Register› eine falsche Einordnung aufkommen lasse. Freilich werden wir auch kümmerlichen Gestalten begegnen, die in ein geregeltes Berufsleben nicht mehr zurückfanden.

Um so mehr ist – im Sinne unseres Themas – danach zu fragen, ob auch Motive für solche Art von Italienreisen artikuliert werden, und ob sie sich nur auf das Fernsein von zu Hause oder aber auch ausdrücklich auf Italien beziehen. Auf diese Frage – die anscheinend auch gestellt wurde – gibt es Antworten in allen Schattierungen. *Um Rom zu sehen*, kommt ein junger Küfer aus Mainz. Ein 33jähriger Weber *ist aufs gratewohl nach Italien hinein und bis nach Rom gelaufen, weil er soviel davon gehört hat*, ohne Absicht auf Arbeit. Ein 37jähriger Tagelöhner aus Hessen *kommt Vergnügens halber: Rom sei das Ziel jedes Deutschen. Wollte den Heiligen Vater sehen*, bekennt ein (evangelischer) Schreiner aus dem Rheinland; *wollte den Vesuv sehen*, gibt ein Feilenhauer aus Remscheid als Reisegrund an, und einem jungen Bäcker aus Sachsen wird anerkennend attestiert, er habe *Pompeji mit mehr Verständnis angesehen als man ihm zutrauen sollte.*

Daß der Weg das Ziel sei, konnte man wohl einem Hülsen erzählen, aber nicht den strengeren Herren des Hilfscomités. Unsere Quelle ist schließlich keine unverbindliche Passantenbefragung, sondern Feststellung von Hilfsbedürftigkeit. Mutwilliges Verlassen der Heimat wurde nicht gerade gebilligt. Das reicht von leisem Befremden (*Ein alter Großvater, der verheiratete Kinder in Deutschland hat, ist... nach Rom gekommen, um hier oder in der Umgebung Stellung zu nehmen*, heißt es von einem 59jährigen Gärtner) bis zu strengem Tadel: *nachdem er schon, hier arbeitslos, nach Neapel bummelte, den Vesuv bestieg etc., sich dort in der Gegend umhertrieb: Stiefel bekommt er nicht*, nämlich ein 18jähriger Fleischergeselle aus Halle. Aber eine kleine Unterstützung wurde auch dann nicht verwehrt.

Tatsächlich gab es auch solche, die *immerfort in Italien wandern*, oder den Eindruck erweckten, *alle Jahre eine italienische Reise zu machen* (ein 33jähriger Schuhmacher aus Dresden). Ein junger Schlosser *hat sich bis Messina herumgetrieben*, ein Bäcker *in Brindisi und Bari herumgearbeitet* (eine bemerkenswerte Wortschöpfung, die Gelegenheitsarbeit nicht gelten läßt). Von da geht es weiter zu drastischeren Beurteilungen – und zu dramatischen Fällen unverschuldeter Not, von denen noch die Rede sein wird. Hier zunächst nur die alltäglichen Schicksale mit ihren kleinen Umspielungen, und die üb-

lichen Motivationen, bei denen zu diffuser Italien-Neugier hand-
feste Gründe treten können.

Einige nennen denn auch spezifische berufliche Gründe, die sie
nach Italien führen: ein 20jähriger Kunstgärtner aus Sachsen *wollte
sich die Gärtnerei in Italien ansehen*, ein junger Destillateur *suchte Arbeit
in Torin, um den bekannten Vermuto di Torino herstellen zu lernen, fand aber
keine Arbeit*. In vielen Fällen aber dient der Italienaufenthalt der bloßen Arbeitssuche, sprechen die Befragten nicht vom Sog des Sü-
dens, sondern nur vom Schub der Arbeitslosigkeit daheim. Beides
ließ sich noch miteinander verbinden, wo saisonbedingte, periodi-
sche Arbeitslosigkeit Menschen jeweils für eine befristete Zeit frei-
setzte: *Findet um diese Jahreszeit* [Winter] *auch in Deutschland keine Arbeit und benutzte sie dazu, mit etwas erübrigtem Gelde nach Italien zu gehen,
um hier Arbeit zu suchen resp. sich* [sic] *über die arbeitslose Zeit hinweg zu
wandern*, erklärt ein junger Maurer aus Gera. Aber manche haben
diese Zuversicht, andere Jahreszeit werde ihnen auch daheim wieder Arbeit bringen, schon aufgegeben: *Behauptet daß in Deutschland
jetzt durch vermehrte Anstellung von Frauen keine Arbeit mehr zu bekommen
ist; behauptet wegen zuviel Mädchenarbeit nicht in Böhmen ankommen zu
können; glaubt daß es in Deutschland keine Arbeit mehr giebt*, usw.

Wo sie, in Rom angekommen, eine billige Unterkunft fanden,
auch das wird oft hinter den Namen vermerkt. Rom war nicht mehr
die beschauliche Papstresidenz, wie sie in zahllosen Reiseberichten
des 19. Jahrhunderts beschrieben ist, sondern die brodelnde Hauptstadt eines jungen Nationalstaats, und in den 3 Jahrzehnten seit der
piemontesischen Eroberung 1870 von 226 000 auf 463 000, also
auf das Doppelte gewachsen und an täglichen Massenzustrom ge-
wöhnt. Unterkommen finden unsere Wanderer vor allem in Armen-
herbergen, der päpstlichen im Vicolo Falcone (oder del Falco) im
Borgo, der städtischen im Vicolo del Consolato. Daneben werden
als Logis häufiger genannt eine «Deutsche Herberge» im Borgo
Santo Spirito 49 und eine weitere «Locanda tedesca» im Vicolo
delle Palline (also gleichfalls im Borgo), einmal als *die hiesige deutsche
Penne* bezeichnet: Schlaf- und Essensmarken gelten bisweilen ausdrücklich für diese Locanda tedesca.

Katholische Pilger, die sich bisweilen gleichfalls an das evangelische Hilfscomité wandten, konnten gegebenenfalls in Anima oder Camposanto wohnen: *Hat in der Anima und Campo Santo angeblich nicht wohnen können, weil er von seinem Pfarrer kein Pilgerzeugnis mitgebracht hat.* Die Akten des Hospizes des Camposanto nennen vor allem wandernde Handwerker, *Eremiten*, Pilger, *Heiratsleute* (uneheliche Paare besonders aus Bayern ließen sich, wegen der daheim für Mittellose geltenden Ehebeschränkungen, gern in Rom trauen, wogegen der bayerische Gesandte immer wieder protestierte). Und wer in Hospizen oder Armen-Herbergen nicht unterkam, der schlief eben im Freien.

Und so treten sie dann eines Tages in das Büro des Hilfsvereins, getrieben von Not oder auch nur Neugier, von Arbeitsunlust oder gerade Arbeitswillen. Was erwartete sie hier? Da die gebotene bescheidene Hilfe – Kleidung, Geldbetrag oder Essensbon – nur gegen glaubwürdige Angaben und das Vorweisen von Papieren gewährt werden sollte, stand diese Prozedur an allem Anfang: ein Glück mehr für uns Historiker als für jene Betroffenen, die, mit der Verletzlichkeit des Bittstellers, bisweilen wohl ein allzu kritisches Auge auf sich gerichtet fühlten.

Denn was da an Angaben gemacht und an Geschichten erzählt wurde, nahm man nicht einfach hin. Darlehen nur wenn Arbeit in Aussicht, Hosen nur wenn Anstellung, Schuhe nur wenn Papiere: da lag es nahe, notfalls etwas vorzuschwindeln. So stellte man Nachfragen, Prüfungsfragen, horchte auf innere Widersprüche, und tat es wohl auch aus Prinzip. Freilich waren Zweifel an Identität und Angaben manchmal gewiß berechtigt: *Mathias Sartor alias Mathias Schmidt alias Benedict Müller*, zum sechstenmal auftretend, *erschien heute mit der Angabe, Schmidt zu heißen, kürzlich von Afrika angekommen und noch nie hiergewesen zu sein.*

Diese bisweilen peinlich wirkenden Verhöre haben für uns immerhin den Vorteil, daß die Wahrscheinlichkeit der damals gemachten und hier verwerteten Angaben ein wenig höher ist, als wenn man einfach alle erzählten Geschichten ungeprüft beim Worte genommen hätte. Und gerechterweise sei noch einmal hervor-

24   *Die Ruinen von Castel Paterno, in dessen Mauern Kaiser Otto III., erst einundzwanzigjährig, im Januar 1002 starb. Die Burg, in grandioser Einsamkeit vorn auf der Spitze eines Tuffsporns gelegen, der hoch in das tiefeingeschnittene Tal der Treia hineinragt, war schon im 16. Jahrhundert aufgegeben. Der Mauerring ist, wie das Bild zeigt, ganz von dichtem Efeu behangen, vom zentralen Wohnturm blieb nur ein Schuttkegel. Der Blick geht von hier weit hinüber zum Monte Cimino, dessen Wälder Livius «dichter als die Wälder Germaniens» nannte, und gegen Osten zum nahen Monte Soratte, dessen majestätisches Profil im Hintergrund zu sehen ist. Von hier brach der bewaffnete Trauerzug auf, der den einbalsamierten Leichnam und die Reichsinsignien mit Bangen durch das in Unruhe geratende Italien die fast 1800 km nach Aachen geleitete.*

gehoben, daß wie die Prüfung, so auch die Hilfe effizient war: wenn die Behauptung, eine Anstellung im Hotel Hassler sei nur bei Besitz eines anderen Hemdes zu erhalten, der Nachprüfung standhielt, dann bekam der Mann unweigerlich sein Hemd. Und es soll hier auch nicht der Eindruck von bloßer Abfertigung entstehen. Es kam immer wieder zu echten Gesprächen, zu spontanen Gesten: ein verhinderter Maler, den Eltern zuliebe zum Schneider geworden, zeigt zutraulich sein Skizzenbuch und seine *Wassermalereien a la Piloty*; ein abgerissen wirkender Mann schenkt dankbar einen soeben ausgelesenen Unterhaltungsroman, usw.

Daß ohne Ausweis keine Wohltätigkeit zu erwarten, ja eigentlich nicht einmal ein kleiner Essensbon zu erhalten war, ließ sich aus dem Selbstverständnis eines Arbeitsvermittlungsbüros gut rechtfertigen, mußte im Lande spontaner Caritas aber auffallen und war, wenn man in einem römischen Kloster soeben ohne jede Rückfrage eine Speisung bekommen hatte, nicht leicht einzusehen. Und so scheint es am ehesten über diesen Punkt zu Wortwechseln gekommen zu sein. Gewiß waren auch Rabauken darunter. Hoch her geht es am Silvesterabend der Jahrhundertwende: 4 Mann rausgeworfen! Die ausführliche Befragung zur Person weckte wohl auch Erwartungen, denen die gewährte Hilfe dann nicht entsprach: ‹all dies Theater für nur 20 centesimi›, werden viele gedacht haben. Und wir denken es auch.

Frauen treten äußerst selten auf, unter den Tausenden von Hilfesuchenden sind es nicht einmal ein Dutzend. Altersangabe und Papiere werden ihnen nicht so grundsätzlich abverlangt wie den Männern, dafür wird genauer die römische Adresse (oder eine Kontaktadresse hier) notiert, und sie erhalten auch meist einen höheren Satz. Eine *femme de chambre* aus Passau hatte sich Hoffnung auf Arbeit in römischen Hotels gemacht, aber trotz Empfehlungen bisher vergeblich; eine Sprachlehrerin, schon mit Armenattest aus Königsberg kommend, versucht sich nun in Rom durchzuschlagen. Ganz selbständig agiert auch eine 25jährige Sängerin aus Rostock mit dem schönen Namen Caroline Sophie Friederike Baumann geb. Lahl, die in der Locanda della Scala in der Via Cavour wohnt und rein kirchliche Papiere vorweist (Trauzeugnis, Taufschein, Konfirmationsschein): *ihrem Manne ist sie entlaufen, weil er sie angeblich zu unredlichem und unwürdigem Gelderwerb gebrauchen wollte, seitdem turnt und singt sie in Chantants etc. Sie bittet um ein dunkles Kleid* und erhält den ungewöhnlichen Betrag von 2 Lire zugesteckt. Und wieviel Leid mag sich hinter dem Anliegen einer mit einem Deutschen verheirateten Venezianerin verbergen: *Bittet für sie einen Brief an das Standesamt in Karlsruhe zu schreiben und ihr eine Abschrift des Ehekontractes mit dem im Zuchthaus zu Waldheim in Sachsen befindlichen Ehemann zwecks freier Reise nach Deutschland zu verschaffen.*

Anders als man vielleicht annehmen könnte, wandten sich an das evangelische Hilfscomité nicht etwa nur Evangelische. Die Zuständigkeit war konfessionell nicht strikt getrennt, die Durchlässigkeit groß, und zwar in beiden Richtungen. Manchen unter den Hilfesuchenden war wohl auch gar nicht klar, daß es sich um ein evangelisches oder überhaupt ein kirchliches Hilfsbüro handelte, schließlich lag es ja gleich neben der deutschen Botschaft. Aber selbst wenn sie es wußten, suchten auch Katholiken hier Hilfe. Da kommt sogar der katholische Theologiestudent; der bayerische Gymnasiast, der *bei den Jesuiten eintreten wollte aber durch den Mangel des Abiturii verhindert wurde*; Jerusalempilger und zahllose Loreto-Pilger. Sie alle erhalten ihren kleinen Beitrag, der meist nicht geringer ist als der an Evangelische. Bisweilen kommen sie in ganzen Scharen: *unter 9 Besuchern befanden sich 5 Katholiken*, heißt es etwa. Im Durchschnitt dürften, wie Auszählungen über mehrere Jahre ergeben, rund 20 % aller Fälle katholische Hilfesuchende betreffen.

Der anderen Konfession anzugehören war also kein Hinderungsgrund. Wohl aber wurde aufs äußerste verübelt, wenn man sich als evangelisch ausgab und dann als katholisch erwies: in solchen Fällen konnte sich die Verärgerung in unschönen Bemerkungen von kulturkämpferischem Getöse Luft machen. Wenn der andere trotz der Zweifel darauf bestand, evangelisch zu sein, führte das bisweilen zu einer kleinen Examinierung, mit Fragen nach kennzeichnenden Unterschieden wie der Zahl der Sakramente (*Er hatte 6 Sacramente, wird wohl Katholik sein*), oder dem Hersagen des Glaubensbekenntnisses. Solch peinliches Katechisieren, das auch bei negativem Ergebnis selten zu Hilfsverweigerung führte, konnte völlig danebengehen. Denn einige waren mit der Frage, den Unterschied der beiden Konfessionen zu kennzeichnen, natürlich völlig überfordert: *Der Unterschied zwischen evangelisch und päpstlich ist ihm unbekannt*, heißt es von einem Arbeiter aus Oppeln auf Pilgerfahrt.

Der Alltag aber war, daß man sich auch an die andere Seite wandte: wie Katholiken an das Hilfscomité auf dem Kapitol, so Evangelische an Anima oder Camposanto – am besten nacheinander an beide Seiten, wie sich immer wieder zeigt: *Alle drei waren vom Campo Santo mit je einer Lira unterstützt, obgleich sie sich als evangelisch ausgaben*, heißt es von gemeinsam reisenden Schriftsetzern, die hier nun noch je $\frac{1}{2}$ Lira erhalten. Umgekehrt gab man einem Katholiken und schickte ihn dann noch zur Anima. Da scheint es in beiden Richtungen kaum Probleme gegeben zu haben, und wenn einer dem Hilfscomité erzählte, er habe im Camposanto *nichts erhalten weil er evangelisch war*, dann wirkte das nicht sehr überzeugend. Von besonderem Vorteil erwies sich die Mitgliedschaft im deutschen katholischen Gesellenverein: *Ist Mitglied vom katholischen Gesellenverein und findet als solcher Unterkunft und Speisung in der Anima; hat trotz seiner Mitgliedschaft zum katholischen Gesellenverein keine Arbeit in Rom gefunden*, heißt es von einem Schreiner aus Westfalen bzw. einem Schneider aus Posen. Das galt sogar für Evangelische: *Er ist wie viele evangelische Handwerksburschen Mitglied des Römisch katholischen Gesellenvereins und genießt als solcher in Rom nicht unbedeutende Unterstützung* (ein junger Schneider aus dem Hannoverschen).

Hin und wieder baten auch Menschen jüdischen Glaubens (*Jude, mosaisch*) um Unterstützung. Eigentlich galt die jüdische Gemeinde in Rom dafür als zuständig. Doch wurden Juden nie abgewiesen (auch das wäre ja im Register vermerkt worden), erhielten sie alle ihre kleine Geldsumme, auch wenn sich ihre Konfessionsangabe *evangelisch* dann als falsch erwies, oder wenn sie dem Hinweis auf die jüdische Gemeinde nicht folgen wollten. *Obgleich ich ihn an den Rabbiner wies, wollte er dort nicht hingehen*, heißt es von einem Handlungslehrling aus Hamburg; und von einem nicht mehr jungen Friseur aus Köln: *Ein armer Jude, der in Rom überall abgewiesen wurde, weil er Jude ist, wurde an Frau Nathan* [und?] *Frl. Herz geschickt. Seine Militair- papiere sind sehr gut. Hoffentlich findet er bei seinen Glaubensgenossen Hilfe!* Immerhin waren es ja deutsche Staatsbürger.

Aber auch Österreicher, die man als Katholiken in der Regel an die Anima weitergewiesen hätte, erhalten als Juden ihre kleine Un- terstützung: der 18jährige *Handelsmann* aus Österreichisch Schle- sien, der junge *Comtoirist* aus Wien (*ist willens jegliche Arbeit anzu- nehmen*), die ärmliche Gestalt eines 18jährigen Hilfsarbeiters aus Ungarn: *Er hat den rechten Arm bei der Betreuung einer Maschine verloren. Seine Angehörigkeit nach Ungarn wurde unterwegs in Sterzing Tyrol ange- zweifelt, es wurde nach Ungarn geschrieben und er mußte den Bescheid 3 Mo- nate eingesperrt abwarten. Von der hiesigen jüdischen Gemeinde kann er nichts bekommen. So machte ich die Ausnahme.*

Daß das Hilfscomité Unterstützung nur denen gewährte, die sich ausweisen konnten, war im Grundsatz verständlich, trieb aber rasch seine deutschen Blüten: man glaubt sich manchmal eher in der Meldebehörde einer deutschen Stadt als in einem kirchlichen Hilfsbüro im fernen Italien.

Was auf die Aufforderung, sich auszuweisen, vorgelegt und sorg- fältig registriert wurde, sind Papiere von erstaunlicher Vielfalt, vom hochrespektierten *Militairpaß* über die Mitgliedskarte eines Jüng- lingsvereins bis hin zu grotesker Ersatzlegitimierung wie der ver- schämt vorgewiesenen – weil einzig verbliebenen – Entlassungsbe- scheinigung einer Strafanstalt. Diese Vielfalt sollte uns eines Blickes wert sein, da wir ja auf anderes zielen als auf die vielbeschriebenen euphorischen Italienerlebnisse, für die eine Ausweiskontrolle höch- stens eine folkloristische Episode, aber keine existenzgefährdende Angelegenheit war. Da werden vorgelegt Geburtsscheine, Konfir- mationsscheine, Heimatscheine, Arbeitszeugnisse, Versicherungs- karten, Innungsscheine, Mitgliedskarten, Leumundszeugnisse, Pässe, Interimsscheine (denn vielen waren in Italien schon sämt- liche Papiere gestohlen worden) – und dieser ganze Overkill an Papieren wird säuberlich ins Buch eingeschrieben. Erstaunlich ist nicht allein diese Registrierwut auf seiten des Hilfscomités, erstaunlich ist daran auch, was diese Menschen so alles an Papieren bei sich tragen!

Dabei nahm man es mit den Militärpapieren besonders genau und achtete darauf, daß sich niemand seiner Militärpflicht entziehe. Zwar war der letzte Krieg schon fast 30 Jahre her, aber er ist noch präsent: ein bayerischer Bierbrauer, auf Pilgerreise von Assisi ins evangelische Büro tretend, trägt seine *Kriegsmedaillen* von 1870/ 71 auch in Rom – während umgekehrt ein Elsässer klagt, *sein Unglück sei das Jahr 1870 und die ewigen Übungen, die er machen müsse und die ihn immer wieder aus der Arbeit zurückrufen.*

Seine eigentliche Aufgabe sah das Hilfscomité in der Vermittlung von Arbeit. Hier zeigen sich Funktion und Engagement dieser Stelle auf das schönste, und das sei doch hervorgehoben, weil es die positive Seite einer Fürsorglichkeit ist, deren negative Seite – eine geradezu inquisitorische Schnüffelei – hier nicht verschwiegen wird.

Zunächst und vor allem versuchte man, deutsche Handwerker bei deutschen Betrieben in Rom unterzubringen, die Personenkenntnis nutzend, die jede Kirchengemeinde (zumal in der Fremde) hat. Ein junger Uhrmacher wird zum Uhrmacher Kohlmann in die Via Condotti, ein junger Apotheker *an die Apotheke von Herrn Passarge geschickt.* Ein Bäcker aus Thüringen hat das Glück, *Stellung beim Bäcker Lais* zu erhalten, einer bayrischen, inzwischen italianisierten Bäckerfamilie, die seit dem 18. Jahrhundert eine, dann sogar mehrere Bäckereien in Rom betrieb. Ein Conditor findet zeitweilig Stellung bei *Simon Nachfolger*, einer Konditorei der Via Condotti (solche bloßen Namensangaben lassen sich jeweils über das damalige Adress- und Branchenverzeichnis, die *Guida Monaci*, bzw. über Noacks Register identifizieren). Ein Buchbinder aus Chemnitz wird an den – in Rom äußerst erfolgreichen – westfälischen Buchbinder Glingler in der Via della Mercede gewiesen, ein Bildhauer aus Schleissheim an den alten Bildhauer Heinrich Gerhardt, seit 1844 in Rom und wiederholt Vorsitzender des Deutschen Künstlervereins, auch des Flottenvereins, und darum dem Appell an nationale Solidarität vielleicht besonders offen. Und so geht es weiter: der

Photograph wird zum Photographen, der Bäcker zur Conditorei, der Steindrucker zur *Cartografia* geschickt.

Vor allem aber waren es die großen, im Hotel-Boom der Hauptstadtwerdung nach 1870 gebauten neuen Hotels, die sich für die Arbeitsvermittlung des Hilfsvereins als ansprechbar erwiesen, denn eine überdurchschnittlich große Zahl von Hotels gerade des gehobenen Anspruchs stand damals unter deutscher oder schweizerischer Leitung, und einige ihrer Geschäftsführer waren der deutschen evangelischen Gemeinde persönlich verbunden. Genannt wird immer wieder das noch heute renommierte Hassler, das Grand Hôtel unter dem Namen seines Direktors Neuhauser, Vorstandsmitglied der Gemeinde, das Hotel Victoria in der Via Due Macelli unter dem Namen seines Besitzers Thiele, auch er Vorstandsmitglied der Gemeinde, das Hotel Eden in der Via Ludovisi, und andere. Und auch das deutsche Bierlokal Gambrinus am Corso gab hin und wieder Gelegenheit zu Aushilfsarbeit. In solchen Betrieben konnte man sich bei der Bewerbung wenigstens auf Deutsch vorstellen. Denn eine nicht zu unterschätzende Barriere (*wäre geblieben, wenn er Italienisch gekonnt hätte*) bildete die fremde Sprache gewiß. Oder man versuchte es eben doch bei italienischen Arbeitgebern: ein Former aus Elbing *hat Arbeit gefunden in der Giesserei hinter St. Peter,* und noch ein Kutscher aus dem Luzernischen kommt in verwandtem Metier unter, *bei der Tramway,* ein anderer *Electric. Arbeiter* hat kein Glück, *da die Electr. Gesellschaft im Sommer ihr Personal verringert.*

Andere hatten resigniert, im erlernten Beruf Arbeit zu finden: Ein Kaufmann arbeitet nun als Laufbursche im Hotel, im Hotel nun auch ein Buchbinder und ein Goldarbeiter. Ein Zigarrenmacher verfertigt nun Körbchen statt Zigarren, ein Küfer und Brauer *sucht alle deutschen Häuser ab um Stellung als Laufbursche zu erhalten.* Auch andere sind, trotz Ausbildung, inzwischen *willens jegliche Arbeit anzunehmen.*

Bei Arbeitsvermittlung in Rom schickte man den Mann nicht einfach los, sondern intervenierte womöglich vor Ort (*Rücksprache genommen, sodaß er Arbeit erhalten kann. Vedremo allora*), verfolgte den

Fall (*hoffentlich gelingt es ihm*), notierte Erfolg oder Mißerfolg (*war aber zur Arbeit nicht brauchbar und verschwand fast sofort von dort*). Enttäuschungen konnten nicht ausbleiben (*Kellner mit 900 francs durchgegangen und Herr Hassler deshalb mißtrauisch gegen Wanderkellner*). Manchmal konnte das Hilfscomité nicht mehr tun, als den Arbeitsuchenden für das Vorstellungsgespräch auszustaffieren (*da es unmöglich sein wird, in seinem jetzigen Äußeren Stellung zu erlangen; er sah in dem neuen Hemde ganz anders aus*) oder, bei Erfolg, mit berufsgerechter Kleidung zu versehen (Stellung bei Hassler nur *wenn er sich im Besitz eines anderen Hemdes befände*; die Arbeitsbescheinigung des Hotels Germania erbringt *den versprochenen Frack*). Aber oft blieb die Arbeitsuche ganz ohne Erfolg: *in ganz Italien Arbeit gesucht, aber nicht gefunden; hat Arbeit gesucht, aber keine gefunden*, heißt es oft, *hat natürlich keine gefunden*. Viele hatten *sich die Verhältnisse nicht so vorgestellt, sehen sich getäuscht* und kehrten gleich um.

Nicht immer geht es um Arbeitsvermittlung, sondern um elementare Hilfe. Einige kommen aus dem Gefängnis (*aus dem carcere in Regina Celi, wegen Herumstreichens*), viele kommen aus dem Spital: wegen Malaria, Epilepsie, Syphilis, Krätze, viel Rheuma; viele haben wunde Füße. In aller Regel ist es entweder Bunsens deutsches evangelisches Krankenhaus auf dem Kapitol, die *Casa Tarpeia*, das natürlich auch Katholiken nicht abwies; oder das schlichte Spital der Fatebenefratelli auf der Tiberinsel, *S. Giovanni Calibita*, das natürlich auch Protestanten aufnahm. Daß freilich Protestanten in römischen Spitälern Bekehrungsversuchen ausgesetzt waren, hatte Bunsen als preußischen Gesandten 1835 zu seinem Krankenhausbau bewogen – in Dimensionen, die den Kardinalstaatssekretär 1836/37 während des Konfliktes mit Preußen, den «Kölner Wirren», zu heftigem Protest veranlaßten. Das deutsche Krankenhaus auf dem Kapitol hatte immer auch ärmeren Patienten offengestanden, ja der preußische Gesandte Arnim bemerkte 1869 kritisch, das Spital sei bisher *hauptsächlich benutzt worden für deutsche Handwerker und Personen aus den ärmsten Klassen. Der Zug der Handwerker nach dem Süden hat aber fast vollständig aufgehört… Dagegen macht sich immer mehr das Bedürfnis geltend, Zimmer für wohlhabende Kranke zu haben, namentlich auch für*

Künstler und Gelehrte, deren Zahl von Jahr zu Jahr zunimmt. Arnims Diagnose erwies sich für die Zukunft als nicht ganz zutreffend, oder genauer: neben dem Zustrom von Künstlern und Gelehrten nahm auch der Zustrom von Handwerkern (wieder) kräftig zu, und auch sie fanden bei der großen Bettenkapazität weiterhin die traditionelle Aufnahme.

Die sprachliche Unsicherheit, mit der römische Örtlichkeiten bisweilen von den Vorstandsmitgliedern notiert wurden, zeugt nicht gerade von Vertrautheit mit der Stadt. Da heißt es von einem, er habe *in Ara Coeli gesessen*: schön wär's, denn das war die benachbarte Kirche auf dem Kapitol, verwechselt mit *Regina Coeli*, dem neuen großen Gefängnis, das dann auch noch *Regina Coelis* verschrieben werden kann. Oder da wird aus S. Giovanni Calibita, dem Spital auf der Tiberinsel, S. Giovanni *Calibati* oder *Calibat*; aus dem Vicolo delle Palline, der «Kugeln» (nämlich des Medici-Wappens), werden *Galline*, also «Hühner». Hülsen, dem Meister der römischen Topographie, passierte das natürlich nicht.

Wo von Kranken die Rede ist, wird immer wieder Dr. Wolfgang Erhardt genannt, ein überaus erfolgreicher Arzt, den in Rom die höchsten Patienten zu sich riefen: die aus Neapel vertriebenen Bourbonen, Kardinäle des 1. Vatikanischen Konzils, der greise Moltke, aber auch die Juden im Ghetto. Hier sieht man Erhardt nun auch für die schlichtesten Handwerker wirken: in seinen jüngst veröffentlichten römischen Erinnerungen verliert der edle Mann darüber kein Wort. Das in solchen Notfällen bisweilen vom deutschen Konsulat (oder der bayerischen Gesandtschaft in Rom) gewährte Freibillett zur Heimfahrt war sehr begehrt. Dafür brauchte es in jedem Fall ein entsprechendes Attest jenes deutschen Vertrauensarztes Dr. Erhardt, der solche *Freifahrtempfehlung* manchmal auch verweigerte. Oder man erhielt freie Heimfahrt nach Unglücksfällen (Matrose nach Schiffskollision in Neapel, nach Schiffbruch vor Spanien, nach Strandung bei Sizilien), oder wer sonst wirklich hilflos war (eine Näherin aus Oberammergau, auf Pilgerreise verlassen, *zeigt zwei Briefe des bayerischen Gesandten an die Stationsvorstände in Ala und Kufstein vor mit dem Ersuchen um Weiterbeförderung*).

Auch die pünktliche Erfüllung der Militärpflicht konnte Freifahrt begründen. Manchmal wurde die italienische Polizei auch von sich aus tätig, schritt sie zur Ausweisung *con ordine d'immediato rimpatrio.* So schob die Reale Questura zur Grenze ab, wer als mittellos aufgegriffen wurde oder im Gefängnis gesessen hatte − was die Betroffenen natürlich nicht daran hinderte, sogleich wieder zurückzukehren.

Und damit treten Menschen und Schicksale in unser Blickfeld, die düstere Töne in das Bild bringen. Verwahrlost, verbummelt, resigniert, am Rande des Existenzminimums balancierend, oder von persönlicher Tragik gezeichnet: ob schuldig oder unverschuldet in Not geraten, man wird solche Fälle gerade bei einem Hilfsverein, gerade in solcher Quellengattung erwarten.

Denn neben den Handwerksburschen, denen in ihrem Arbeitswillen auch erfolglose Arbeitsuche nichts anhaben konnte (wie anerkennend festgestellt wird), gab es die anderen, die nicht diesen Eindruck machten. Man wird bei der Beurteilung des Arbeitswillens den Maßstäben besonders strenger Hilfsvereinsmitglieder zwar nicht immer folgen wollen (die Beurteilung derselben Person durch zwei verschiedene Vertreter konnte ganz verschieden ausfallen). Aber es ist gar nicht zu bezweifeln, daß das Hilfsbüro auch Menschen anzog, die mit geregelter Arbeit nichts im Sinn hatten und nun *als Weltbummler, auf planloser Wanderschaft,* durch Italien zogen. Einige werden milde beurteilt: *Ein sehr alter Bekannter, ... der beständig auf der Reise ist und wohl nie am Ziele anlangen wird* (beim 7. Besuch binnen 3 Jahren wird er endlich abgewiesen). Andere werden strenger gemustert: ein 38jähriger Gärtner aus Elbing *hat im Frühjahr zuletzt gearbeitet, hat dann abwechselnd bei der Ernte ausgeholfen ohne feste Arbeit zu bekommen. Macht den Eindruck eines verwahrlosten Vagabunden, drückt sich sehr weinerlich aus und hat berechtigte Bedenken, seines Scheines wegen mit der Polizei in Berührung zu kommen* − ist doch das einzige Papier, das er vorweisen kann, ein *Certificat über seine Beförderung per Schub* [Abschiebung] *an die bayerische Grenze, Salzburg 26. Juli 97.* Beide *waren sehr abgerissen und machten den widerlichsten Eindruck von Vagabunden,* heißt es von anderen; *machen beide den Eindruck echter*

Strolche, usw. Manche denunzieren sich gegenseitig als Lügner, Konvertiten, Gauner, Fälscher.

Gegenüber denen, die den Eindruck von Vagabunden machen, wird – anders als bei den Fällen offensichtlich unverschuldeter Not – wenig Mitleiden spürbar: Arbeitsscheu, Ziellosigkeit, Verwahrlosung, Bettel, das ist auf der Urteilsskala des Hilfscomités das untere Ende. Hier wird geurteilt und gerichtet, zu gerechterer Verteilung der verfügbaren Mittel, aber wohl auch aus innerer Anlage. Auch das andere, das obere Ende der Urteilsskala läßt sich leicht kennzeichnen. Es wäre (wenn man es karikierend zusammenziehen will) der junge Mann, der den Namen seines konfirmierenden Pfarrers anzugeben weiß, *guter* oder *ordentlicher Leute Kind* ist und nur zeitweilig und unverschuldet in Not geraten; der arbeitswillig ist und zur Selbsthilfe bereit, ja der einen Eindruck macht, *der ihn eher sonst wohin als in dies Bureau verwiese*, und der bereits im Aufbruch ist, um den Termin der militärischen Musterung daheim nur ja nicht zu verpassen.

Zwischen diesen beiden Polen liegen nun all die Fälle individueller, mit wechselndem Mitgefühl geschilderter Schicksale, von kuriosen Lebenswegen bis hin zu tiefer persönlicher Tragik: Italien von unten erlebt.

Da gibt es ganze Lebensläufe, die in vielen Windungen nach Rom führen. *Durchwandert die Welt als Fußgänger und giebt überall, wohin er kommt, musikalische Vorträge in privaten Gesellschaften und Lokalen. Hier hat er es übel getroffen und kann nichts verdienen, hat sein Instrument verpfändet in der Herberge usw. Er macht einen guten Eindruck und ist ihm außer seiner Lust, die Welt als Spielmann zu durchwandern, nichts vorzuwerfen. Er ist auf der Reise nach Jerusalem, um dort zu konzertieren, hat den Drang Hof-Musiker zu werden* (ein 34jähriger Musiker aus Tübingen). *Er war in Sarajewo noch Tischler, dann packte es ihn und er wurde Maler. Nun tischlert er nicht mehr, sondern malt* (ein 28jähriger Hesse, der über Griechenland nach Rom kommt). *Aus seinen Papieren geht hervor, daß er sich schon in allem möglichen versucht hat, Bureau-Vorsteher bei Rechtsanwälten war usw. Er scheint ein unruhiger Geist zu sein, der schwer Frieden hält . . . Da er gute Kenntnisse der lateinischen Sprache besitzt, will er sich hier bei Priestern um irgendwelche Arbeiten bemühen* (ein 30jähriger «Schreiber» aus der Provinz Posen).

Da treten eigenartige Gestalten auf, die es nach Italien verschlagen hat: der kränkliche, verwachsene Damenschneider aus dem Berliner Jünglingsverein; der Mann, aus dem *nichts herauszubringen ist als ‹Eid. Beten Peterskirche›*; der Zauberkünstler aus Königsberg, der um ein Hemd bittet; der Eisenbahndirektor aus Böhmen, der zunächst *mit den besten Papieren* beeindruckt und dann die erbetene Überbrückungssumme zurückzuerstatten ›vergißt‹; der Gymnasiast mit schlechten Zeugnissen, der, gegen den Willen der Eltern, zu Fuß durch Italien zieht, *um hier in Cafés zu singen und zu spielen, ein Gemütsmensch*; der arbeitsunfähige Berliner Klempner, der nur noch in der Lage ist, *einer Kunstreiterbande im Carusellbetriebe* zu dienen (ein anderer Invalide hat immerhin eine *Invaliden-Pension von Krupp in Essen, fiel in die Teigmaschine und erwartet hier die Auszahlung des Geldes durch das Consulat*). Manche Lebensumstände streifen das Komische – wüßten wir nicht, daß den Betroffenen alles andere als komisch zumute war. Oder andere, die unter schwierigen persönlichen Bedingungen durch Italien reisen: der taubstumme Schuhmacher, der sehbehinderte Gärtner, der epileptische Buchdrucker, der schwindsüchtige Akrobat. Oder das anrührende Bild des älteren herzkranken Gärtners, der auf ärztlichen Rat das heimatliche Schwiebus verließ und nun *mit seinem Kinde, einem Jungen von neun Jahren, zu Fuß durch Italien* zieht und Lebensunterhalt sucht.

Können wir hier nur ahnen, wieviel Kummer und Bitternis sich schon hinter solchen Angaben verbirgt, so tritt das in anderen Lebensgeschichten deutlicher zutage. Da gibt es – neben den anderen Frauen, von denen oben schon die Rede war – das ältliche Dienstmädchen, das nach dem Tod des Verwandten allein in Rom zurückblieb und, seit Jahren ohne Arbeit, bereits ihre Kleider verpfändet hat. Auch andere haben schon alles versetzt, ein Musiker gar sein Instrument. Oder die *verschämten Armen, die durch ein widriges Geschick vis-à-vis du rien gesetzt wurden* (wie ein neues Mitglied des Hilfscomités mit neuem Elan schreibt). Oder die verlorenen Söhne: *Will an seinen Vater, mit dem er zerfallen ist, schreiben*, nimmt sich ein Schlosser aus Schlesien vor; *daß seine Mutter besucht wird, ohne ihr jedoch von seinem Elend zu sagen,* fleht ein Lederfärber aus München. Ein Apotheker aus der Provinz Posen, Zbigniew Wolmiewicz, ausweislich Sohn eines Rittergutsbesitzers, *kam durch eine ‹Dummheit›, wie er sagte, nach Italien* und ist nun ohne Lebensunterhalt. Was die *dumme Sache* war, die ihn außer Landes trieb und *noch* $^1/_2$ *Jahr im Auslande hält,* erfahren wir genauer bei einem katholischen Theologiestudenten: *Er hatte in Breslau als Antisemit unverständiger Weise einen jüdischen Mitbürger geschlagen, die Eltern mußten Schmerzensgelder zahlen, um die Strafe zu hintertreiben.*

Am anderen Ende der Altersskala tritt zum Unglück noch die Hoffnungslosigkeit, wird einigen schon aus Altersgründen kaum noch eine Chance gegeben: *Ein alter Mann welcher viel Böses durchmachen mußte,* wird zu einem erst 51jährigen Uhrmacher aus Guben angemerkt. Ein *alter gebrochener Mann* ist ein 62jähriger Portier, ein *alter unglücklicher Mann* ein 59jähriger Arbeiter. *Er war Kanal-Arbeiter in Kiel, Holzhacker in Tirol und ist jetzt Wanderer, der als alter Mann keine Arbeit erhält,* heißt es von einem 45jährigen Metallgießer aus Elberfeld ohne Papiere.

Und so geht es abwärts bis zu wahrhaft tragischen Schicksalen: *Hat Frau und 8 Kinder verloren 1890. Seit 2 Jahren unterwegs,* erfährt man von einem Fabrikarbeiter aus Böhmen. Und von einem Schmied aus Chemnitz: *Ein Mensch, der viel Unglück gehabt hat, dessen Frau im Irrenhaus sitzt, der selbst aus Kummer darüber planlos in der Welt herum läuft* und sich nur mit einem *Schein aus der Irrenanstalt, in der sich seine Frau befindet,* ausweist.

So sind einige bereits unten im Elend angekommen, in allen Abstufungen von *halbverhungert* (20jähriger Buchbinder aus Soltau) bis *ganz verhungert* (Schuhmacher aus Bielefeld, 31jährig): *wurde halbverhungert von guardie di città auf der Straße gefunden und in das Ospedale S. Spirito gefahren; bat inständigst ihm Bons zu geben, da er seit vorgestern nichts zu essen gehabt habe; Ich hatte Hunger, deshalb kam ich nochmals herein,* gesteht ein 19jähriger. Entsprechend erbärmlich ist das Äußere, in dem manche auftreten: *vollständig abgerissen, sehr herunter, in trostlosem Zustande,* haben einige auch durchaus selbst das Empfinden, daß ihr Äußeres sie demütige. Mochte das Hilfscomité auch nachdrücklich feststellen, dies sei kein Wohltätigkeitsverein – vor solchem Anblick ließ das Gewissen keine Wahl: es mußte geholfen werden.

All diese kleinen Lebensschicksale sehen wir in Rom nur flüchtig an uns vorüberziehen. Aber sie sollten uns dieser Beobachtung doch wert sein. Denn sie lassen menschliche Bedingungen sichtbar werden, die den – sozial ganz anders situierten – Autoren veröffentlichter Reiseberichte nicht überlieferungswürdig gewesen, ja unbekannt geblieben wären.

Römische Landschaften
im Caffè Greco

Wer in Rom in der Via Condotti, nicht weit von der Spanischen Treppe, das historische Caffè Greco betritt, dem fällt sogleich die große Zahl von Gemälden auf, die in allen 9 Räumen die Wände bedecken. Die Geschichte dieses ungewöhnlichen Cafés und seiner Sammlung ist hinreichend bekannt: um das Jahr 1760 von einem – daher wohl der Name – *caffettiere levantino* gegründet (so die Tradition, und so auch der Eintrag im *Stato delle Anime,* dem Verzeichnis der Einwohner der Pfarrei von San Lorenzo in Lucina von 1760), wurde das Kaffeehaus bald zum regelmäßigen Treffpunkt, ja zur Postadresse der nördlichen Künstler, darunter besonders vieler Deutscher. Das bekannte Blatt des jungen Carl Philipp Fohr gibt, gegen 1818, ein Gruppenbild damals in Rom lebender deutscher Maler an den Tischen des Caffè Greco.

In der Bildersammlung des Caffè Greco, die seit 1873 durch Kauf und Schenkung zusammenkam, und die selbst für ein historisches Café bemerkenswert ist, bilden die Landschaftsgemälde des Dresdners Edmund Hottenroth (1804–1889), der von 1830 bis zu seinem Tode in Rom lebte, mit insgesamt 58 Bildern (einige nur zugeschrieben) den größten Bestand. Davon finden sich die meisten im – wegen seiner gestreckten Proportionen so genannten – *Omnibus* (rechts in der Mitte des Lokals), in der kleinen *Sala Szoldaticz* (vor dem hinteren Durchgang des *Omnibus*) und im *Salone Rosso* (dem letzten und schönsten, schon gegen die Via delle Carrozze gehenden Raum). Edmund Hottenroth ist gewiß kein Künstler von Rang; der ganz neue Blick auf Rom und die Campagna, wie ihn schon Ende des 18. Jahrhunderts Francis Towne oder Pierre-Henri de

Valenciennes heraufgeführt hatten, ist bei ihm kaum zu spüren. Aber er malte doch gefällige Landschaften.

Hier geht es nun weder um das Café noch um den Maler, sondern allein darum, einige der Landschaften aus der näheren Umgebung Roms, die der neue Katalog der Sammlungen nicht zu bestimmen vermochte, genauer zu lokalisieren. Dieser treffliche Katalog wurde von den *Romanisti* veröffentlicht, einem Sodalizio römischer Romfreunde, die sich hier jeden Monat versammeln – und das gibt Gelegenheit, die Gemälde an den Wänden (deren Landschafts-motive sämtlich präzise zu bestimmen nicht Aufgabe eines Kata-logs sein kann) immer wieder in den Blick zu nehmen und sich zu fragen, ob man dieses oder jenes Motiv nicht vielleicht schon einmal in der vertrauten Umgebung Roms gesehen habe. Und da die Landschaft damals nicht wegsamer war als heute, und Maler mit Malkästen gewiß nicht beweglicher waren als der heutige Wande-rer, ist die Vermutung begründet, daß sich die Maler nicht allzu tief ins ungebahnte Gelände begeben haben, die Zahl der Standorte also eher begrenzt, die Chance genauerer Identifizierung darum eher groß sein dürfte.

Zuvor einige rechtfertigende Überlegungen, warum es über-haupt – auch unabhängig von den hier behandelten Stücken – einen Sinn haben könnte, nach dem Realitätsgehalt solcher Land-schaftsbilder zu fragen. Meist wird man auf den ersten Blick er-kennen, ob es sich um Zeichnung nach der Natur oder um Ideal-landschaft, um authentische oder um komponierte Landschaft handelt. Solche Fragen überhaupt zu stellen wird der Historiker, der in seinem schlichten Wirklichkeitssinn sogar Veduten gern als Quelle beim Wort nimmt, leichter geneigt sein als der Kunsthisto-riker. Und oft ist die korrekte Bestimmung in der Tat ohne jeden Er-kenntnisgewinn: einzelne Versehen nachzuweisen hat etwas Recht-haberisches, wenn diese Versehen nicht zugleich typisiert, also zu künftiger Vermeidung genutzt werden. Wenn aber Landschaften verwechselt, Stadtlandschaft als Campagnalandschaft mißverstan-den, ein Amphitheater-Gewölbe als Felsenhöhle mißdeutet, Motive in der Originalität ihrer Wahl verkannt, wenn also zeittypische

Zusammenhänge auseinandergebracht und daraus auch noch Schlüsse gezogen werden, dann mag genaue Bestimmung, zumal eine Richtigstellung von Fehlbestimmungen, doch gerechtfertigt sein. Topographische Kenntnis bewahrt vor gewissen Aussagen, die wiederum kunsthistorisch relevant sein können.

Eines dieser Bilder im Caffè Greco, Tempera auf Papier, in der *Sala Szoldaticz* (dem 5. Raum vom Eingang) rechts an der Wand zum *Omnibus*, scheint eine kleine Ortschaft mit Kirche in freier Landschaft darzustellen (Abb. 25) und ist im Katalog der Sammlung (63/VI) denn auch als «paese» bezeichnet. Bei näherem Zusehen zeigt sich jedoch, daß nicht ein Ort draußen in Latium, sondern ein Motiv innerhalb der römischen Mauern dargestellt ist: der Komplex von SS. Giovanni e Paolo auf dem Celio, gesehen vom Palatin gegen die Albaner Berge.

Links des Kirchenschiffs erhebt sich der Campanile inkorporiert in das hohe Konventsgebäude auf einer Ecke der Substruktionen des Claudius-Tempels; im Vordergrund erkennt man die 3 Oratorien bei S. Gregorio Magno, darüber im Hintergrund die beiden Türme der Porta S. Sebastiano, durch die die Via Appia Rom verläßt. Dieser Blick vom Palatin über den Caelius, in dem sich Natur und Architektur innig miteinander verbinden ließen, war ein im späten 18. und frühen 19. Jahrhundert recht beliebtes Motiv, mit Standort entweder bei S. Bonaventura (wie hier) oder näher bei S. Sebastiano al Palatino (Corot) oder noch mehr zur südlichen Ecke des Palatin, also fast gegenüber der Apsis von SS. Giovanni e Paolo, ungefähr in der Fluchtlinie des *Clivus Scauri*, so daß sich vorn noch die Bögen der Aquäduktabzweigung zum Palatin und hinten S. Stefano Rotondo oder gar der Lateran (Turner) ins Bild bringen ließen. Jedenfalls gibt es Veduten, die der hier behandelten verwandt sind: von Francis Towne (von 1780), von John «Warwick» Smith (1780), Johann Martin von Rohden (1796), William Turner (1819), Camille Corot (1826) und anderen.

Was an diesem Lokalisierungsproblem kennzeichnend ist, also etwas über Rom – und nur über Rom! – aussagt und insofern den ausdrücklichen Hinweis rechtfertigt (sonst täte man solche Korrekturen besser beiläufig in einer Fußnote ab): Motive, die *innerhalb* des römischen Mauerrings zu lokalisieren sind, werden oft nicht als solche erkannt und immer wieder draußen in der Campagna gesucht. So erweist sich ein in Publikationen so bezeichnetes «Ruinenfeld bei Rom» bei näherem Zusehen als der Palatin mitten in Rom, eine «Campagna-Landschaft» als Blick vom Celio auf die Caracalla-Thermen, und ähnliche Fälle. Dieses Versehen liegt nahe, wenn man nicht die Bevölkerungsgeschichte Roms in ihrem drastischen Auf und Ab vor Augen hat. Wenn eine gut 18 km lange Stadtmauer wie die *Mura Aureliane* nicht mehr eine Dreiviertelmillion umschließt, sondern allenfalls noch etwa 30 000 Einwohner, die sich in eine Ecke des ursprünglichen Siedlungsgebiets, in den Tiberbogen zwischen Peterskirche und Kapitol, zurückziehen, dann soll wohl auch innerhalb der Stadtmauer Raum für Landschaft sein: der sogenannte *Disabitato* mit Ruinen-Idylle und ländlichen Szenen, die man innerhalb eines intakten Mauerrings nicht suchen und bei allen anderen Städten auch nicht finden würde.

Und so auch beim folgenden Gemälde. Ein Ölbild im *Omnibus* rechts hinten (Abb. 26) zeigt in unbesiedelter Landschaft ein mächtiges, von dichter Vegetation verhängtes Mauerstück, das sich im Hintergrund in einer langen Reihe hoher geschlossener Bögen fortsetzt, die in kräftigen Stufen einen Hügel hinaufsteigen. Die Deutung als «Campagna mit Aquädukt» (Katalog 22/IV) kann schon deswegen nicht zutreffen, weil ein römischer Aquädukt solche Niveau-Sprünge gar nicht machen könnte; denn diese Aquädukte sind nicht Druckwasserleitungen, sondern Wasserleitungen mit nivelliertem Gefälle, vom oberen Aniene-Tal bis zu Roms Porta Maggiore auf rund 73 km (Aqua Claudia) bzw. 85 km (Anio Novus) stetig um etwa 280 m Höhe fallend. Was wir auf dem Bilde sehen, sind nicht die (offenen) Bögen eines Aquädukts, sondern die (geschlossenen) Bögen, die den Wehrgang der Aurelianischen Mauer (bzw. ihrer Aufstockung unter Honorius) tragen, kurz: ist die Innenseite der römischen Stadtmauer.

Solche ländlichen Strecken der *Mura Aureliane* kann man heute noch im südlichen Stadtbereich finden. Sie waren bis zum Bau-

25 Bezeichnend für den ländlichen Charakter Roms auch innerhalb der Stadtmauern ist die Tatsache, daß Veduten, die im Stadtbereich entstanden, oft nicht als solche erkannt und irrtümlich hinaus in die Campagna verlegt werden. So zeigt dieses Bild von Edmund Hottenroth (1804–89) im Caffè Greco nicht ein «Dorf», wie der Katalog sagt, sondern Kirche und Konvent von SS. Giovanni e Paolo auf dem Celio, gesehen vom Palatin gegen die Albanerberge. Im Hintergrund rechts, scheinbar auf offenem Feld, die Stadtmauer mit den Türmen des Tores, durch das die Via Appia Rom verläßt.

boom, der auf die Einigung Italiens 1870 folgte und den alten Mauerring zum guten Teil endlich mit Siedlung auffüllte, aber noch an
vielen Stellen zu sehen: entsprechend häufig wurden sie gemalt –
und entsprechend häufig wurden sie als Aquädukte in der Campagna mißdeutet. So wird Luigi Rossinis Radierung der Stadmauer
zwischen S. Giovanni in Laterano und S. Croce in Gerusalemme –
gezeigt wird die (jüngst wieder freigelegte) Innenseite – hartnäckig
als Darstellung eines Aquädukts gedeutet; der Künstler kann noch
so deutlich darunter schreiben, es handle sich um eine «Veduta delle
Mura di Roma dalla parte interna», der heutige Bearbeiter weiß es
doch besser: «si tratta invece [!] della diramazione dell'acquedotto
Claudio». Zwar gibt es dort, an der Porta Maggiore und in der
nahen Villa Wolkonsky, in der Tat eine Abzweigung der Aqua Claudia zum Palatin, aber um so mehr sollte man beides auseinander-
halten!

Die Beispiele solcher Verwechslung ließen sich leicht vermehren.
Hier nur noch ein besonders eklatanter Fall. William Turners schö-
nes Aquarell von 1819 (Abb. 27) ist keineswegs ein «Blick über die
römische Campagna» mit den «dämmernden Ruinen der Aqua
Claudia» und darum auch nicht schon ein Beleg dafür, daß Turner
«neben seinen intensiven Streifzügen durch die Stadt Rom ... viel
Zeit mit Wanderungen durch die römische Campagna» verbrachte.
Dargestellt ist vielmehr ein Blick über den Monte Testaccio auf die
Innenseite der Aurelianischen Mauer westlich des Cimitero Acatto-
lico und darüber hinweg auf die große Tiberschleife bei S. Paolo
fuori-le-mura, dessen gewaltige Baumasse schemenhaft angedeutet
ist, ebenso wie die Erhebung der sogenannten Roccia di S. Paolo
gleich hinter der Apsis.

Wenn man schon im Caffè Greco ist, kann man auch noch wei-
tere nicht näher lokalisierte Landschaften des genannten deutschen
Malers Hottenroth betrachten und zu bestimmen versuchen. Eine
«Campagna con acquedotto» (Katalog 26/IV, im *Omnibus* rechts
hinten) zeigt einen fernen Aquädukt in gebirgiger Landschaft. Ein
Aquädukt nicht in weiter Ebene – das bevorzugte Motiv aus der
Campagna östlich Rom – sondern zwischen Bergen, kann nur im

26   *Ein weiterer bezeichnender Irrtum in der Lokalisierung römischer Vedu-*
ten: Bogenreihen, die scheinbar durch freie Landschaft führen, grundsätzlich
als Aquädukte anzusehen. In Wahrheit handelt es sich, auf diesem Bild von
Edmund Hottenroth (1804–89) im Caffè Greco wie auch in vielen anderen
Darstellungen des 18. und 19. Jahrhunderts, um die Innenseite der antiken
Stadtmauer (ein Aquädukt könnte, als nivellierte Wasserleitung, solche Gelän-
desprünge gar nicht mitmachen): ihr Wehrgang ruhte auf Bögen, die umso mehr
als Aquädukt wirken, als die Mauer, zwischen dem Ende der Antike und dem
Bauboom der Hauptstadtwerdung 1870 viel zu weit geworden, durch unbesie-
delte Campagna zu führen scheint.

Aniene-Tal zu suchen sein, durch das alle Fernwasserleitungen nämlich gebündelt nach Rom führten; und wenn es ansehnliche Bögen in langer Reihung sind, kann das nur gleich hinter Tivoli sein. Und so ist es. Der Blick geht von der Anhöhe im Nordwesten des Friedhofs, zwischen Tivoli und dem Colle Ripoli, gegen Osten in das Aniene-Tal und den Fosso d'Empiglione: vorn rechts im Schatten der untere Hang von Colle Ripoli und Monte S. Angelo, den Ponte degli Arci verdeckend. Dahinter etwas weiter links die Wand, die den nördlichen Abschluß der Monti Prenestini bildet, hier durch starke Schattierung kräftig modelliert. Davor, unten im Tal, die monumentalen Aquäduktreste, die auch Maler wie Joseph August Knip (1777–1847), Johann Martin von Rohden (1778–1868), Johann Christoph Erhard (1795–1822), Ettore Roesler Franz (1845–1907) aufnahmen, und die von Thomas Ashby als Teilstrecke des *Anio Novus* bestimmt wurden. In der Mitte des Bildes die Talfurche, durch die die Via Empolitana das Aniene-Tal verließ. Im Mittelgrund links der Colle Vescovo, der hier Castel Madama gerade verdeckt, und an dessen Fuß Aniene und Via Valeria vorbeiziehen. Hierher gehört auch ein (bisher als Architektur-Phantasie geltendes) Blatt von Claude Lorrain, das einen antiken Aquäduktbogen mit aufgesetztem mittelalterlichen Turm zeigt.

Im vorletzten Raum endlich, beide an der linken Wand, ein «Paesaggio con laghetto» und ein «Paesaggio montano» (Katalog 76/VIII und 77/VIII). Die «Landschaft mit kleinem See» erweist sich als Blick aus dem Anienetal hinauf gegen Rocca Canterano, das man mit seinem Campanile hoch oben auf der charakteristischen, stark geneigten Felsrippe erkennt. Das obere Aniene-Tal wurde damals von Malern auf dem Weg nach Subiaco viel begangen und lag auch in Reichweite von Olevano. Der Standort ist bei km 9,8 der jetzigen Strada Statale 411 Sublacense (località Madonna della Pace), das Gewässer vorn kein ‹laghetto›, sondern eine Schleife des Aniene.

Die «Berglandschaft» hingegen zeigt die Pontinische Ebene gesehen vom Südhang des Albanergebirges, ungefähr halben Weges zwischen Velletri und Lanuvio: am Horizont rechts das unverkenn-

27   *Auch in diesem Fall ist leicht zu verkennen, daß wir uns noch innerhalb des Stadtgebiets befinden. William Turners schönes Aquarell von 1819 ist keineswegs ein «Blick über die römische Campagna» mit den «dämmernden Ruinen der Aqua Claudia». Dargestellt ist vielmehr ein Blick über den Monte Testaccio auf die Innenseite der Aurelianischen Mauer westlich des protestantischen Friedhofs an der Cestius-Pyramide und darüber hinweg auf die große Tiberschleife bei S. Paolo fuori-le-mura, dessen gewaltige Baumasse, über dem inneren Scheitelpunkt der Flußkurve, schemenhaft angedeutet ist. Rom ist eben, vor 1870, zur Hälfte Campagna:* Disabitato *und* Abitato *nebeneinander innerhalb der Stadtmauern, die bei der Bestimmung solcher Veduten oft mit Aquädukten verwechselt werden.*

bare Profil des wie eine Insel wirkenden Monte Circeo (das allein schon für eine Identifizierung genügen würde), links die Kette der Monti Lepini (oder Volskerberge) mit dem Monte Semprevisa zur Linken als höchster Erhebung, darunter der Monte Arrestino zwischen Cori und Norma. Der dunkle, dreieckige Berg, der sich in der Bildmitte gegen die Ebene vorschiebt, ist der Monte Acquapuzza vor Sezze; rechts anschließend die Monti Ausoni bis zum Monte Leano vor Terracina. Auch dieser Blick über die Pontinische Ebene, die seit den Bonifizierungsarbeiten Pius' VI. am Ende des 18. Jahrhunderts einiges von ihrem Schrecken als «Sümpfe» verloren hatte (Goethe fand, daß sie «kein so übles Ansehn haben, als man sie in Rom gemeiniglich beschreibt», Ital. Reise 23. 2. 1787), ist seit Claude Lorrain mehrmals gemalt (und mehrmals falsch bestimmt) worden, von Samuel Birmann, Alexander Ivanov, Anselm Feuerbach und anderen.

Man kann durch Bilder wandern wie durch Landschaften und beinahe die gleiche Lust empfinden. In einigen Fällen kann das Bedürfnis, sich auch in Landschafts*bildern* erst einmal zu orientieren, darüber hinaus auch zu Erkenntnis führen – und nur darum wurde die genauere Bestimmung zweitklassiger Bilder hier zum Thema gemacht. Denn wenn Landschaftsmotive nicht als *dentro le mura* erkannt, sondern in die Campagna hinausverlegt werden, dann wird aus Rom ein Charakterzug herausgetrennt, der für diese Stadt konstitutiv war.

Dank an Rom

Das Deutsche Historische Institut begeht heute sein hundertjähriges Bestehen. Wir sind dankbar, daß wir diesen Tag, im Beisein der beiden Staatspräsidenten und des Kardinalstaatssekretärs, mit der Stadt Rom auf dem Kapitol selbst feiern dürfen.

Ich will Ihnen zu diesem Anlaß nicht die Geschichte des Instituts erzählen, sondern diese Geschichte zurückordnen in ihren größeren Zusammenhang und über Elementareres sprechen: über Rom – und über uns und die, die vor uns waren, kurz: über Menschen in Rom. Seien das nun Römer von Geburt oder Römer aus Bekenntnis, Rom-Deutsche oder Römer aus anderen europäischen Ländern. Denn gerade der Historiker weiß Länder, weiß Städte zu würdigen, die ein solches Bekenntnis auf sich ziehen.

Wir wollen, auf der anderen Seite, nicht so tun, als ob dieses Bekenntnis zu Rom, zu Italien, stets ein Verhältnis ohne Spannung gewesen wäre. Diese Begegnung war immer eine Geschichte von Vertrautheiten, aber auch von Befremdungen, über die man nicht einfach hinwegreden sollte. Denn zu freundschaftlichem Einvernehmen bedarf es des gegenseitigen Verständnisses in der Verschiedenartigkeit, nicht der Behauptung von problemloser Gleichartigkeit. Hier sei nicht die Rede von dem gegenseitigen Unverständnis, wie es der Nationalismus des 19. und 20. Jahrhunderts auf beiden Seiten bis zur Tollheit trieb, sondern von jenen unüberhörbaren Andersartigkeiten, die es in der Zuwendung zum anderen Land auch historisch zu begreifen gilt, und hinter denen man das grundsätzliche Einverständnis erkennen muß, zu dem beide Völker, beide Kulturen aus gemeinsamer europäischer Tradition immer wieder gefunden haben.

Untergründiges Einverständnis also und leises Befremden, wie es etwa in Thomas Manns *Zauberberg* subtilen Ausdruck findet. Da bemerkt Hans Castorp, der junge Ingenieur aus dem schwerblütigen Norden Deutschlands, mit naivem Erstaunen, welch andere Bedeutung scheinbar gleiche Begriffe im Munde seines Gesprächspartners und väterlichen Freundes, des italienischen Liberalen Settembrini, annehmen. Ganz ungeniert spricht der von «Tugend», während der Deutsche dieses Wort sein ganzes Leben lang noch nie in den Mund genommen und in der Schule selbst das lateinische *virtus* immer bloß mit «Tapferkeit» übersetzt hatte. Und während der Italiener bei «Fortschritt» vor allem an die Vervollkommnung der Menschheit dachte, hatte Castorp diesen Begriff rein technisch aufgefaßt und darunter «bisher so etwas verstanden wie die Entwicklung des Hebezeugwesens im 19. Jahrhundert» – kurz: eine andere «Anordnung der Dinge», wie es diesem jungen Deutschen aus einer nach-idealistischen Generation vorkam.

Diese Unterschiede in Denken und Empfinden zu begreifen und begreiflich zu machen, haben Rom-Deutsche immer wieder vermocht, und sie haben damit unseren beiden Ländern den schönsten Dienst erwiesen. Ich nenne, unter vielen, nur einen, einen Historiker: Ferdinand Gregorovius (1821–1891), der die «Geschichte der Stadt Rom im Mittelalter» schrieb und doch auch den Italienern seiner Gegenwart gerecht zu werden verstand – und dessen Haltung und Leistung Rom seinerseits gerecht zu werden wußte, indem es ihn hier auf dem Kapitol zum römischen Bürger machte. Und er nahm diese Ehrung als die schönste, die ihm zuteil werden konnte. Man wird gerechterweise sagen müssen, daß nicht wissenschaftliches Urteil allein, sondern auch politisches Bekenntnis die Zustimmung des liberalen Italien zu Gregorovius' Werk bestimmt hat: wie die protestantisch-liberale, so hatte im deutschen Sprachraum ja auch die katholische Geschichtsschreibung Historiker von Rang, die, wie Ludwig von Pastor, in der Rom- und Papstgeschichtsschreibung Bedeutendes geschaffen haben. Daß Gregorovius' wie Pastors Werk den sogenannten Kulturkampf mit seiner unseligen Polarisierung überdauert haben, darf für beide sprechen.

Seine Geschichte Roms begann Gregorovius 1856 in Rom. Im

28   *Dies, und nicht die Szenerie von Tischbeins Goethe gelagert draußen
auf antiken Fragmenten, ist die wahre* Campagna romana, *wie sie in ihrer
großartigen fürchterlichen Einöde jetzt dargestellt wird: Johann Wilhelm
Schirmer (1807–1863) malte diesen Blick, mit einer Reihe verfallener
Grabbauten entlang einer antiken Straße, wohl in der Nähe der Via Latina
(1840). Endlich ist der tanzende Schäfer und der fröhliche Landmann aus
den Ruinenlandschaften verschwunden, wird die Campagna als Öde oder ex-
tensiv bewirtschafteter Raum aufgefaßt, der der junge Werner Sombart eine
ökonomische Studie widmen wird.*

gleichen Jahr erschien Theodor Mommsens «Römische Geschichte», im Jahr zuvor Jacob Burckhardts «Cicerone», im Jahre danach Felix Papencordts «Geschichte der Stadt Rom im Mittelalter» (möge die Wissenschaftsgeschichte dereinst von unserem Jahre 1988 ähnlich Fruchtbares berichten!) und ein Jahrzehnt später Alfred von Reumonts «Geschichte der Stadt Rom». Gregorovius' Werk liegt vor und außerhalb der Geschichte unseres Instituts. Aber wie sollte die institutionalisierte Wissenschaft nicht ohne Eifersucht anerkennen, was außer ihr Großes geleistet werde? Schon Paul Kehr hat Gregorovius' Leistung ausdrücklich anerkannt, und uns heute ist es selbstverständlich. Denn in vielem kann er uns noch heute vorbildlich sein.

Sein Italien ist nie ein abstraktes, ideales Italien, sondern das Italien der Italiener. Seine Italiener sind nie die Italiener nur der Geschichte, sondern die Italiener auch seiner Gegenwart. Anteil nehmend und für Anteilnahme empfänglich, erlebt er sie als Mitmenschen seines römischen Alltags – auch kritisch zwar, aber in kritischer Zuneigung und mit der Fähigkeit, ihnen gerecht zu werden: sie gelten zu lassen als das, was sie waren, nicht immer freilich auch als das, was sie zu sein vorgaben.

Er kennt sie in allen Ausprägungen und in allen Schichten: ist Testamentszeuge des Fürsten Caetani, verkehrt mit Gelehrten und Politikern, widmet auch dem bescheidensten Archivar seiner zahlreichen Archivreisen noch ein verständnisvolles Wort und gibt in menschlicher Anteilnahme vielen einfachen Leuten aus dem Volke, denen er auf seinen «Wanderjahren in Italien» begegnete, noch ein Gesicht. Denn er nahm dieses Land mit allen Sinnen auf und nicht nur aus den *pergamene*. Und das alles ohne Aufwand, ohne Institut, ganz einfach er selbst und sein Werk.

Aufgewachsen in einer Burg des Deutschen Ordens im fernen Ostpreußen, wird er doch, wie so viele Hyperboreer, eine tiefe Einfühlungsgabe in sich tragen dafür, was Rom für die Menschheit bedeute – ohne darüber doch seines Vaterlandes zu vergessen: nach langen römischen Jahren erlebt er in der herbstlichen Stille eines süddeutschen Obstgartens ergriffen die Wiederbegegnung mit der

Heimat, das Glück, sich «ganz in die deutsche Natur zurück[zu]-versenken».

Aus solcher Vaterlandsliebe (wie er damals noch unbefangen sagen konnte, was unbefangen zu sagen wir verlernt haben, auch wenn wir noch empfinden mögen, was es ist) – aus solcher Mitte tritt er aufgeschlossen auf andere zu, gesellschaftlich und gelehrt verkehrend mit Franzosen und Skandinaviern, Polen und Russen; auf ihrem Shakespeare-Fest «im Namen Deutschlands» das Wort zu ergreifen, laden ihn die Engländer ein, so wie er auf dem Schiller-Fest der deutschen Kolonie das Festgedicht spricht und Schillers Büste mit römischem Lorbeer bekränzt.

Von eigenem Standpunkt schreibend und doch mit tiefem Verständnis für die italienische Seite, wird er sich von einem deutschen Historiker, von Leopold von Ranke, sagen lassen müssen, seine Geschichte Roms sei «italianisierend» – von einem Italiener hingegen, sie sei «zu deutsch». Er war sich dieser Gratwanderung bewußt und nahm sie auf sich. Nicht weniger schwierig war die materielle Seite des Unternehmens. Gregorovius hat das große Werk durch alle Materialmassen, alle Zweifel, Geldnöte, Krankheiten, Anfechtungen hindurchgetrieben, oft der Verzweiflung nahe: «Die Geschichte der Stadt Rom steht in meinen Nächten über mir wie ein fernes Gestirn», schreibt der 35jährige, in tiefer Verzagtheit sein Testament machend. Zunächst gänzlich mittellos, war er dennoch stets auf Unabhängigkeit bedacht («Ich war nie in irgendeinem Dienst...und ich will frei bleiben; diese Unabhängigkeit ist mein einziges Gut»). Für die Vollendung dieses Lebenswerkes wird er alles zurückstellen, sogar seine dichterischen Neigungen, die sich dann eben in der poetischen Nüchternheit seiner Landschaftsbilder und in der vollendeten Prosa seiner römischen Geschichte Bahn brechen werden.

Seine politische Haltung ist klar, und nie hat er sie verleugnet. Er war begeisterter 1848er, der damals, 28jährig, sich kühn Themen wie «Goethes Wilhelm Meister in seinen socialistischen Elementen entwickelt» vorgenommen hatte. Das Scheitern der Revolution verlegt ihm den Weg in die deutsche Gegenwart, so wendet er sich Italien zu und der Vergangenheit – doch ohne Resignation, ja mit der Zuversicht, auf seine Weise in die Gegenwart hineinzuwirken: durch seine journalistische Tätigkeit für die angesehene Augsburger «Allgemeine Zeitung» und durch sein historisches Werk. Und das alles in tiefer teutonischer Ernsthaftigkeit, der jede oberflächliche Aussage über Rom als «frivoles Hineinstöbern auf dieses tragische Theater der Stadt» zuwider war.

Neben dieser welthistorischen Stimmung steht die bange Anteilnahme an den künftigen Geschicken der Stadt und an der italienischen Einigungsbewegung. Allen Nationen gleiches Glück und eigene Identität gönnend, ergreift er in der Stille seines Tagebuchs leidenschaftlich Partei gegen die Unterdrücker Italiens wie schon gegen die Unterdrücker Polens und begrüßt den Verlust der Lombardei, denn «dieser Rest der mittelalterlichen Reichsgewalt hat Deutschland nur Unheil gebracht», da er Österreich in unnötige Sachzwänge führte. Daß viele Deutsche – wie der Kaiserhistoriker Giesebrecht – darüber anders dachten, schien ihm nicht vereinbar mit deren beteuerter Liebe zu Italien.

ʼReinen Herzens, aber nicht ebenso klaren politischen Verstandes, ist Gregorovius mit seinen politischen Einschätzungen keineswegs unfehlbar, in seinen Urteilen keineswegs immer gerecht, zumal nicht gegenüber dem Papsttum seiner Zeit. Zwar bewunderte er die historische Leistung und die anhaltende Lebenskraft des Papsttums und war bereit, es gegen unangemessene Kritik in Schutz zu nehmen: «Rom ist ein Weltknoten. Es läßt sich durch protestantische Kritik nicht auffasern»; zwar war er nicht der verbreiteten Auffassung, mit der weltlichen Herrschaft werde auch die geistliche Autorität des Papsttums zusammenbrechen – aber die Papstkirche war ihm ein Anachronismus, verkörperte ihm das ‹Mittelalter›, das nach Auffassung dieses Mediävisten überwunden werden mußte.

Erlebte Geschichte und erforschendes Geschichtsverständnis durchdringen sich bei ihm in besonderer Weise – Zusammenhänge von Geschichte und Historiographie des 19. Jahrhunderts, die wir im wissenschaftlichen Colloquium dieser Festwoche diskutiert haben. Seine Anteilnahme an der italienischen Einigungsbewegung wird ihn in all ihren dramatischen Wechselfällen bei der Niederschrift der «Geschichte der Stadt Rom» zutiefst bedrängen – und zugleich vorantreiben. Es ist von großem Reiz, in seinen römischen Tagebüchern der Jahre 1852–1874 (Einträge wohltuend knapp und nüchtern auch dort, wo er empfindsam wird) den Fortgang der Arbeit an der Geschichte Roms zu verfolgen und bewußt in das Erleben der politischen Tagesereignisse eingefügt zu sehen – nicht zu falscher Aktualisierung, sondern zu persönlicher Rechenschaftslegung: als Gaeta fällt, führt Gregorovius Rom gerade aus dem Investiturstreit; als das Gefecht von Mentana verlorengeht, erreicht seine Darstellung das 15. Jahrhundert, und so weiter.

Es ist wie ein Wettlauf zwischen geschriebener und erfahrener Geschichte: zwischen dem Schreiben der Geschichte Roms im Mittelalter und dem Erleben dessen, was Gregorovius für die Vollendung der gegenwärtigen Geschichte Roms hält: Hauptstadt eines freien und geeinten Italiens zu sein. Eine Spannung, die ihm bisweilen den Atem nimmt, da ihm die Tagesereignisse immer wieder so nahe gehen, daß sie seine Produktivität angreifen und er erregt innehalten muß. «In dieser großen Spannung», schreibt er unter dem Eindruck der Schlacht von Solferino, «im ewigen Widerstreit von Befürchtungen, Hoffnungen, Meinungen, kann ich nichts arbeiten.» Und so wird er es endlich (so die letzten, 1872 geschriebenen Worte seiner Geschichte Roms) als «seltenes Glück» empfinden, «nicht allein diese Geschichte in Rom selbst zu schreiben und zu vollenden, sondern auch an ihrem Schlusse die endliche Sühne eben jener Schicksale und Leiden Roms, Italiens und Deutschlands zu erleben, welche in diesen Büchern verzeichnet stehen».

Bei solcher Sicht der Dinge konnte die enttäuschende Feststellung nicht ausbleiben, daß es auch jenseits dieses vermeintlichen Zielpunkts wieder Geschichte gab, Alltag, und neue Schuld. Und so wird er zunehmend empfinden, wie Rom, dem er auch über die vollendete Einigung hinaus den «kosmopolitischen Charakter» erhalten wissen will, nun die «Reize absolut neutraler Geschichtlichkeit eingebüßt und die unruhigen, selbst fanatischen Züge des Moments angenommen» hat; und wie nun die Tagesgeschichte nach diesem überzeitlichen Rom greift, in dem bisher auch «die aufgeregtesten Momente der Zeit... wie tonlos in die Ewigkeit» niedergefallen waren, und das auch Jacob Burckhardt gerade als das «ewige, unparteiische, unmoderne, tendenzlose, großartig-abgetane Rom» verstanden hatte. Nicht lange, und die groben Realitäten einer neuen Zeit werden ihn treffen und seine Haut anderes spüren lassen, als seine Seele empfinden wollte. «Das Mittelalter ist wie von einer Tramontana hinweggeweht, mit allem geschichtlichen Geist der Vergangenheit. Ja, dies Rom ist ganz entzaubert worden».

Was ist das für ein Rom, das im Mittelpunkt seiner monumentalen «Geschichte der Stadt Rom im Mittelalter» steht? Es ist das Rom der Kaiser, mehr noch das Rom der Päpste, aber auch das Rom der Römer, das Rom der Privaturkunden und Notarsimbreviaturen, das Rom der Toponyme: Stadtgeschichte und Papstgeschichte, Stadtgeschichte als Weltgeschichte. Aus seiner Darstellung spricht nicht nur das Verständnis für den großen Zug der Ideen, für Rom als «Weltwesen», sondern auch die Anteilnahme an den Bewohnern dieser Stadt, das Bangen um den Menschen. In Rankes Geschichtsschreibung fehlt ihm «das Volk». Es ist ein Interesse nicht so sehr für Verfassung und Staat wie bei so vielen ‹politischen› Historikern seiner Zeit, sondern für das «gesamte Leben der Stadt» – und eben das verwies ihn auch auf topographische Forschung, auch auf die Urkunden römischer Bruderschaften und Spitäler, auf die Archivalien römischer Adelsfamilien wie auf die Alltags-Produktion römischer Notare. Wir können seiner Sicht der Dinge nicht mehr in allen Punkten folgen (zumal da, wo er den «Sinn» der Geschichte Roms in allzu zeitgebundener Perspektive sah). Doch in der tiefen Menschlichkeit seiner Geschichtsschreibung kann er uns vorbildlich sein bei unseren Forschungen – freilich mit neuen Fragestellungen, neuen Methoden, weiteren Quellen, zu deren Erschließung italienische Historiker in Rom selbst gerade in jüngster Zeit so viel beigetragen und damit ein gerechteres Verständnis der Römer des Alltags gefördert haben.

Wir, die wir mit den Römern in ihrem Alltag zusammenleben, verfallen nicht in die Torheit jener Rom-Besucher in Mittelalter und

Neuzeit, die (sich selbst an keinem Maßstab messend) die jeweils angetroffenen Römer an der Größe der Alten – der Caesaren, der Märtyrer – maßen. Demzufolge hätten die Römer in dauernder weltgeschichtlicher Euphorie leben und eine Mischung aus Caesar, Petrus und einem Antiquar sein müssen – und waren doch nur, was sie waren: gewöhnliche Menschen in ihrem Alltag; Menschen, Römer, aus denen nicht weltgeschichtliche Betriebsamkeit sprach, sondern große Gelassenheit: andere (und seien es auch Kaiser und Könige) immer nur ankommen zu sehen und selbst immer schon da zu sein, *das* ist die Perspektive des Römers; ist die überzeitliche Perspektive dieser Stadt, die Gelassenheit nicht nur ihrer Statuen, sondern auch ihrer lebenden Menschen: «... Überschwemmung, Krieg und Frieden – und verziehen kein Gesicht».

Es ist das Rom der Gastwirte, der Viehzüchter, der Hausfrauen: etwa einer Santa Francesca Romana, der römischsten unter allen Heiligen, die im frühen Quattrocento in Trastevere als Gattin, Hausfrau und Mutter den großen Haushalt der Ponziani führte und darüber hinaus ganz für ihre Mitmenschen lebte. Ihr Haus in der Via dei Vascellari (im Untergeschoß Viehstall, im Obergeschoß adeliger Palazzo) versetzt uns mitten in das ganz und gar römische Milieu der *bovattieri*, der Großviehzüchter und Agrarunternehmer. Denn Santa Francescas Lebenskreis läßt sich sozialgeschichtlich deutlich fassen, an der Gestalt dieser Heiligen und ihren Heilungswundern drückt sich die sie umgebende soziale Masse plastisch ab: Männer, deren Wunden von Parteikämpfen geschlagen werden; Frauen, die sich aus Verzweiflung etwas antun, sich im Tiber ertränken wollen. Selten erfahren wir aus dem Innern eines römischen Stadtviertels so früh so viel wie in den Zeugenaussagen von Francescas Heiligsprechungsprozeß.

Oder, hundert Jahre später, eine andere Frau, eine andere Quelle: die Lebensmittelhändlerin Maddalena in Trastevere mit ihrer kleinen *bottega* – Käse, Seife, Essig – zwischen Porta Settimiana und Ponte Sisto. Aus ihrem Rechnungsbüchlein, zwischen 1523 und 1537 gefüllt mit Eintragungen ihrer Geschäftspartner und Lieferanten (insgesamt 102 Hände, die anderes gewohnt sind als Schreiben), ersehen wir ihre kleine Welt, ihren Geschäftsalltag: römisches Leben, das auch über den *Sacco di Roma* hinweg weitergehen mußte.

Oder endlich, um im gleichen Milieu und im gleichen Stadtviertel zu bleiben, die literarische Figur der jungen Cesira aus Alberto Moravias Roman *La Ciociara*, in ihrem Lebensmittellädchen in Trastevere, im Vicolo del Cinque, die dort die ersten Jahre des Zweiten Weltkriegs erlebt und darüber auf ihre Weise räsoniert: gewissermaßen Weltgeschichte gesehen durch ein Ladenfenster – bis diese Frau endlich, um der nahenden Front auszuweichen, in tragischer Verschätzung der Lage dem Krieg direkt in die Arme läuft, und der wir darum zurufen möchten: Cesira, halt ein, Du läufst in die falsche Richtung, warte doch noch einen kleinen Augenblick! Denn wir Historiker wissen ja, wie es damals weiterging, empfinden die Spannung zwischen erlebtem Geschehen und gewußter Geschichte – und erschrecken.

In solchen Gestalten, und aus der Perspektive von Privatkunden, begreift der Historiker, der gern mit ganzen Zeitaltern hantiert und darüber den perspektivischen Unterschied von gelebtem Menschenalter und gedachtem Zeitalter leicht vergißt, die Menschlichkeit, nämlich den begrenzten Horizont des lebenden Menschen. Denn aus seiner niedrigen Augenhöhe vermag der Mensch in seiner Gegenwart nicht schon die Zukunft, nicht schon die historischen Zusammenhänge seiner Gegenwart zu übersehen. Das Leben wird vorwärts gelebt und rückwärts verstanden (wie Kierkegaard gesagt hat): wir begreifen das Leben erst, wenn es gelebt ist; nur der Histo-

29 *Wege nach Rom. Seite aus einem Skizzenbuch von William Turner, in dem er sich, zur Vorbereitung seiner ersten Italienreise von 1819, aus einem Druckwerk mit italienischen Ansichten einige Veduten skizzierte, die den Weg nach Rom über die Via Flaminia bezeichnen: Perugia, Assisi, Tempel am Clitumnus, Spoleto, bei den Wasserfällen von Terni («upstream to the fall of Terni»), Wasserfälle von Terni, See von Piediluco, Augustusbrücke von Narni, die mittelalterliche Brücke von Narni, Borghetto im Tibertal mit Ponte Felice, Civita Castellana, Blick auf Rom.*

Perugia · Assisi

Temple of Clitumnus · Spoleto

Waterfall of Terni · Fall of Terni

Lake of Thrasymene · Aquduct of Nervi

Nerni · Borghetto and Ponte Felice

Civita Castellana · Rome CLXXII — 18/9

riker weiß, wie es jeweils weiterging, erst sein Auge sieht Zeitalter. Und der Historiker sollte sich dieses Privilegs, dieses Erkenntnisvorsprungs immer bewußt sein, zumal wenn er mit den *gewöhnlichen* Menschen einer *Ewigen* Stadt zu tun hat.

Da erfahren wir (wenn wir erfahren *wollen*) über kleine Handwerker und Künstler, von deren Kunst nichts überlebt hat und von denen wir überhaupt nur wissen, weil sie vor ihrer Tür die Straße nicht gesäubert hatten und darum in ein Bußen-Register kamen; nicht ihre kleine Kunst, sondern ihr kleines Vergehen ist ihre einzige Überlieferungs-Chance! Wir erblicken sie nur im Negativ-Abdruck; erfahren von Geisteskranken, weil ihr Zustand sie am Besuch der obligatorischen Osterkommunion hinderte und darum vom Pfarrer rechtfertigend hinter die Namen der Seelenregister, der *stati delle anime*, eingetragen wurde; erfahren von Händlern womöglich nur, wenn sie betrogen hatten, von Soldaten nur, wenn sie desertierten, und so weiter. Wie viele Menschen, wie viele Generationen mögen in jener mehrstöckigen antiken Mietskaserne am Fuße des Kapitols, in der sich noch das Kirchlein San Biagio del Mercato einrichtete, im Laufe von anderthalb Jahrtausenden einander gefolgt sein?

Aber ist nicht auch das alles Rom, wenn Rom mehr sein sollte als nur der abstrakte Schnittpunkt universalgeschichtlicher Kräftelinien? Rom zieht den Historiker durch alle Zeiten, durch alle Erscheinungen, durch alle Fragestellungen und zeigt ihm exemplarisch, was er wissen will – und was er wissen sollte.

Und wieviel erfahren wir nicht aus unscheinbaren Privaturkunden, Notarsimbreviaturen, Registern auch über den größeren Zusammenhang der Erscheinungen: wieviel etwa über die Ausrichtung der Stadt auf die römische Kurie aus der bloßen Klausel in Mietverträgen von Wohnhäusern, wonach der Mietpreis bei Abwesenheit des Papstes auf die Hälfte herabgesetzt (oder bei Beschuß des Stadtviertels durch die Engelsburg ganz sistiert) werde; oder aus wirtschaftlichen Daten, wie sie die römischen Zollregister vermitteln, wonach bei längerer Abwesenheit des Papstes das Importvolumen hier um durchschnittlich mehr als ein Drittel sank. Oder auch nur aus der Tatsache, daß noch 1440 eine greise Römerin im Zeugenverhör auf Fragen zur Person ihre Verlobung datiert mit der Rückkehr der Päpste aus Avignon 70 Jahre zuvor, *quando Urbanus papa quintus venit Romam*, also unter Zuhilfenahme eines Ereignisses, das für die Römer, bei allem Streit mit dem Papsttum, eben doch ein Epochendatum, ein Stichjahr ihrer kollektiven Erinnerung war, dessen Kenntnis und Verbindlichkeit sie untereinander voraussetzen durften. Und so weisen uns solche Details aus der Alltäglichkeit immer wieder hinaus auf Erhabenes: auf das Rom der Weltkirche, das sich über all dem wölbt.

Und wie uns unter den Römern auch die gewöhnlichen, alltäglichen nahe sein sollten, so die gewöhnlichen, alltäglichen Menschen auch unter den Fremden, die nach Rom kamen; die Pilger, die kleinen Kleriker (wie sie das *Repertorium Germanicum* unseres Instituts erfaßt), die Reisenden; Goethes Vater (und nicht nur Goethe), Erasmus' Vater (und nicht nur Erasmus). Auch sie trugen ein Rom-Bild in sich, auch sie erwarteten sich etwas von Rom. Und was für ein Rom-Bild mag etwa jener Wikinger-Häuptling in seinem schlichten Gemüt getragen haben, als er (wie eine Chronik zum Jahr 860 berichtet) bei der Eroberung des kleinen Luni bei Pisa schon meinte, er habe Rom erobert: *ratus cepisse Romam caput mundi*! Aus was für wunderlichen Elementen mag solche Rom-Erwartung bauklotzartig zusammengesetzt gewesen sein? Wem man vielleicht schon eine Bischofsstadt an der Nordsee als «Rom des Nordens» gepriesen hatte, der sollte wohl das wahre Rom vor sich glauben, wenn er auf sein erstes Amphitheater stieß.

Das ist das Rom, das vor Augen ist. Doch nicht weniger erwarten wir uns von jenem Rom, das nicht mehr leibhaftig vor Augen ist und doch seine untergründige Wirkung tut: «zerstoben zwar», wie Goethe einmal gesagt hat, aber «durch Millionen Bildungsfolgen aufgenommen und verarbeitet».

Beides: Rom in dieser seiner subtilen Wirkung, und Rom, wie es vor Augen ist – beides haben in den letzten zwei Jahrhunderten viele Deutsche hier zu finden gesucht. Winckelmann etwa, der sogar nur die in Rom gelebten Jahre seines Lebens zählen wollte (wie er

einmal bekannte, als er eine Zahlenangabe auf einer antiken Grabinschrift in diesem Sinne mißdeutete – wenn bedeutende Menschen irren, dann irren sie eben auch bedeutend!). Der gleiche
Winckelmann erfuhr hier denn auch die natürliche Generosität der
Römer, die den Fremden ohne Eifersucht an Rom teilhaben läßt, ja
ihm womöglich das Gefühl gibt, man werde ihm hier gerechter als
in seiner Heimat (und was kann man über eine Stadt, über ein Volk
Schöneres sagen!). Oder, die Wirkung Roms auf die *eigene* geistige
und künstlerische Produktion ähnlich einschätzend, Wilhelm von
Humboldt, damals preußischer Gesandter beim Heiligen Stuhl:
1803 drängte er seinen Freund Friedrich Schiller in Weimar, Goethe für den Fall einer Produktionskrise einen Aufenthalt in Rom
vorzuschlagen; ja er berechnet ihm schon einmal die Lebenshal-
tungskosten in Rom und bietet sich als Babysitter für Goethes Söhn-
chen an. Und sollte für Schiller selbst einmal eintreffen, daß seine
«poetische Stimmung unterbrochen» sei, dann gelte auch für ihn:
«dann müßten Sie her». Es ist die Zuversicht, in Rom nicht nur
Rom, sondern auch sich selber zu finden.

Das ist eine Rom-Erwartung, wie sie für die deutsche Präsenz
in Rom gerade im frühen 19. Jahrhundert kennzeichnend ist: mit
bedeutenden Diplomaten, Malern, Gelehrten. Politische Präsenz,
die immer auch eine geistige Präsenz sein sollte und es oft auch war
– man denke an die Reihe der preußischen Gesandten beim Heiligen Stuhl: Humboldt in Villa Malta und Palazzo Tomati, Niebuhr
im Marcellus-Theater, Bunsen im Palazzo Caffarelli auf dem Kapitol. Diplomaten und Gelehrte zugleich, die auf ihre Weise den Gang
der Dinge (der politischen wie der geistigen) zu gestalten suchten –
Idealisten in dem schlichten und schönen Sinne, wie es Schiller kurz
vor seinem Tode in seinem letzten Brief an Humboldt in Rom aussprach: «Am Ende sind wir ja beide Idealisten und würden uns
schämen, uns nachsagen zu lassen, daß die Dinge uns formten und
nicht wir die Dinge.»

Das war am Anfang des Jahrhunderts. Gegen Ende dieses gleichen Jahrhunderts, als sich in allem – in Politik und Kunst und
Wissenschaft – gegen den Idealismus ein neuer Realismus und

Positivismus durchgesetzt hatte und das bis dahin Verbindliche auf-
löste, glaubte Gregorovius, mit wachem Empfinden für das delikate
Verhältnis von Geist und Macht, in seiner letzten Schrift kurz vor
seinem Tode 1891 seine Nation vor den Versuchungen der Macht
warnen zu müssen: «Sehen wir zu, daß nicht im neuen Zeitalter
unsrer politischen Macht jener an Volk und Welt weiterbildende
hohe und ideale Geist von uns entweiche, der im Zeitalter der Ohn-
macht in den Heroen unsrer classischen Literatur erschienen ist.»
Damals glaubte man, was Schiller nicht glauben wollte und wir
nicht mehr glauben können: daß krude «Realpolitik» die Probleme
dieser Welt oder wenigstens die eigenen lösen werde.

Oder die Maler, die gerade in diesem 19. Jahrhundert zunächst
noch das Bild des Deutschen in Rom bestimmten. Zu der klassizisti-
schen Generation um Goethes Italienreise stießen gleich nach Ende
der Napoleonischen Kriege viele junge Romantiker. Anders als das
gedachte Rom der literarischen Romantik – die ihr Rom poetisch
dämonisierte, ohne daß irgendwelche Anschauung darin eingegangen wäre – war das Rom der Maler erlebt und geschaut. Manche
von ihnen waren von den Ereignissen ihrer Gegenwart so durchdrungen, daß sie in die deutsche Kolonie, in der die Nazarener bereits auf ihre Weise für eine Erneuerung der Kunst wirkten, eine
diffuse Aufbruchsstimmung trugen: «Es scheint eine neue Periode
anheben zu wollen, und die Deutschen werden in den bildenden
Künsten sich empor zu schwingen suchen, so wie es im Politischen
geschehen ist», glaubte der junge Basler Maler Samuel Birmann
damals in Rom voraussagen zu können.

Doch wer wollte etwa in den melancholischen Campagna-Land-
schaften eines Johann Christoph Erhard etwas von solch absichts-
voller Programmatik finden? Hier brach sich auf ganz natürliche
Weise ein Rom-Erlebnis Bahn, das sich von bewußten, kollektiven
Absichten nicht bestimmen ließ und aus neuem Naturgefühl zu
neuer Auffassung römischer Landschaft fand. Römische Landschaft nicht nur draußen in der Campagna, sondern übergangslos
bis tief ins Stadtgebiet hinein. Denn die zerbrochenen antiken
Stadtmauern umschlossen längst keine Stadt mehr, sondern ihrer-

seits eine Landschaft, deren wilder Pflanzenwuchs die antiken Ruinen dicht überzog. Damals zählte der englische Botaniker Richard Deakin im heute so kahlen Kolosseum nicht weniger als 420 verschiedene Pflanzenarten, die da spontan auf den zerbrochenen Zuschauerrängen Platz genommen hatten: unten auf den senatorischen Rängen zahllose Glockenblumen und Calendula, oben auf den billigen Plätzen wucherte der Asphodelus.

Das sind Rom-Impressionen, Rom-Wahrnehmungen, wie sie für viele prägend wurden: nicht nur für Künstler und Dichter, sondern auch für Gelehrte. Anschauung der Ruinenwelt, Bewunderung für die Größe Roms und Einsicht in die Wandelbarkeit der Geschichte berühren sich nirgends so dicht wie in der Rom-Elegie: einer Klage, die auch manchem von uns aus der Seele sprechen mag und in bedeutenden historischen Darstellungen (etwa bei Gibbon und dem von ihm beeinflußten Gregorovius) bewegenden Ausdruck gefunden hat. Zunehmende Spezialisierung und ein engeres Verständnis von Wissenschaftlichkeit werden, zumal in der deutschsprachigen Geschichtswissenschaft, dann zwar das Bekenntnis solcher Empfindungen aus der wissenschaftlichen Darstellung der Geschichte Roms verdrängen (und oft auch die Anschauung gleich mit dazu). Auf der anderen Seite aber wird damals die Entwicklung der historisch-kritischen Methode – besonders augenfällig in den vorbildlichen Editionen der *Monumenta Germaniae Historica* – die Wissenschaft vom Mittelalter auf eine neue Ebene heben und neue Maßstäbe höchster Anforderung setzen.

Und dieser Geschichtsforschung höchsten methodischen Anspruchs öffnete sich im Bereich der Geschichte Roms und der Päpste eine neue Dimension, als Papst Leo XIII. im Jahre 1880 den mutigen Entschluß faßte, das Vatikanische Archiv allen Wissenschaftlern gleich welchen Bekenntnisses zugänglich zu machen. Seine Zuversicht, daß die Kirche die Wahrheit nicht zu scheuen habe, wird von der Forschung letztlich bestätigt werden und darüber hinaus dazu beitragen, die durch den Kulturkampf auch im Bereich der Geschichtsschreibung zusätzlich aufgeheizte Polemik zu versachlichen.

Damit haben wir den zeitlichen Horizont erreicht, an dem das Deutsche Historische Institut vor 100 Jahren gegründet wurde und über den wir hier nicht hinausgehen wollen. Italienische und deutsche Geschichte haben seit Jahrhunderten in allen Bereichen so offenkundige und untergründige Verbindungen, daß es entbehrlich scheint, bei den Instituts-Unternehmungen in Rom den ausdrücklichen Bezug auf die deutsche Geschichte immer in den Vordergrund zu rücken. Die Institutsdirektoren haben diese Zielsetzungen des Instituts zwar nicht immer gleich definiert, in ihrer Tragweite aber doch mit gleichen Augen gesehen. Darunter waren bedeutende Männer wie Paul Kehr, der neben den eigentlichen Instituts-Aufgaben zugleich die *Italia Pontificia* vorantrieb; waren interessante Köpfe wie Ludwig Quidde, Direktor seit 1890, Schüler des Historikers Julius Weizsäcker, und für seine pazifistischen Aktivitäten 1927 mit dem Friedensnobelpreis ausgezeichnet: daß unser Institut einen nachmaligen Friedensnobelpreisträger zum Direktor hatte, dürfte der überraschendste Zug an unserem Institut sein (und sich in nächster Zeit schwerlich wiederholen).

Doch damit genug. Hier sollte nicht über die Geschichte unsres Instituts, sondern über die Anlässe tiefer Dankbarkeit berichtet werden, die wir, vor der Institutsgründung wie nach der Institutsgründung, Rom schuldig sind. Diese Dankbarkeit richtet sich an unsere italienischen Freunde, die uns die natürliche Großherzigkeit des italienischen Volkes immer wieder haben erfahren lassen; sie richtet sich, mit einem Wort, an Rom.

Was also bedeutet uns Rom, was erwarten wir uns von Rom, was verdanken wir Rom?

Was aus Rom hinwegzutragen ist, das wissen wir alle: historische Erkenntnis, päpstliche Gnadenerweise, Maßstäbe der Kunst; antike Stücke hinweggetragen als Spolien zum Bau einzelner Kirchen, ja zur Legitimierung ganzer Reiche. Aber auch: Anschauung von Geschichte ablesbar auf der Oberfläche antiker Ziegelwände, in die nachantike Jahrhunderte ihre historischen Narben eingegraben haben; nachträglich eingebrochene und wieder vermauerte Fensteröffnungen, die Schleifspuren von Radnaben und der Fettglanz vorbeistreichender Schafherden, der radiale Abrieb schwingender Ketten («Palimpsest-Wände», um es mit Richard Krautheimer zu sagen); heimzutragen auch das schlichte persönliche Glück, von dem Jacob Burckhardt sagte, daß es ihn in Rom an manchen Orten von selbst überkomme: ein Glücksgefühl, von dem wir alle wissen.

Was dafür nach Rom hinzutragen sei, auch davon sollten wir eine Vorstellung haben. Der Monte Testaccio, eine hohe Anhäufung zerbrochener Amphoren, für die Versorgung des kaiserzeitlichen Rom verwendet und hier beim Tiberhafen auf einen Haufen geworfen, galt im Mittelalter als Anhäufung von Erde, die *in signum universalis dominii*, «zum Zeichen weltweiter Herrschaft», aus allen Teilen der Welt hier zusammengetragen worden sei. So viel können wir in unserer Zuneigung nicht tun, so weit können wir nicht gehen. Tun aber auch wir das Unsere, den imaginären *Monte*, wie ihn alle Generationen, alle Nationen seit Jahrhunderten dankbar in Rom aufgetürmt, nach Rom zurückgetragen haben, auf unsere Weise zu mehren. Wir werden hier nie genug gewinnen, nie genug zurückgeben können.

Anhang

Anmerkungen und Bibliographie

Deutsche Pilger unterwegs ins mittelalterliche Rom.
Der Weg und das Ziel

Erweiterte Fassung eines öffentlichen Vortrags der Bayerischen Akademie der Wissenschaften (2001); unveröffentlicht. – *Zu allgemeiner Einführung*: Europäische Reiseberichte des späten Mittelalters. Eine analytische Bibliographie, hg. von W. Paravicini, Teil 1: Deutsche Reiseberichte, bearb. von C. Halm (Kieler Werkstücke D 5, Frankfurt a. M. 1994), mit Nachweis aller deutschen Berichte auch von Rom-Reisen; L. Schmugge, Deutsche Pilger in Italien, in: S. de Rachewiltz u. J. Riedmann (Hg.), Kommunikation und Mobilität im Mittelalter. Begegnungen zwischen dem Süden und der Mitte Europas (11.–14. Jahrhundert, Sigmaringen 1995), S. 97–113; M. Miglio, In viaggio per Roma (Collana 2000 viaggi a Roma, 1, Bologna 1999); A. Esch, Come andare a Roma nell'Anno Santo, in: Strenna dei Romanisti 2000, S. 187–196; sowie die Beiträge in: Viaggiare nel Medioevo, hg. von S. Gensini (Pubblicazioni degli Archivi di Stato, Saggi 63, San Miniato 2000). – *Im einzelnen: S. 9 Etzlaub-Karte*: L. Bagrow u. R. A. Skelton, Kartographie (Berlin 1973), S. 191–193; H. Krüger, Des Nürnberger Meisters Erhard Etzlaub älteste Straßenkarten von Deutschland, in: Jahrbuch für fränkische Landesforschung 18 (1958), S. 1–286. – *S. 12 Alpenüberquerung*: eine Zusammenstellung der verfügbaren Quellengattungen in A. Esch, Spätmittelalterlicher Paßverkehr im Alpenraum. Typologie der Quellen, in: Ders., Alltag der Entscheidung. Beiträge zur Geschichte der Schweiz an der Wende vom Mittelalter zur Neuzeit (Bern 1998), S. 173–248, ebda die Nachweise (z. B. Schießpulver S. 182); Dürer: W. L. Strauss, The Complete Drawings of Albrecht Dürer (New York 1974), I 345, II 911; Hospiz-Rechnungen und Inventare: L. Quaglia u. J.-M. Theurillat, Les comptes de l'Hospice du Grand-Saint-Bernard (1397–1477), in: Vallesia 28 (1973) u. 30 (1975), Räume bes. Nr. 1128 ff. u. 1332 ff., Leichenkammer Nr. 334, zusammenfassend Esch, Paßverkehr, S. 191–198; Pius II.: Commentarii ed. A. van Heck (Studi e Testi 312–313, Città del Vaticano 1984), S. 56 f. – *S. 16 Sprachbuch*: O. Pausch, Das älteste italienisch-deutsche Sprachbuch. Eine Überlieferung aus dem Jahre 1424 nach Georg von Nürnberg (Österr. Akad. der Wiss., Phil.-hist. Klasse, Denkschriften 111, Wien 1972). – *S. 18 deutsche Wirte*: siehe unten Beitrag II, und: K. Voigt, Der Kollektor Marinus de Fregeno und seine «Descriptio provinciarum Alamanorum», in: Quellen u. Forschungen aus ital. Archiven u. Bibliotheken 48 (1968), S. 148–206, bes. S. 199 f. – *S. 18 Frankenstraße*: W. Goez, Von Pavia über Parma-Lucca-San Gimignano-Siena-Viterbo nach Rom (Köln 1972); die Itinerare zusammengestellt bei R. Stopani, Le grandi vie di pellegrinaggio del medioevo. Le strade per Roma (Firenze 1986); zum Verhältnis von Via Cassia und Via Francigena im Gelände A. Esch, Römische Straßen in ihrer Landschaft. Das Nachleben antiker Straßen um Rom, mit Hinweisen zur Begehung im Gelände (Mainz 1997), S. 26–58. – *S. 21 Rolandssage längs der Straße*: ebda S. 39; zu den mutmaßlichen Gründen J. Bédier, Les légendes épiques. Recherches sur la formation des chansons de geste (I–IV, Paris 1908–13); «Maganzesi»: N. Kamp, Tignosi und Maganzesi. Die «Mainzer» in Viterbo, in: Mainzer Zeitschrift 59 (1964), S. 9–25. – *S. 24 Kundenfang*: 4 Fälle bei E. Lee, Sixtus IV and Men of Letters (Roma 1978), S. 238 f. – *S. 25 Herbergen*: siehe unten Beitrag II. – *S. 26 Deutsche Bruderschaften in Rom*: Eintragungen bei der Anima siehe Liber confraternitatis beate Marie de Anima Teutonicorum de Urbe, ed. C. Jaenig (Rom 1875); Camposanto jüngst K. Schulz, Confraternitas Campi Sancti de Urbe (Römische Quartalschrift, Supplementband 54, Freiburg i. Br. 2002). – *S. 27 Mirabilia*: über die Wahrnehmung antiker Monumente durch die Pilger A. Esch, Antiken-Wahrnehmung in Reiseberichten des 15. und frühen 16. Jahrhunderts, in: Grand Tour. Adliges Reisen und europäische Kultur vom 14. bis zum 18. Jahrhundert, hg. von W. Paravicini (im Druck); zur Zusammensetzung der Pilgerführer-Fassung zuletzt N. R. Miedema, Die «Mirabilia Romae». Untersuchungen zu ihrer Überlieferung mit Edition der deutschen und niederländischen Texte (Tübingen 1996), ebda S. 175 ff. die frühen Drucke; Dies., Die römischen Kirchen im Spätmittelalter nach den «Indulgentiae ecclesiarum urbis Romae» (Tübingen 2001); Exemplar eines solchen Pilgerführers abgebildet bei A. Esch, Il giubileo di Sisto IV (1475), in: La Storia dei Giubilei, II, hg. von M. Fagiolo e M. L. Madonna (Firenze 1998), S. 119. *Rom-Darstellungen:* S. Maddalo, In figura Romae. Immagini di Roma nel libro medievale (Roma 1990). – *S. 29 Wirtschaftliche Aspekte:* A. Esch, Im Heiligen Jahr am römischen Zoll. Importe nach Rom um 1475, in: Studien zum 15. Jahrhundert. Festschrift für E. Meuthen, hg. von J. Helmrath und H. Müller (München 1994), II, S. 869–901; M. Miglio, «Se vuoi andare in paradiso, vienci». Aspetti economici e politici dei primi giubilei, in: Ders., Scritture, Scrittori e Storia, I (Manziana 1991), S. 175–182.

Preise, Kapazität und Lage römischer Hotels
im späten Mittelalter.
Mit Kaiser Friedrich III. in Rom

Erstveröffentlichung (mit D. Esch) in: Reich, Regionen und Europa in Mittelalter und Neuzeit. Festschrift für P. Moraw, hg. von P. J. Heinig, S. Jahns, H.-J. Schmidt, R. C. Schwinges u. S. Wefers (Historische Forschungen 67, Berlin 2000), S. 443–457; überarbeitete Fassung. – *Die zugrunde liegenden Archivalien*: Archivio di Stato Roma, Camerale I, Mandati Camerali 842 (Auszahlungsanordnungen des apostolischen Kämmerers an den Generalthesaurar); Archivio Segreto Vaticano, Introitus et Exitus 476, und die entsprechende Version des Generaldepositars in Archivio di Stato Roma, Camerale I, Depositeria generale 1765 (Abbuchung der erfolgten Auszahlung). – *Die wichtigste Literatur*: A. Gottlob, Aus der Camera Apostolica des 15. Jahrhunderts (Innsbruck 1889), S. 315–317; F. Cerasoli, Ricerche storiche intorno agli alberghi di Roma dal secolo XIV al XV, in: Studi e documenti di storia e diritto 14 (1893), S. 383–409; U. Gnoli, Alberghi ed osterie di Roma nella Rinascenza (Roma 1942); M. Romani, Pellegrini e viaggiatori nell'economia di Roma dal XIV al XVII secolo (Milano 1948), zu 1468 bes. S. 114 f.; Gottlob folgte dem Introitus et Exitus, Cerasoli den ausführlicheren Mandati Camerali, jedoch mit zahlreichen, auch sinnentstellenden Lesefehlern (z. B. «Gallo» statt richtig Galea, «da Lodi» statt de Leodio, «necessariis» statt massariciis, «octobris» statt decembris, «de Brectania» statt de Pictavia); und da Gnoli wie Romani (sonst zuverlässig) der Transkription von Cerasoli folgen, übernehmen sie auch seine Irrtümer (z. B. Romani S. 73, 115; Gnoli S. 90, 113). – *Zum Romzug von* 1468/69: weiterhin grundlegend L. von Pastor, Geschichte der Päpste, II (Freiburg 8./9. Aufl. 1925) S. 420–427; jetzt auch J. Rainer, Die zweite Romfahrt Friedrichs III., in: Geschichte und ihre Quellen. Festschrift für F. Hausmann zum 70. Geburtstag, hg. von R. Härtel (Graz 1987), S. 183–190. – *S. 31 Mietklausel bei Kaiserbesuch*: M. Vaquero Piñeiro, Il mercato immobiliare, in: Alle origini della nuova Roma: Martino V (1417–1431), a cura di M. Chiabò et al., Roma 1992, S. 566. – *Ausgaben in Umbrien*: Archivio di Stato Roma, Camerale I, Tesoreria dell'Umbria, reg. 50bis, busta 12. – *S. 32 Ausgaben zum Empfang des Kaisers:* Archivio di Stato Roma, Camerale I: Spese minute di Palazzo 1481, Depositeria generale 1765, Mandati Camerali 842 (Einzelbelege in der Erstveröffentlichung). – *S. 36 Tabelle:* vollständig ebda S. 448–450 (darunter auch 3 Herbergen ohne *insegna*, nur mit dem Namen des Wirtes); zur Lokalisierung dieser Hotels, neben der oben genannten Literatur, jetzt gut auch A. Modigliani, Mercati, botteghe e spazi di commercio a Roma tra medioevo ed età moderna (Roma nel Rinascimento, Saggi 16,

1998). – *S. 37 Weinsteuer:* Archivio di Stato Roma, Camerale I, Camera Urbis, reg. 93 (1468); «tranken Malvasier»: Diario Ferrarese (in Muratori, Rerum Italicarum Scriptores, nuova ediz. XXIV parte 7) S. 57. – *S. 38 Berechnung der Preise:* im einzelnen siehe Erstveröffentlichung S. 454 f. – *S. 41 Bed and Breakfast* 1475: I. Ait u. A. Esch, Aspettando l'Anno Santo: fornitura di vino e gestione di taverne nella Roma del 1475, in: Quellen u. Forschungen aus ital. Archiven u. Bibliotheken 73 (1993), S. 387–417. – *S. 42 deutsche Wirte:* Der Briefwechsel des Eneas Silvio Piccolomini, hg. von R. Wolkan, II. Abt. (Fontes rerum Austriacarum, 2. Abt.: Diplomata et Acta Bd. 67, Wien 1912), S. 239; *deutsche Handwerker:* K. Schulz, Deutsche Handwerkergruppen im Rom der Renaissance. Mitgliederstärke, Organisationsstruktur, Voraussetzungen. Eine Bestandsaufnahme, in: Römische Quartalschrift 86 (1991), S. 3–22; *Maria meretrice:* P. Cherubini et al., Un libro di multe per la pulizia delle strade sotto Paolo II, in: Archivio della Società romana di storia patria 107 (1984) S. 104. – *S. 43 antike Monumente:* zum Wandel der Wahrnehmung R. Weiss, The Renaissance Discovery of Classical Antiquity (Oxford 1973).

Ein Gang durch das Rom der Hochrenaissance

Überarbeitete Fassung von: Gesellschaft und Wirtschaft. Der Alltag Roms außerhalb des Hofes im ersten Drittel des 16. Jahrhunderts, in: Hochrenaissance im Vatikan. Kunst und Kultur im Rom der Päpste (1503–1534). Kunst- und Ausstellungshalle der Bundesrepublik Deutschland [Katalog], Bonn 1998, Bd. 1, S. 145–153. – *Zu allgemeiner Einführung:* J. Delumeau, Rome au XVIᵉ siècle (Paris 1975); P. Partner, Renaissance Rome 1500–1559 (Berkeley 1976); Roma capitale (1447–1527), a cura di S. Gensini (Pubblicazioni degli Archivi di Stato, Saggi 29, 1994). – *S. 44 Die zugrunde liegende Quelle:* neu herausgegeben von E. Lee, Descriptio Urbis. The Roman Census of 1527 (Roma 1985), mit vielen nützlichen Indices; zu Datierung, Aussagekraft, Ungenauigkeiten siehe Lees Einleitung. Die unserem Text jeweils beigefügten Nummern beziehen sich auf diese Edition. – *S. 45 Sacco di Roma:* A. Chastel, Il sacco di Roma 1527 (Torino 1983). – *S. 46 rione Ponte:* A. Esch, Florentiner in Rom. Namensverzeichnis der ersten Quattrocento-Generation, in: Quellen u. Forschungen aus ital. Archiven u. Bibliotheken 52 (1972), S. 476–525; E. Lee, Gli abitanti del rione Ponte, in: Roma Capitale (wie oben) S. 317–343; I. Polverini Fosi, I fiorentini a Roma nel Cinquecento: storia di una presenza, in: ebda, S. 389–414; *Fugger:* A. Schulte, Die Fugger in Rom 1495–1523, I (Leipzig 1904) S. 201 u. 237 f. – *S. 49 Cellini* in der Übersetzung Goethes: etwa Rowohlts Klassiker 22–23; Entsprechungen Autobiographie/Census z. B.: Pantasilea *Cellini* I 6 = Census Nr. 2514; Wirt Romolo I 6 =

Nr. 2524; Kurtisane Antea I 10 = Nr. 3392, usw.; Kurtisanen: M. Kurzel-Runtscheiner, Töchter der Venus. Die Kurtisanen Roms im 16. Jahrhundert (München 1995). – *S. 50 Importe, Wirtschaft:* A. Esch, Importe in das Rom der Renaissance. Die Zollregister der Jahre 1470–1480, in: Quellen u. Forschungen aus ital. Archiven u. Bibliotheken 74 (1994) S. 360–453; zur damaligen Papstfinanz zuletzt P. Partner, A financial ›Informatione‹ under Alexander VI, in: Italia et Germania. Liber Amicorum Arnold Esch (Tübingen 2001), S. 237–255, mit weiterer Literatur. – *S. 51 rione Parione:* unter verschiedenen Aspekten D. Barbalarga, P. Cherubini, G. Curcio, A. Esposito, A. Modigliani, M. Procaccia in: Un pontificato ed una città. Sisto IV (1471–1484), a cura di M. Miglio et al. (Città del Vaticano 1986), S. 643–744; Anima-Bruderschaft, Handwerker: K. Schulz, Deutsche Handwerkergruppen im Rom des 15. und beginnenden 16. Jahrhunderts, in: Pirckheimer Jahrbuch 2000/01, S. 11–25; Lauten: D. Esch, Musikinstrumente in den römischen Zollregistern der Jahre 1470–1483, in: Analecta musicologica 30 (1998) S. 41–68; Spanier: M. Vaquero Piñeiro, Una realtà nazionale composita: comunità e chiese ›spagnole‹ a Roma, in: Roma Capitale (wie oben) S. 473–491. – *S. 52 Buch- und Schreibberufe:* Descriptio Urbis, Indices S. 322–356 unter librari, cartari, copisti, notari (doch sind die Zahlen gewiß nicht vollständig); Frühdrucker: A. Esch, Deutsche Frühdrucker in Rom in den Registern Papst Pauls II., in: Gutenberg-Jahrbuch 1993, S. 44–52. – *S. 54 Cancelleria:* C. L. Frommel, Raffaele Riario, committente della Cancelleria, in: A. Esch u. C. L. Frommel (Hg.), Arte, committenza ed economia a Roma e nelle corti del Rinascimento 1420–1530 (Piccola Biblioteca Einaudi 630, Torino 1995), S. 197–211; Jahreseinkünfte: Delumeau S. 109; exotische Wünsche und Wein: Esch, Importe, S. 428–430 u. 441 f.; Traktat: K. Weil-Garris u. J. F. D'Amico, The Renaissance Cardinal's Ideal Palace. A Chapter from Cortesi's ‹De Cardinalatu› (Rome 1980); Nachlaßinventare: etwa D. S. Chambers, A Renaissance Cardinal and His Worldly Goods. The Will and Inventory of Francesco Gonzaga (London 1992). – *S. 55 Hotels:* siehe Beitrag II. – *S. 57 Diamantquadern:* Granovitaja Palata im Kreml, 1487–91. – *S. 57 rione Sant'Angelo,* Topographie: A. Esposito, Un' immagine della ‹contrada degli ebrei› nei primi decenni del Cinquecento. Il ‹jectito della chiavica degli ebrei› (1519), in: Dies., Un' altra Roma. Minoranze nazionali e comunità ebraiche tra Medioevo e Rinascimento (Roma 1995) S. 293–316; und jüngst P. L. Tucci, Laurentius Manlius. La riscoperta dell' antica Roma. La nuova Roma di Sisto IV (Roma 2001). – *S. 59 Tor de' Specchi:* A. Esch, Die Zeugenaussagen im Heiligsprechungsverfahren für Santa Francesca Romana als Quelle zur Sozialgeschichte Roms im frühen Quattrocento, in: Quellen u. Forschungen aus ital. Archiven u. Bibliotheken 53 (1973) S. 93–151. – *S. 60 Disabitato:* R. Krautheimer, Rom. Schicksal einer Stadt, 312–1308 (München 1987), Kap. XIV. –

S. 60 Rechnungsbüchlein der Maddalena: A. Petrucci (wie S. 225). – *S. 62 Graffiti des Sacco:* Chastel (wie oben) Abb. 52–57. – *S. 62 Häuser auf dem Weg zum Hafen:* P. Adinolfi, Roma nell'età di mezzo. Rione Trastevere (Roma 1875, anast. Neudruck Firenze 1981) S. 33 ff. u. 38. – *S. 63 Hafenbetrieb:* Esch, Importe (wie oben) bes. S. 411 ff.; in Heiligen Jahren: Ders., L'economia nei Giubilei del Quattrocento, in: I Giubilei nella Storia della Chiesa (Pontificio Comitato di scienze storiche, Atti e documenti 10, Città del Vaticano 2001), S. 341–358 (mit Weinkonsum als Indiz: S. 356 ff.); Bauboom, Import von Baumaterialien: Ders., Progetti edilizi dei cardinali a Roma e l'importazione di materiali da costruzione (1470–1480), in: Il Principe architetto. Atti del Convegno internaz. Mantova, 21–23 ott. 1999, a cura di A. Calzona, F. P. Fiore, A. Tenenti, C. Vasoli (Firenze 2002), S. 361–376; Christus-Statue: W. E. Wallace, Miscellanea Curiositae Michelangelae, in: Renaissance Quarterly 47 (1994), S. 330–350. Zum *Codex Escurialensis* (Abbildungen in diesem Kapitel): A. Nesselrath, Il Codice Escurialense, in: Domenico Ghirlandaio. Atti del Convegno internaz. Firenze 16–18 ott. 1994, S. 175–198.

Tod vor Rom
Kaiser Otto III. in Castel Paterno

Überarbeitete Fassung eines Vortrags zum Gedenken an den Tod Ottos III. vor 1000 Jahren in Castel Paterno, veranstaltet von den Gemeinden des Treia-Tales (Castel S. Elia 2002); unveröffentlicht. – *Zu allgemeiner Einführung:* G. B. Ladner, L'immagine dell'imperatore Ottone III (Unione internaz. degli Istituti di archeologia, storia e storia dell'arte, Conferenze 5, Roma 1988); J. Fried, Der Weg in die Geschichte. Die Ursprünge Deutschlands (Propyläen Geschichte Deutschlands, I, Berlin 1994), bes. S. 587–602; G. Althoff, Otto III. (Darmstadt 1996). – *S. 66 Renovatio:* P. E. Schramm, Kaiser, Rom und Renovatio. Studien zur Geschichte des römischen Erneuerungsgedankens vom Ende des karolingischen Reiches bis zum Investiturstreit, 1. Teil: Studien (Leipzig/Berlin 1929; Darmstadt 4. Aufl. 1984), ebda S. 124 das Zitat; gegen die Auffassung Schramms jüngst K. Görich, Otto III. Romanus Saxonicus et Italicus. Kaiserliche Rompolitik und sächsische Historiographie (Historische Forschungen 18, Sigmaringen 1993); dagegen wiederum, Schramms Auffassung verteidigend, überzeugend H. Dormeier, Die Renovatio Imperii Romanorum und die «Außenpolitik» Ottos III. und seiner Berater, in: M. Borgolte (Hg.), Polen und Deutschland vor 1000 Jahren (Berlin 2002), S. 163–189, mit dem neuesten Stand der Diskussion und mit weiterer Literatur. – Zu Nachleben und Berufung auf die Antike in weiterem Rahmen A. Esch, Rom, in: Der Neue Pauly 15/II (Stuttgart 2002), im

Druck; Ders., L'uso dell'antico nell'ideologia papale, imperiale e comunale, in: Roma antica nel Medioevo. Atti della 14ª Settimana Mendola 24–28 ag. 1998, a cura di P. Tomea (Milano 2001), S. 3–25; Ders., Reimpiego, in: Enciclopedia dell'arte medievale IX (Roma 1998), S. 876–883. – *S. 66 im einzelnen: Konstantinische Schenkung* H. Fuhrmann, Einfluß und Verbreitung der pseudoisidorischen Fälschungen, II (MGH Schriften XXIV 2, Stuttgart 1973), S. 389–391; *Bullen und Siegel:* H. Keller, Oddo Imperator Romanorum. L'idea imperiale di Ottone III alla luce dei suoi sigilli e delle sue bolle, in: Italia et Germania. Liber Amicorum Arnold Esch, hg. von H. Keller, W. Paravicini, W. Schieder (Tübingen 2001), S. 163–189 (ganz antikisch ist fig. 7–8); *Wahrnehmung:* R. Schieffer, Mauern, Kirchen und Türme. Zum Erscheinungsbild Roms bei deutschen Geschichtsschreibern des 10. bis 12. Jahrhunderts, in: Rom im hohen Mittelalter. Studien zu den Romvorstellungen und zur Rompolitik vom 10. bis zum 12. Jahrhundert. R. Elze zum 70. Geburtstag, hg. von B. Schimmelpfennig u. L. Schmugge (Sigmaringen 1992), S. 129–137; zum jüngsten Stand der Diskussion über die Datierung der *Mirabilia* (da auch an die ottonische Renovatio-Idee gedacht worden ist) jetzt Miedema, Mirabilia (wie S. 210) S. 2–11. – *S. 68 Rede vom Turm:* Thangmar, Vita Bernardi (MGH SS 4), cap. 25; *Kritik:* Brun von Querfurt, Vita quinque fratrum (SS 15,2) cap. 7; *Residenz* (nicht Aventin, sondern Palatin, wohl das – verschwundene – Kloster S. Cesareo im Bereich der Kaiserpaläste): C. Brühl, Die Kaiserpfalz bei St. Peter und die Pfalz Ottos III. auf dem Palatin, in: Ders., Aus Mittelalter und Diplomatik, I (Hildesheim 1989), S. 3–31, bes. S. 18 ff. – Die *Geschichte Roms in dieser Zeit* konzise bei G. Arnaldi / F. Marazzi, Rom, in: Lexikon des Mittelalters 7 (1995) Sp. 967–972; dazu die Beiträge in: Roma medievale. Aggiornamenti, hg. von P. Delogu (Firenze 1998); und in: Roma medievale, hg. von A. Vauchez (Bari 2001). – *S. 69 sein Itinerar zwischen Ravenna und Castel Paterno:* Regesta Imperii, II 3,2 (M. Uhlirz, 1957), Nr. 1434–39 ‹in Spolitanis partibus› (1434 b) und in Todi; *Via Flaminia:* A. Esch, Römische Straßen in ihrer Landschaft (wie oben S. 210), S. 59–90; frühmittelalterlicher Zustand antiker Straßen: Ders., Le vie di comunicazione di Roma nell'alto medioevo, in: Roma nell'alto medioevo (48ª Settimana di studio, Spoleto 2001), S. 421–453. – *S. 71 Strecke zwischen Tiber und Soracte* Esch, Straßen S. 66–80 mit Luftphoto Royal Air Force S. 69. – *S. 77 Via Cassia/Francigena* siehe oben Beitrag I, *Via Amerina* Esch, Vie di comunicazione, S. 448–453. – *S. 79 Castel Paterno:* zum baulichen Bestand A. W. Lawrence, Early medieval fortifications near Rome, in: Papers of the British School at Rome 32 (1964), S. 91 ff. und 113 ff., mit Plan; die Quellen über seine letzten Kämpfe mit den Römern und über seinen Tod zusammengestellt bei K. u. M. Uhlirz, Jahrbücher des Deutschen Reiches unter Otto II. u. Otto III., Bd. 2 (Berlin 1954), Exkurse XXIV u. XXV, S. 583–595.

Erstveröffentlichung in: 900 Jahre Kloster Bursfelde. Reden und Vorträge zum Jubiläum 1993, hg. von L. Perlitt (Göttingen 1994), S. 31‒57; überarbeitet. ‒ *Zur Geschichte des Klosters:* Germania Pontificia IV 4 (1978), S. 336‒339 u. bes. W. Ziegler in: Germania Benedictina VI: Norddeutschland (1979), S. 80 ff., jeweils mit weiterer Literatur. *Zur Bursfelder Reform* P. Engelbert, Die Bursfelder Benediktinerkongregation und die spätmittelalterlichen Reformbewegungen, in: Historisches Jahrbuch 103 (1983), S. 35‒55; Fünfhundert Jahre Bursfelder Kongregation. Eine Jubiläumsgabe, hg. von P. Volk (Münster 1950). Im weiteren Rahmen: P. Becker, Benediktinische Reformbewegungen im Spätmittelalter (Göttingen 1980), S. 167 ff.; K. Elm, Monastische Reformen zwischen Humanismus und Reformation, in: 900 Jahre Bursfelde (wie oben), S. 59‒111. ‒ *S. 83 12 Päpste:* Consulte e Pratiche 1408 zitiert bei P. Herde, Politische Verhaltensweisen der Florentiner Oligarchie 1382‒1402, in: Frankfurter Historische Abhandlungen 5 (1973) S. 190. ‒ *S. 84:* H. Heimpel, Das deutsche fünfzehnte Jahrhundert in Krise und Beharrung, in: Die Welt des Konstanzer Konzils (Vorträge und Forschungen 9, 1965), S. 14 f.; B. Moeller, Deutschland im Zeitalter der Reformation (Deutsche Geschichte 4, Göttingen 1977), S. 36 ff. ‒ *S. 85 Berichte:* vgl. Engelbert S. 36 f.; Kloster Bursfelde (hg. von L. Perlitt, Göttingen 3. Aufl. 1989), S. 29; zur bescheidenen wirtschaftlichen Basis Ziegler S. 90 ff. ‒ *S. 87 Reiseberichte:* K. Voigt, Italienische Berichte aus dem spätmittelalterlichen Deutschland (Stuttgart 1973); gegenseitige Wahrnehmung am Beispiel von Nürnberg: A. Esch, Nürnberg und Rom, in: Anzeiger des Germanischen Nationalmuseums 2002, S. 128‒139; von Köln: Ders., Köln und Italien im späten Mittelalter (6. Sigurd Greven-Vorlesung, Köln 2002); Marinus de Fregeno: Voigt, Kollektor (wie S. 208) S. 199 f. ‒ *S. 87 Luther:* Werke, Weimarer Ausgabe, Tischreden 2, Nr. 2800 b (1532). ‒ *Lücke im Transfer-System:* A. Esch, Überweisungen an die Apostolische Kammer aus den Diözesen des Reiches unter Einschaltung italienischer und deutscher Kaufleute und Bankiers. Regesten der vatikanischen Archivalien 1431‒1475, in: Quellen u. Forschungen aus ital. Archiven u. Bibliotheken 78 (1998), S. 262‒387; Marinos Geldkisten: Voigt S. 161 f. ‒ *S. 90 Ausbeutung der Deutschen:* so z. B. der Bischof von Konstanz 1403 an Bonifaz IX., Regesta episcoporum Constantiensium, III (1913) Nr. 7780. ‒ *S. 91:* Repertorium Germanicum, Verzeichnis der in den päpstlichen Registern und Kameralakten vorkommenden Personen, Kirchen und Orte des Deutschen Reiches, seiner Diözesen und Territorien vom Beginn des Schismas bis zur Reformation (zuletzt, 2000, Paul II.). Die aus der EDV-gestützten Auswertung sich ergebenden neuen Forschungsperspektiven wurden auf dem Historikertag in

Bochum 1990 in einer eigenen Sektion vorgestellt: siehe die Beiträge in Quellen u. Forschungen aus ital. Archiven u. Bibliotheken 71 (1991), S. 241–339. – *S. 91 Ineinandergreifen von vatikanischer und lokaler Überlieferung* behandelt in vielen Arbeiten von Brigide Schwarz, der ich auch für anregende Gespräche danke. – *S. 95 Subiaco:* B. Frank, Subiaco. Ein Reformkonvent des späten Mittelalters, in: Quellen u. Forschungen aus ital. Archiven u. Bibl. 52 (1972), S. 526–656; Legationsreise: E. Meuthen, Die deutsche Legationsreise des Nikolaus von Kues 1451/52, in: Lebenslehren und Weltentwürfe im Übergang vom Mittelalter zur Neuzeit, hg. von H. Boockmann, B. Moeller, K. Stackmann (Abh. d. Akad. d. Wiss. in Göttingen, Phil.-hist. Kl. III 179, 1989) S. 421–499 (Bursfelde: S. 472 f.); Repertorium Poenitentiariae Germanicum, hg. von L. Schmugge (bisher 4 Bde. 1431–1464). – *S. 97 Empfängerüberlieferung:* B. Schwarz, Die Originale von Papsturkunden in Niedersachsen 1199–1417 (Index actorum romanorum pontificum IV, Città del Vaticano 1988); Dies., Regesten der in Niedersachsen und Bremen überlieferten Papsturkunden 1198–1503 (Veröff. d. Hist. Komm. f. Niedersachsen u. Bremen 37, Hannover 1993), darin zu Bursfelde einige Stücke, die in Volk, Urkunden, und Germania Benedictina nicht enthalten sind. Für das Folgende signifikante Fälle hier (Einleitung S. XXIX ff.) und bei D. Brosius, Kurie und Peripherie. Das Beispiel Niedersachsen, in: Quellen u. Forschungen aus ital. Archiven u. Bibliotheken 71 (1991), S. 325–339. – *S. 100 Stationsablässe:* P. Volk, Urkunden zur Geschichte der Bursfelder Kongregation (Kanonistische Studien u. Texte 20, Bonn 1951), Nr. 31. – *S. 101 Pfründen der Frühdrucker:* A. Esch, Deutsche Frühdrucker in Rom in den Registern Papst Pauls II., in: Gutenberg-Jahrbuch 1993, S. 44–52; Herkunft deutscher Kurialer: C. Schuchard, Die Deutschen an der Kurie im späten Mittelalter 1378–1447 (Bibl. d. Dt. Histor. Inst. in Rom 65, 1987), S. 165 ff.; doch verstanden sie ihre Verbindungen dann zu nutzen: B. Schwarz, Alle Wege führen über Rom. Eine «Seilschaft» von Klerikern aus Hannover im späten Mittelalter, I, in: Hannoversche Geschichtsblätter N. F. 52 (1998), S. 5–87, und Studien über weitere Seilschaften. – *S. 102 Handbuch:* Practica Cancellariae Apostolicae saeculi XV exeuntis. Ein Handbuch für den Verkehr mit der päpstlichen Kanzlei, hg. von L. Schmitz-Kallenberg (Münster i.W. 1904), S. 41; Prokuratoren: A. Sohn, Deutsche Prokuratoren an der römischen Kurie in der Frührenaissance (Köln 1997). – *S. 102 Rom-Reise 1462:* D. Brosius, Eine Reise an die Kurie im Jahre 1462. Der Rechenschaftsbericht des Lübecker Domherrn Albert Krummedieck, in: Quellen u. Forschungen aus ital. Archiven u. Bibliotheken 58 (1978), S. 411–440; Heimburg: Historia rerum Friderici III imperatoris, in: Analecta monumentorum omnis aevi Vindobonensia, ed. A. F. Kollar, II (Vindobonae 1762), Sp. 124 (Juli 1446). – *S. 105 Pilger im Wirtschaftsleben Roms:* siehe S. 28 f.

Rom-Erfahrung im späten 18. und frühen 19. Jahrhundert:
Winckelmann, Goethe, Humboldt, Bonstetten

Erstveröffentlichung in: «... endlich in dieser Hauptstadt der Welt angelangt!»
Goethe in Rom. Publikation zur Eröffnung der Casa di Goethe in Rom, hg.
von K. Scheurmann u. U. Bongaerts-Schomer, Bd. 1: Essays (Mainz 1997),
S. 72–77 u. 203; erweitert um das Beispiel Karl Viktor von Bonstetten. –
S. 106 Brenner: Tagebuch der Italienischen Reise 1786. Notizen und Briefe aus
Italien, hg. von C. Michel (Frankfurt a. M.1976), 9.Sept. 1786. – *Anarchie:*
Winckelmann 3. 6. 1767 an Wiedewelt, in: W. Rehm (Hg. in Verbindung mit
H. Diepolder), Johann Joachim Winckelmann, Briefe (Berlin 1952–57), III
Nr. 860. – *S. 107 Instruktion:* E. G. Franz (Hg.), Italien im Bannkreis Napo-
leons. Die römischen Gesandtschaftsberichte Wilhelm von Humboldts an den
Landgraf/Großherzog von Hessen-Darmstadt 1803–1809 (Darmstadt
1989), S. 22; *Niebuhr:* 13. 6. 1818 an Hensler, in: E.Vischer (Hg.), Barthold
Georg Niebuhr, Briefe 1816–1830 (Bern 1981), Nr. 120. – *S. 108 unpoetisch:*
Goethe, Skizzen zu einer Schilderung Winckelmanns, in: Jubiläumsausgabe
(1902–12), Bd. 34, S. 38 f. – *S. 108 zu fordern:* 30. 9. 1758 an Francke, Briefe
Nr. 243; *lutherisches Gesangbuch:* 27. 9. 1766 an Usteri, ebda Nr. 801, vgl. 931; *besaufen:* 7. 7. 1756 an Berendis, ebda Nr. 151; *Grabinschrift:* 8. 12. 1762 an Marpurg, ebda Nr. 527 (die Altersangabe am Plautiergrab bezieht sich indessen
auf einen jung verstorbenen Sohn des Konsuls: CIL XIV 3606); *Antiquarii:*
29. 1. 1757 an Berendis, ebda Nr. 167; *Alles ist nichts gegen Rom:* ebda; *verkörpert:*
Goethe, Skizzen (wie oben), S. 23. – *S. 110 das bestehende Rom:* 29.12. 1786 an
Herder, in: Goethes Briefe und Briefe an Goethe, Hamburger Ausgabe hg.
von K. R. Mandelkow (München 3. Aufl. 1988), Bd. 2, S. 36; *wie Rom auf
Rom folgt:* 10./11.11. 1786 an Herder, ebda S. 21; *Hohe Sonne:* Römische Elegie
XV. – *S. 112 Humboldts Rom-Elegie:* Werke hg. von A. Flitner u. K. Giel
(Darmstadt 1981), Bd. 5 S. 149–163 (dazu W. Rehm, Europäische Romdich-
tung, München 1960, S. 193–195); *Grab nur der Vergangenheit:* Schiller, An die
Freunde, in: Nationalausgabe Bd. 2 I, Gedichte, hg. von G. Kurscheidt
u. N. Oellers (Weimar 1993) S. 225 f. (dazu A. Esch, Große und kleine Geschichte. Friedrich Schillers «An die Freunde», in: Ein solches Jahrhundert
vergißt sich nicht mehr. Lieblingstexte aus dem 18. Jahrhundert, ausgewählt
von Autorinnen und Autoren des Verlages C. H. Beck, München 2000,
S. 317–320). – *S. 112 Erbärmlichkeit:* 10. 12. 1802 an Schiller, in: Der Briefwechsel zwischen F. Schiller und W. v. Humboldt, hg. von S. Seidel, Bd. 2 (Berlin
1962), Nr. 107; *Nur aus der Ferne; himmlische Wüstenei:* 23. 8. 1804 an Goethe,
in: Werke (wie oben) Bd. 5, S. 217; *mächtige Wirkung:* Goethe, Skizzen (wie
oben), S. 23; *Peterskuppel:* Rom-Elegie, S. 150; *Trümmer:* 10. 12. 1802 an Schil-

ler, Briefe (wie oben) Nr. 107; *stille Größe:* 22. 10. 1803 an dens. (unter Anspielung auf den Tod des Sohnes Wilhelm, begraben an der Cestius-Pyramide), ebda Nr. 115. – *S. 114 ff. Bonstetten:* F. Ernst, K. V. von Bonstetten, in: Große Schweizer (Zürich 1941); A. Esch, Bern und Italien (Vorträge der Aeneas-Silvius-Stiftung an der Universität Basel 29, 1993), S. 22–30. Das hier zugrunde liegende Werk: Voyage sur la scène des six derniers livres de l'Énéide (Genève An XIII = 1804; deutsch Leipzig 1805), darin S. 227 ff. als seconde partie: Observations sur le Latium moderne. Grundlegend auch sein Alterswerk L'homme du Midi et l'homme du Nord (Genève 1824). Jetzt auch heranzuziehen: Italiam, Italiam! Ein neuentdeckter Karl Viktor von Bonstetten, hg. von D. u. P. Walser-Wilhelm (Bern 1995). *Ostia:* Voyage S. 60 ff., Milchleistung, Faustulus S. 105 f. – *S. 115 Fernow:* 8. 8. 1795 an J. Pohrt, in: H. von Einem u. R. Pohrt (Hg.), Römische Briefe an Johann Pohrt 1793–98 (Berlin 1944), Nr. II; *das Mittelmäßige:* Niebuhr 16. 2. 1817 an Savigny, in: Briefe (wie oben), Nr. 29; *Mittelkenntnisse:* Goethe 27. 5. 1787 an Herzog Carl August, in: Briefe Hamburger Ausgabe, Bd. 2 S. 54; Schiller, Die Antike an den nordischen Wanderer, in: Nationalausgabe Bd. 2 I, S. 324. – *und alles neu:* Italienische Reise, 1. 11. 1786.

Die Gründung deutscher Forschungsinstitute in Rom 1870–1914

Vortrag der öffentlichen Jahressitzung 1997 der Göttinger Akademie der Wissenschaften, *Erstveröffentlichung* in: Jahrbuch der Akad. d. Wiss. in Göttingen 1997, S. 159–188; überarbeitet und auf die Institute in Rom beschränkt. Eine erweiterte italienische Fassung zur Hundertjahrfeier des Florentiner Instituts bringt im Anhang Dokumente zur Vorgeschichte der Bibliotheca Hertziana aus dem Archiv des Deutschen Historischen Instituts und erschien in: Storia dell'arte e politica culturale intorno al 1900. La fondazione dell'Istituto Germanico di Storia dell'Arte di Firenze, a cura di M. Seidel (Venezia 1999), S. 223–248. – *S. 121 Reisebriefe aus dem Monumenta-Archiv:* A. Esch, Auf Archivreise. Die deutschen Mediävisten und Italien in der ersten Hälfte des 19. Jahrhunderts. Aus Italien-Briefen von Mitarbeitern der Monumenta Germaniae Historica vor der Gründung des Historischen Instituts in Rom, in: Deutsches Ottocento. Die deutsche Wahrnehmung Italiens im Risorgimento, hg. von A. Esch u. J. Petersen (Bibliothek des Deutschen Historischen Instituts in Rom 94, Tübingen 2000), S. 187–234; zur Gründungsgeschichte der (heute in der «Unione internazionale degli Istituti di archeologia, storia e storia dell' arte a Roma» vereinten) Institute siehe den Band: Speculum mundi. Roma centro internazionale di ricerche umanistiche, hg. von P. Vian (Roma o. J., aber 1992). – *S. 121 Geschichtswissenschaft in Italien und Deutschland im Vergleich:*

Geschichte und Geschichtswissenschaft (wie S. 223); Giesebrecht: Schulin ebda S. 13. – *S. 122 Forschungsinstitute versus Universitätsseminare:* B. vom Brocke,
Wege aus der Krise. Universitäts-Seminar, Akademie-Kommission oder Forschungsinstitut? Institutionalisierungsbestrebungen in den Geistes- und Naturwissenschaften und in der Kunstgeschichte vor und nach 1900, in: Storia
dell'arte (wie oben) S. 179–222; Die Kaiser-Wilhelm-/Max-Planck-Gesellschaft und ihre Institute. Studien zu ihrer Geschichte: das Harnack-Prinzip,
hg. von B. vom Brocke u. H. Laitko (Berlin 1996). – *S. 124 Ansehen deutscher
Wissenschaft:* die zitierten Urteile zusammengestellt bei R. Romeo, La Germania e la vita intellettuale italiana dall'Unità alla prima guerra mondiale,
in: Ders., Momenti e problemi di storia contemporanea (Assisi e Roma 1971),
S. 153–184; Teubner: ebda S. 176 f.; Sedan: G. Arnaldi, L'Istituto storico italiano per il medio evo e la ristampa dei Rerum Italicarum Scriptores, in: Bullettino dell'Istituto storico italiano per il medio evo 100 (1995–96) S. 5, nach
einem Wort des Unterrichtsministers von 1883. – *S. 126 Croce:* B. Croce, Pagine sulla guerra (Bari 1928), S. 87, bzw. Ders., Storia d'Italia dal 1871 al 1915
(Bari 2. Aufl. 1928), S. 136. – *S. 129 Archäologisches Institut:* seine Geschichte ist
gut erforscht, vgl. die Reihe: Das Deutsche Archäologische Institut. Geschichte und Dokumente (bisher 10 Bände), darin besonders: F. W. Deichmann, Vom internationalen Privatverein zur preußischen Staatsanstalt (Berlin 1986); B. Andreae in: Speculum mundi (wie oben) S. 151–179; zuletzt
H. Blanck, Vom Instituto di Corrispondenza Archeologica zum Reichsinstitut, in: Deutsches Ottocento (wie oben), S. 235–255. Konflikt zwischen Bunsen und dem Vatikan: nach den Akten im Geheimen Staatsarchiv Preußischer
Kulturbesitz A. u. D. Esch, Anfänge (wie S. 220), bes. S. 410–414; «liquidation nécessaire»: Deichmann Dok. Nr. 113; deutsche Sprache: Die Satzungen
des Deutschen Archäologischen Instituts 1828 bis 1972, hg. von A. Rieche
(Berlin 1979), Dok. Nr. 43 u. 44. – *S. 134 Historisches Institut:* zur Gründungsgeschichte R. Elze u. A. Esch (Hg.), Das Deutsche Historische Institut in
Rom 1888–1988 (Bibl. d. Dt. Hist. Inst. 70, Tübingen 1990), mit weiterer Literatur; Gregorovius auf dem Index: A. Esch, Aus den Akten der Indexkongregation: verurteilte Schriften von F. Gregorovius, in: F. G. und Italien (wie
S. 223), S. 240–252; die italienische Seite: R. Morghen, Il rinnovamento degli studi storici in Roma dopo il 1870, in: Archivio della Società romana di
storia patria 100 (1977), S. 31–48; die wichtige Rolle von Althoff und Kehr:
Wissenschaftsgeschichte und Wissenschaftspolitik im Industriezeitalter. Das
«System Althoff» in historischer Perspektive, hg. von B. vom Brocke (Hildesheim 1991); Kehr: H. Fuhrmann (wie S. 224); Görres-Gesellschaft: E. Gatz
in Speculum mundi S. 470–486; Quidde: R. Rürup in: Deutsche Historiker,
hg. von H.-U. Wehler (Göttingen 1973) S. 358–381. – *Kunstgeschichtliches Institut:* Zur Geschichte des Faches G. Kauffmann, Die Entwicklung der Kunstge-

schichte im 19. Jahrhundert (Opladen 1993); A. Beyer, Im Arsenal anschaulicher Geschichte. Die deutsche kunsthistorische Italien-Forschung vor den Institutsgründungen, in: Deutsches Ottocento (wie oben), S. 257–272. Zur Gründungsgeschichte des Instituts jetzt H. W. Hubert, Das Kunsthistorische Institut in Florenz. Von der Gründung bis zum hundertjährigen Jubiläum 1897–1997 (Firenze 1997); Denkschrift Florenz: ebda S. 21 (ausführlicher referiert in: Das Kunstgeschichtliche Institut in Florenz 1888–1897–1925, Leipzig 1925, S. 11–13); Denkschrift Rom: siehe unten. – *S. 140 Bibliotheca Hertziana:* knapp C. Thoenes/E. Guldan/D. Graf, Bibliotheca Hertziana, in: Max-Planck-Gesellschaft, Berichte und Mitteilungen 1991/3. Zu Kehrs Verhalten in der Gründungsgeschichte der Bibliotheca Hertziana A. Esch, Die Lage der deutschen wissenschaftlichen Institute in Italien nach dem Ersten Weltkrieg und die Kontroverse über ihre Organisation. Paul Kehrs «römische Mission» 1919/1920, in: Quellen u. Forschungen aus ital. Archiven u. Bibliotheken 72 (1992), S. 314–373, bes. S. 323–333; zu seinen – von Berlin erbetenen – andere Institute betreffenden vertraulichen Stellungnahmen im Archiv des Historischen Instituts ebda S. 333–335; zu Kehrs Kastellbauten-Projekt (später «Süditalien-Referat» der Bibliotheca Hertziana) und den Kriegsverlusten von 1943 A. Esch u. A. Kiesewetter, Süditalien unter den ersten Angiovinen: Abschriften aus den verlorenen Anjou-Registern im Nachlaß Eduard Sthamer, in: Quellen u. Forschungen aus ital. Archiven u. Bibliotheken 74 (1994), S. 646–663. – *S. 143 Memorandum von Arthur Kampf* von 1907, Notiz Harnacks über sein Gespräch mit Henriette Hertz und Ernst Steinmann (in Form eines für Steinmann vorformulierten Gesprächsergebnisses), und Stellungnahme Kehrs von 1910 sind veröffentlicht in meinem Beitrag L'esordio degli Istituti di ricerca tedeschi in Italia (im eingangs zitierten Jubiläumsband des Florentiner Instituts), Anhang S. 239–245; Kehrs vertrauliche Stellungnahme zu Kampfs Memorandum: Instituts-Archiv, Ältere Registratur 7/31–35 (11. 1. 1908); Harnack an Kehr 10. 7. 1910, ebda 11/29. – *S. 148 Debatte über die Konzeption eines Gesamtinstituts:* Esch, Lage S. 339 ff.; zum kunsthistorischen Dreier-Direktorium Kehr 27. 4. 1912 an Harnack, 11/8–9. – *S. 151 Das Urteil Bernard Berensons* in: Nobile munus. Origini e primi sviluppi dell' Unione internazionale degli Istituti d'archeologia, storia e storia dell'arte in Roma (1946–1953), hg. von E. Billig, C. Nylander, P. Vian (Roma 1996), S. 99 f.

Italien von unten erlebt

Handwerker, Arbeitsuchende, Vagabunden in den Akten

eines deutschen Hilfsvereins in Rom 1896–1903

Erstveröffentlichung (mit D. Esch) in: Deutsches Ottocento. Die deutsche Wahrnehmung Italiens im Risorgimento, hg. von A. Esch u. J. Petersen (Bibliothek des Deutschen Historischen Instituts in Rom 94, Tübingen 2000), S. 287–325; stark gekürzte Fassung. Während in dem hier vorgelegten Beitrag vor allem Motive, Umstände und Routen der Italienreise, Versorgung und Arbeit in Rom, bezeichnende Lebensschicksale und Ähnliches im Vordergrund stehen, wurden weitere Ergebnisse bei der Auswertung dieses Materials (zu Berufs- und Arbeitsverhältnissen, Ausweispapieren und Militärdienst, aktueller politischer Situation, Italien als Durchgangsstation für Auswanderer, u. ä.) unter dem Titel ‹Namenlose auf Italienreise› veröffentlicht in: Europäische Sozialgeschichte. Festschrift für Wolfgang Schieder, hg. von C. Dipper, L. Klinkhammer, A. Nützenadel (Berlin 2000), S. 185–202 (nur die Beschreibung des Quellenbestandes ist notgedrungen in beiden Aufsätzen identisch). – *Die zugrunde liegende Quelle:* 6 erhaltene Register mit durchgehender Zählung der eingetragenen Fälle Nr. 1–5792 (Jan. 1896-Sept. 1903), von denen Nr. 3170–5099 fehlen (Mai 1900-Nov. 1902, wohl 2 Bände). Faksimile-Proben in der Erstveröffentlichung S. 290 f. Die Register liegen im Archiv der Deutschen Evangelischen Gemeinde Rom, Via Toscana 7. Die der Quelle entnommenen Zitate und Fälle werden im folgenden – anders als in der Erstveröffentlichung – nicht einzeln belegt. Ausdrücklich sei hervorgehoben, daß in unseren statistischen Aussagen jeweils Fälle gezählt werden und nicht Personen (d. h. ein Schuhmacher, der zweimal auftritt, wird zweimal gezählt; dasselbe gilt für Herkunft, Alter usw.); andernfalls hätten die Personen identifizierend zusammengeführt werden müssen, und dieser Aufwand wäre unverhältnismäßig. – Zur *sozial bedingten Überlieferungs-Chance* A.Esch, Überlieferungs-Chance und Überlieferungs-Zufall als methodisches Problem des Historikers, in: Historische Zeitschrift 240 (1985), bes. S. 544–548. – Zur *Frühgeschichte der Gemeinde auf dem Kapitol:* E. Schubert, Geschichte der deutschen evangelischen Gemeinde in Rom 1819 bis 1928 (Leipzig 1930), Hilfscomité S. 241 f.; A. u. D. Esch, Anfänge und Frühgeschichte der deutschen evangelischen Gemeinde in Rom 1819–1870, in: Quellen u. Forschungen aus ital. Archiven u. Bibliotheken 75 (1995), S. 366–426, mit der preußischen Topographie des Kapitols in Abb. 7. – *S. 154 Tubenthal, Hülsen:* Thieme/Becker, Künstlerlexikon 33 S. 467; Archäologenbildnisse, hg. von R. Lullies u. W. Schiering (Mainz 1988), S. 126 f. – *S. 155 Kaufkraft der genannten Geldbeträge:* Bollettino di notizie sui prezzi dei principali prodotti agrari e del pane in 72 mercati del

Regno, Nr. 1,5,6,37,46 (alles 1895), jeweils S. 5: Lazio. – *S. 159 Herkunft:* wie stark im 19. Jahrhundert Skandinavier und Schweizer noch am Leben der Gemeinde teilhatten, zeigen die Kirchenbücher, vgl. A. u. D. Esch, Dänen, Norweger, Schweden in Rom 1819–1870 im Kirchenbuch der deutschen evangelischen Gemeinde, in: Ultra terminum vagari. Scritti in onore di C. Nylander, a cura di B. Magnusson et al. (Roma 1997), S. 81–88; Dies., Schweizer in Rom 1820–1870 im Spiegel des Kirchenbuchs der deutschen evangelischen Gemeinde, in: Festschrift für R. C. Schwinges (Basel 2003), im Druck. – *S. 161 Anweg über die Schweiz:* dazu Esch, Namenlose (wie oben), S. 192 f. – *S. 163 Rom als neue Hauptstadt:* J. Petersen, Rom als Hauptstadt des geeinten Italien 1870–1914. Politische und urbanistische Aspekte, in: Quellen u. Forschungen aus ital. Archiven u. Bibliotheken 64 (1984), S. 261–283; A. Caracciolo, Roma capitale (Roma 4.ed. 1993); G. Seibt, Rom oder Tod. Der Kampf um die italienische Hauptstadt (Berlin 2001). – *S. 166 Sängerin:* Faksimile in Erstveröffentlichung S. 290 f. – *S. 168 Camposanto:* E. Gatz, Der Campo Santo Teutonico als Helfer, in: Römische Quartalschrift 93 (1998), bes. S. 80 f. (das Verzeichnis der «aufgenommenen Pilger und Pilgerinnen» nennt für die Jahre 1849–1869 insgesamt 1590 Gäste); zum (im folgenden genannten) katholischen Gesellenverein und der katholisch-sozialen Bewegung zuletzt H.-G. Aschoff in: E. Gatz (Hg.), Caritas und soziale Dienste. Geschichte des kirchlichen Lebens in den deutschsprachigen Ländern seit dem Ende des 18. Jahrhunderts, Bd. 5 (Freiburg i.Br. 1997), S. 71 ff. – *S. 169 Vielfalt der Ausweise* siehe Esch, Namenlose, S. 194–196; *Militärdienst:* ebda S. 197 f. – *S. 170 deutsche Betriebe in Rom:* F. Noack, Das Deutschtum in Rom seit dem Ausgang des Mittelalters, Bd. 1 (Stuttgart 1927, Nachdruck Aalen 1974), S. 436 ff. u. 566 ff.; viele zu identifizieren mit dem Register in Bd. 2. – *S. 172 Urteil Arnims:* Geheimes Staatsarchiv Preußischer Kulturbesitz in Berlin-Dahlem, III. HA. I Nr. 11783; die Akten des Spitals umfassen mehrere Bände: Esch, Anfänge Gemeinde, S. 415; Verärgerung des Vatikans: ebda S. 408 ff. – *S. 173 Aufzeichnungen W. Erhardt (1819–1906)*: Privatdruck P. Freude (Murnau 1996). – Einzelbelege jeweils in der Erstveröffentlichung, z. B. *S. 174 Gärtner aus Elbing* ebda S. 320 mit Faksimile S. 290 f. (Nr. 1570). Zusätzliche Fälle von Durchreisenden (Eisenbahnbau Türkei, Modernisierung Palästinas, usw.) ebda S. 324 f.

Römische Landschaften im Caffè Greco

Erstveröffentlichung: Localizzazione di alcuni paesaggi nella collezione di quadri del Caffè Greco, in: Strenna dei Romanisti 56 (1995), S. 189–196; überarbeitet und mit Ergänzungen aus A. Esch, Zur Identifizierung von italienischen Veduten des 19. Jahrhunderts, in: Ars naturam adiuvans. Festschrift für M. Winner zum 11. März 1996, hg. von V. von Flemming u. S. Schütze (Mainz 1996), S. 645–661. – *Zur Geschichte von Caffè und Sammlungen:* T. F. Hufschmidt u. L. Jannattoni, Antico Caffè Greco. Storia, ambienti, collezioni (Roma, Gruppo dei Romanisti, 1989); S. 68–71 Plan der Räumlichkeiten und Anordnung der Bilder. – *Edmund Hottenroth* (nicht zu verwechseln mit seinem – gleichfalls im Caffè Greco vertretenen, weil zeitweilig gleichfalls in Rom lebenden – Bruder Woldemar): Thieme/Becker, Künstlerlexikon XVII, 550; der weitere Rahmen deutschen Künstlerlebens im Rom des 19. Jahrhunderts: Noack, Deutschtum in Rom (wie S. 223), Kap. IX (neben zahllosen neueren Arbeiten). – *S. 180 Klassische Standorte* verzeichnete sich etwa Samuel Birmann: A. u. D. Esch, Die römischen Jahre des Basler Landschaftsmalers Samuel Birmann (1815–1817), in: Zeitschrift für Schweizerische Archäologie und Kunstgeschichte 43 (1986), bes. S. 152 ff. – *S. 180 Überlegungen:* zahlreiche Beispiele bei Esch, Identifizierung. – *S. 181 genannte Veduten:* L. Stainton, British Landscape Watercolours 1600–1860 (London 1985) Nr. 32 u. 52 (Towne, Smith); Deutsche Romantik, Handzeichnungen, hg. von M. Bernhard (München 1973) Nr. 895 u. 1418 (Naeke, von Rohden); A. Wilton, William Turner, Reisebilder (München 3. Aufl. 1984) Nr. 37; P. Galassi, Corot in Italien (München 1991) Abb. 178. Die Vedute von Frederik Christian Lund aus der Zelle des Maler-Mönchs Albert Küchler im Konvent von San Bonaventura (1871) zeigt bereits die (1857 begonnene) große Cappella di S. Paolo della Croce, die bei Hottenroth noch fehlt: H. P. Olsen, Roma com'era nei dipinti degli artisti danesi dell'Ottocento (Roma 1985) Nr. 80. – *S. 182 ‹Ruinenfeld›, ‹Campagna-Landschaft›, ‹Aquädukte›, ‹Mauern›:* Fälle bei Esch, Identifizierung (wie oben); zu Technik und Verlauf der Aquädukte am besten Th. Ashby, Gli acquedotti dell' antica Roma (ital. Ausgabe Roma 1991); ebda S. 321–327 die Bögen in der Valle degli Arci bzw. Valle d'Empiglione; Lorrain: Esch, Identifizierung, S. 652 mit Abb. 13; Aurelianische Mauern: Lexicon topographicum urbis Romae, a cura di E. M. Steinby, III (Roma 1996), S. 290–314.

Dank an Rom

Rede zur Hundertjahrfeier des Deutschen Historischen Instituts in Rom anläßlich des Festakts auf dem Kapitol am 26. Mai 1988; in leicht erweiterter Fassung *Erstveröffentlichung* in: Quellen u. Forschungen aus ital. Archiven u. Bibliotheken 69 (1989), S. 1–18. – *S. 190 Hans Castorp:* Thomas Mann, Zauberberg, IV, «Notwendiger Einkauf» und «Aufsteigende Angst». – *S. 190 ff. Gregorovius:* Neuausgabe seiner Geschichte der Stadt Rom im Mittelalter,

3 Bde. (Darmstadt 1953–57) durch W. Kampf, ebda III S. 741 ff. gut zu Entstehung und Wirkung; F. Gregorovius und Italien. Eine kritische Würdigung, hg. von A. Esch u. J. Petersen (Bibliothek des Deutschen Historischen Instituts in Rom 78, Tübingen 1993); Hauptwerke der Geschichtsschreibung, hg. von V. Reinhardt (Stuttgart 1997), S. 243–246. – *Die folgenden Gregorovius-Zitate aus*: F. Gregorovius, Römische Tagebücher 1852–1889, hg. von H.-W. Kruft u. M. Völkel (München 1991): 20. 9. 1868, 2. 12. 1871, 24. 3. 1856, 7. 8. 1863 (*Unabhängigkeit*); 10. 6. 1858, 16.6.u. 2. 7. 1859 (Giesebrecht 19. 8. 1860), 31.12. 1865 (*protestantische Kritik*; vgl. 8. 7. 1867), 2. 7. 1859, 13. 11. 1864, 11. 5. 1859 (*Momente der Zeit*). – *S. 194 Zusammenhänge von Geschichte und Historiographie*: Geschichte und Geschichtswissenschaft in der Kultur Italiens und Deutschlands, hg. von A. Esch u. J. Petersen (Bibl. d. Dt. Hist. Inst. in Rom 71, Tübingen 1989); zum damaligen Generationenwandel in der Geschichtswissenschaft A. Esch, Die deutsche Geschichtswissenschaft und das mittelalterliche Rom. Von Ferdinand Gregorovius zu Paul Kehr, in: Nachdenken über Geschichte. Beiträge aus der Ökumene der Historiker in memoriam K. D. Erdmann, hg. von H. Boockmann u. K. Jürgensen (Neumünster 1991), S. 55–76. – *S. 196:* J. Burckhardt, Briefe, II (hg. von M. Burckhardt, Basel 1952), S. 212, vgl. S. 208; Gregorovius, Tagebücher, 30. 10. 1870 (*Tramontana*); 28. 4. 1867; *gesamtes Leben:* 7. 3. 1858 an seinen Verleger Brockhaus, s. Kampf (wie oben) S. 750; *Gesicht:* Goethe, Faust, 7247. – *S. 197 Santa Francesca:* Esch, Zeugenaussagen (wie S. 213); *Maddalena:* A. Petrucci, Scrittura, alfabetismo ed educazione grafica nella Roma del primo Cinquecento: da un libretto di conti di Maddalena pizzicarola in Trastevere, in: Scrittura e Civiltà 2 (1978), S. 163–207 u. Faksimiles. – *S. 198 Kierkegaard:* Tagebuchaufzeichnung 1843 Nr. 164, in: Søren Kierkegaards Papirer, hg. von N. Thulstrup, IV (København 2. Aufl. 1968), S. 61. Zum Unterschied der Perspektiven A. Esch, Zeitalter und Menschenalter. Die Perspektiven historischer Periodisierung, in: Historische Zeitschrift 239 (1984), S. 309–351, Wiederabdruck in Ders., Zeitalter und Menschenalter. Der Historiker und die Erfahrung vergangener Gegenwart (München 1994), S. 9–38. – *S. 200 Bußenregister:* Un libro di multe (wie S. 212); *Stati delle anime:* C. Sbrana/R.Traina/E. Sonnino, Fonti per lo studio della popolazione di Roma: gli «stati delle anime» a Roma dalle origini al secolo XVII. Origini, consistenza, contenuti (Roma 1977). – *S. 200 Importvolumen und Mietpreise bei Abwesenheit des Papstes:* A. Esch, Importe in das Rom der Frührenaissance. Ihr Volumen nach den römischen Zollregistern der Jahre 1452–1462, in: Studi in memoria di F. Melis, III (Napoli 1978), S. 452 (Volumen) bzw. 449 (Mieten); *Beschuß Engelsburg:* A. M. Corbo, Artisti e artigiani in Roma al tempo di Martino V e di Eugenio IV (Roma 1969), S. 192, 1446; *datiert Verlobung:* P. T. Lugano (ed.), I processi inediti per Francesca Bussa dei Ponziani (S. Francesca Romana) 1440–1453 (Studi e Testi 120,

Città del Vaticano 1945), S. 9. – *S. 201 Repertorium Germanicum:* siehe S. 214.
– *S. 201 ratus cepisse Romam:* Dudo von Saint-Quentin, De moribus et actis pri-
morum Normanniae ducum, in: Migne, Patrologia Latina 141, col. 625;
vgl. G. Tellenbach, Die Stadt Rom in der Sicht ausländischer Zeitgenossen
(800–1200), in: Saeculum 24 (1973), S. 25. – *S. 201 Goethe:* Zweiter Entwurf
zu einer Ankündigung der ‹Helena›, 1826, in: Faust, hg. von E. Trunz, Hamburger Ausgabe 3 (München 9. Aufl. 1972), S. 441 f.; *Winckelmann:* 8. 12. 1762
an Marpurg (wie S. 218); *Humboldt:* 30. 4. 1803 an Schiller (betr. Goethe),
2. 4. 1805 *(Idealisten):* Der Briefwechsel zwischen F. Schiller und W. von
Humboldt, hg. von S. Seidel (Berlin 1962). – *S. 203 Gregorovius:* Die großen
Monarchien oder die Weltreiche in der Geschichte (München 1890), S. 22. –
S. 203 poetisch dämonisiert: M. Neumann, Die Hauptstadt des «alten romantischen Landes». Rom in den Romanen und Erzählungen der deutschen Ro-
mantik, in: Rom-Paris-London. Erfahrung und Selbsterfahrung deutscher
Schriftsteller und Künstler in den fremden Metropolen, hg. von C. Wiede-
mann (Stuttgart 1988), S. 274–288; *Birmann:* A. u. D. Esch (wie S. 224),
S. 162; *Erhard:* J. Chr. Erhard. Der Zeichner (Nürnberg, German. Nationalmuseum, 1996). – *S. 204 Ruinen-Flora:* R. Deakin, Flora of the Colosseum of
Rome (London 1855). – *S. 205 Kehr:* H. Fuhrmann (in Zusammenarbeit mit
M. Wesche), «Sind eben alles Menschen gewesen». Gelehrtenleben im 19. u.
20. Jahrhundert, dargestellt am Beispiel der Monumenta Germaniae Historica und ihrer Mitarbeiter (München 1996), S. 72–76 u.ö.; R. Elze
u. H. Fuhrmann in: Paul Kehr. Zugänge und Beiträge zu seinen Werken und
seiner Biographie, Rom (Deutsches Historisches Institut) 1996. – *S. 206
Burckhardt:* 12. 9. 1846 an Gottfried und Johanna Kinkel, Briefe (wie oben)
III S. 37. – *Monte Testaccio:* Adam de Usk, Chronicon hg. von E. Thompson
(London 2. Aufl. 1904), S. 95; Miedema, Mirabilia (wie oben S. 210), S. 43 f.

Bildnachweis

1 Germanisches Nationalmuseum Nürnberg (nach: Anzeiger des German. Nationalmuseums 2002, S. 135).

2 Real-Casa-Patrimonio Nacional in Madrid (nach: Die Alpen in der Malerei, Rosenheim: rosenheimer 1981, Abb. 26).

3 Handzeichnung von Albrecht Dürer (nach: W: L. Stauss, The complete drawings of Albrecht Dürer II, New York: Abaris Books 1974, S. 909).

4 Carta d'Italia des Istituto Geografico Militare (nach: A. Esch, Römische Straßen in ihrer Landschaft, Mainz: Zabern 1997 S. 28. mit autorizzazione nr. 3094 vom 11. 7. 1989).

5 Ministero per i beni culturali e ambientali, Aerofototeca (nach: Esch, Römische Straßen S. 40, mit concessione nr. 278 vom 18. 6. 1996).

6 Photo Verfasser

7 Archivio Datini Prato, filza 797 n. 602873 (nach: A. Esch, Il giubileo del 1390 e del 1400, in: La Storia dei Giubilei I, Firenze: Giunti 1997, S. 291).

8 Kunstmuseum Solothurn (nach: A. Esch, Il giubileo di Sisto IV, in: La Storia dei Giubilei II, Firenze: Giunti 1988, S. 120).

9 Archivio di Stato Roma, Camerale 1, Camera Urbis, reg. 144 fol. 268r (nach: ebda S. 121).

10 Statistik vom Verfasser

11 Archivio de Stato Roma, Camerale I, Mandati camerali 842 fol. 181r (nach Storia dei Giubilei II S. 106).

12 Staatsgalerie Augsburg, Bayer. Staatsgemäldesammlungen Kat. Nr. 3657 (nach: ebda S. 119).

13 Kartenvorlage nach: Touring Club Italiano, Guida ‹Roma e dintorni› (ediz. 1962).

14 El Escorial, Codex Escurialensis fol. 26v (nach: H. Egger, Cod. Escur., Sonderschriften des Österr. Archäol. Inst. in Wien 1905/1906).

15 Miniatur zu Sallust, Verschwörung des Catilina, Ms. in Privatbesitz (nach: A. Frutaz, Le piante di Roma, Roma: Istituto di Studi Romani 1962, tav. 150).

16 Bibliotheca Laurentiana Firenze, Cod. Redi 77 fol. 7v–8r (nach: Storia dei Giubilei II, S. 110).

17 Codex Escurialensis fol. 24v (wie Abb. 14).

18 Rom, Villa della Farnesina, Sala delle Prospettive (nach: Hochrenaissance im Vatikan 1503–34, Katalog Kunst- u. Ausstellungshalle der
Bundesrepublik Deutschland 1998, S. 133).

19 Codex Escurialensis fol. 56v (wie Abb. 14).

20 Rom, S. Maria sopra Minerva, Capella Carafa (nach: Storia dei Giubilei II, S. 122).

21–24 Photos Verfasser

25 Rom, Caffè Greco (nach: A. Esch, Localizzazione di alcuni paesaggi,
in Strenna dei Romanisti 1995, S. 191 fig. 1).

26 Rom, Caffè Greco (nach: ebda S. 191 fig. 2).

27 London, Tate Gallery (nach: A. Wilton, William Turner Reisebilder,
München: Prestel 3. Aufl. 1984, Nr. 33).

28 Karlsruhe, Staatliche Kunsthalle, Inv. 1349 (nach: Un paese incan-
tato, Ausstellungskatalog Paris/Mantua, Milano: Electa u. Paris:
Réunion des Musées Nationaux 2001, S. 241).

29 London, Tate Gallery (nach: P. Galassi, Corot in Italien, München:
Hirmer 1991, S. 86).

Personenregister

AUS DEM VERLAGSPROGRAMM

C. H. Beck Kulturwissenschaft

Arnold Esch
Zeitalter und Menschenalter
Der Historiker und die
Erfahrung vergangener Gegenwart
1994. 245 Seiten. Leinen

Jacob Katz
Tradition und Krise
Der Weg der jüdischen Gesellschaft in die Moderne
Aus dem Englischen von Christian Wiese
Mit einem Vorwort von Michael Brenner
2002. 382 Seiten. Leinen

Marc Bloch
Die wundertätigen Könige
Aus dem Französischen von Claudia Märtl
Mit einem Vorwort von Jacques Le Goff.
1998. 555 Seiten mit 5 Abbildungen. Broschiert

Jürgen Osterhammel
Die Entzauberung Asiens
Europa und die asiatischen Reiche
im 18. Jahrhundert
1998. 560 Seiten. Leinen

Natalie Zemon Davis
Die schenkende Gesellschaft
Zur Kultur der französischen Renaissance
Aus dem Amerikanischen von Wolfgang Kaiser
2002. 232 Seiten mit 23 Abbildungen
Paperback

Horst Wenzel
Hören und Sehen, Schrift und Bild
Kultur und Gedächtnis im Mittelalter
1995. 626 Seiten mit 59 Abbildungen
und 14 Farbabbildungen auf 12 Tafeln.

Verlag C. H. Beck München

Geschichte Roms

Ferdinand Gregorovius
Geschichte der Stadt Rom im Mittelalter
Vom V. bis zum XVI. Jahrhundert
Vollständige Ausgabe in vier Bänden
Herausgegeben von Waldemar Kampf.
2. Auflage. 1988. Zusammen 2748 Seiten
mit 234 Abbildungen. Leinen

Hanno-Walter Kruft / Markus Völkel (Hrsg.)
Ferdinand Gregorovius
Römische Tagebücher 1852 – 1889
1991. 596 Seiten mit 64 Originalzeichnungen
von Ferdinand Gregorovius. Leinen

Ferdinand Gregorovius
Wanderjahre in Italien
Einführung von Hanno-Walter Kruft
1997. XX, 886 Seiten mit 27 Abbildungen. Leinen
Beck's Historische Bibliothek

Frank Kolb
Rom
Die Geschichte der Stadt in der Antike
2., überarbeitete Auflage. 2002
783 Seiten mit 101 Abbildungen. Leinen
Beck's Historische Bibliothek

Richard Krautheimer
Rom
Schicksal einer Stadt. 312 – 1308
Aus dem Englischen von Toni Kienlechner
und Ulrich Hoffmann. 2. Auflage. 1996
424 Seiten mit 260 Abbildungen. Leinen

Volker Reinhardt
Rom
Ein illustrierter Führer durch die Geschichte
1999. 288 Seiten mit 111 Abbildungen,
davon 73 in Farbe und 1 Stadtplan. Gebunden

Verlag C. H. Beck München

Beck's Historische Bibliothek

Verlag C. H. Beck München